Stephan Becker (Hg.)
Helfen statt Heilen

Im Zentrum dieses Buches steht die psychoanalytische Sozialarbeit mit schwer ich-strukturell gestörten Kindern, Jugendlichen, jungen Erwachsenen und ihren Familien. Psychoanalytische Sozialarbeit stellt den Versuch dar, die Behandlung der scheinbar Nichtbehandelbaren zu ermöglichen durch das Angebot eines sozialen Ortes und das Angebot, Beziehungen einzugehen, die die Selbstheilungskräfte des leidenden Menschen wirksam werden lassen.

Von dem gleichen Autorenkreis sind in der Zeitschrift *psychosozial* die beiden zur Zeit vergriffenen Schwerpunkthefte »Psychose und Extremtraumatisierung« (psychosozial 37 und 39) erschienen. Eine Neuauflage in der »edition psychosozial« befindet sich in Vorbereitung.

Reihe »edition psychosozial«

Stephan Becker (Hg.)

Helfen statt Heilen

Beiträge der ersten Fachtagung des
Vereins für Psychoanalytische Sozialarbeit
Berlin und Brandenburg e. V.

Ernst Federn zum 80. Geburtstag

Psychosozial-Verlag

Bibliografische Information der Deutschen Nationalbibliothek
Die Deutsche Nationalbibliothek verzeichnet diese Publikation in der Deutschen Nationalbibliografie; detaillierte bibliografische Daten sind im Internet über <http://dnb.d-nb.de> abrufbar.

E-Mail: info@psychosozial-verlag.de
www.psychosozial-verlag.de

vervielfältigt oder verbreitet werden.
Satz: Psychosozial-Verlag
Umschlaggestaltung: Ateliers Warminski, Büdingen
ISBN 3-930096-35-8

Inhalt

Laudatio auf Ernst Federn und Einführung in das Tagungsthema

Stephan Becker

Wir sind glücklich, heute Hilde und Ernst Federn in Berlin zu begrüßen. Wir gratulieren Ihnen, sehr verehrter lieber Herr Federn, zu Ihrem 80. Geburtstag von ganzem Herzen.

Es ist sehr erfreulich, daß der Anlaß dieses Geburtstages uns heute hier zusammenführt. Ernst Federn war ursprünglich dagegen, daß man seinen Geburtstag besonders feiert und war dann aber doch dafür, daß wir ihn mit einem besonderen Arbeitszweck verbinden ähnlich wie schon vor 10 Jahren in Tübingen, beim dortigen Verein für Psychoanalytische Sozialarbeit. Wir haben folglich für diese Tagung ein Thema gewählt, das ein Wunschthema von Ernst Federn ist und zugleich ein Thema, das im Zentrum unserer alltäglichen Arbeit steht.

Seit 14 Jahren kenne ich Ernst Federn und immer wieder haben wir darüber gesprochen, was es bedeutet, als ein politischer Jude im Konzentrationslager Buchenwald gewesen zu sein; das Leben in Buchenwald war eine extreme Erfahrung des Leidens, aber auch Ernst Federns erste Psychoanalyse, wie er oft sagte. Dankbar blicke ich auf die Jahre zurück, in denen wir uns kennen, auf alles, was Federn uns gegeben hat für die Psychoanalyse, für die Psychotherapie, für die psychoanalytische Sozialarbeit. Ich frage mich dabei, was für ein furchtbarer Preis es ist, daß er für das, was wir von ihm lernen konnten, diese sieben Jahre im KZ brauchte. Wir können das alles nur in Annäherungen begreifen, wenn wir Ernst Federn folgend in Erinnerung bringen, wie entscheidend Hilde Federn gewesen ist, die ihm das Leben rettete, weil sie wirklich präsent und für ihn spürbar wartend war, auch wenn er zwischenzeitlich länger nichts von ihr wußte. Hilde Federns Präsenz und ihr Warten sind konstitutiv für eine

Erfahrung Ernst Federns und der Folgen, die es überhaupt möglich gemacht haben, daß wir heute von psychoanalytischer Sozialarbeit in Deutschland sprechen können.

Die psychoanalytische Pädagogik der Zwanziger Jahre ist durch die faschistische Zerschlagung der Psychoanalyse unmöglich geworden. Die Rückkehr Federns aus dem nordamerikanischen Exil nach Europa und die Kooperation und die Hilfe durch mit ihm befreundete Menschen wie Rudi Ekstein haben das neue Bild psychoanalytischer Pädagogik bzw. psychoanalytischer Sozialarbeit möglich gemacht.

Im Zentrum der Psychoanalyse Ernst Federns steht das Werk seines Vaters Paul Federn. Paul Federn war der erste Psychoanalytiker, der psychotische Menschen behandelte; er bemühte sich um eine Psychoanalyse, die das aufbaute, was Freud bei seinen Analysanden voraussetzen konnte. Zu den großen Verdiensten Ernst Federns gehört es, daß er uns durch die Veröffentlichung der Wiener Protokolle, die ihm sein Vater vererbte, die Welt der Psychoanalyse vor dem Faschismus wieder und wieder erschlossen hat, und daß er in verschiedenen sozialen Kontexten Diskurs initiierend aufgetreten ist, um die Breite dessen, was Psychoanalyse vor dem Faschismus war, für die heutigen Verhältnisse in der Gegenwart begreifbar zu machen. Vor dem Faschismus waren die Klinik und die Kulturtheorie der Psychoanalyse eins; außerdem war das Spektrum der Klientel der Psychoanalyse nicht eingeengt auf neurotische bis fast normale Menschen, sondern schloß damals die Menschen der sogenannten schweren Geisteskrankheiten (die nach heutiger Terminologie Psychosen zuzuordnen sind), Delinquente, schwere traumatische Neurosen und komplizierte somatopsychisch erkrankte Menschen mit ein. Zudem war die Psychoanalyse nicht eingeschränkt auf privilegierte soziale Klassen.

Gegen massive Widerstände in der internationalen Psychoanalytischen Vereinigung u.a. von Strachey und Jones hat er die vollständige und unverfälschte Publikation der Protokolle durchgesetzt. Diese mutige Tat trägt bis heute dazu bei, daß die Psychoanalyse als aufklärerische Bewegung und diskursinitiierende interdisziplinäre Wissenschaft verstehbar wird gegen alle Tendenzen, aus ihr ein starres Kirchengebilde mit einem heuchlerischen Gesetz - „Psychoanalyse ist nur Psychoanalyse entlang der Standardtechnik unter dem Banner der Medizin“ - zu machen. So konnte die Geschichte der Psychoanalyse anders als z.B. bei Ernest Jones geschrieben werden und die unwiederbringlichen Bilder der Psychoanalyse einer lebendigen Erinnerungsarbeit gerade für eine jüngere Generation zugänglich werden. Indem Federn auf einer unverkürzt zu schreibenden und in der Gegenwart zu zitierenden Geschichte der Psychoanalyse bestanden hat, tritt er heute entscheidend für neue Bildräume und ein nicht heuchlerisches Gesetz der Psychoanalyse ein.

Die beiden hier genannten Metaphern „Bild“ und „Gesetz“ stellen eine Brücke zu Freuds Schrift über Moses dar. Es bedeutet einen außerordentlichen kulturellen Fortschritt, die Geistigkeit der Religion, die Bilderlosigkeit Gottes, eine bilderlose Religion, in den Vordergrund zu setzen, die die Bilder der alten Götter durch eine monotheistische Religion ersetzen und reduzieren sollte, und dieses Unterfangen inszeniert für ein ganzes Volk einen Akt der Sublimierung und Zugang zu einer neuen symbolischen Ordnung der Welt. Es fällt ja auf, wenn man diese Schrift liest, daß für die psychoanalytische Technik die Verbündung des Psychoanalytikers mit dem fiktiven Normal-Ich seines Analysanden die entscheidende Voraussetzung dafür ist, daß wir analytisch arbeiten können. Er soll sich ja gerade kein Bild machen von dem Andern, sondern sich darauf einlassen, den Anderen als Subjekt seiner Erkenntnis zur Leitfigur des analytischen Prozesses werden zu lassen, und es kann kein Erklären und Verstehen geben, was vorgängig ein Bild erzeugen könnte, das uns letztlich im psychoanalytischen Prozeß nur der Analysand erschließt oder nicht erschließt.

Freud erwähnt die Figur des Aaron so gut wie nicht, obwohl sie, wenn man dann den Ur-Text, auf den Freud sich bezieht, liest, deutlich zeigt, daß der Verkünder des mosaischen Gesetzes nahezu unfähig war, unmittelbar zu seinem Volk zu sprechen. Er brauchte einen, der für ihn sprach; er brauchte eine Person, die den Mund des Gesetzes verkörperte, um überhaupt eine Verbindung zwischen den Buchstaben des Gesetzes und den gelebten Bildern des Volkes herzustellen. Das war Aaron. Es bleibt zu erinnern, daß es zwischen Moses und Aaron eine große Krise gab: Moses ließ sein Volk lange warten, als er zum ersten Mal die Thora entgegennahm und Aaron ging mit dem nicht aushaltbaren Warten um, indem er das goldene Kalb schuf und das Volk unterstützte, durch intensivierte Versündigung seinen Befreiungsprozeß zu forcieren. Als Moses dann kam, zerschlug er die Gesetzestafeln im Zorn; warum zertrümmerte er nicht das goldene Kalb? Die Reinheit seiner Buchstaben hatte gegen das Bildverbot verstoßen, und im Spiegel des goldenen Kalbes erkannte er seinen Frevel und brauchte ein neues Gesetz.

Zunächst aber entwickelte Moses einen Widerstand gegen ein neues Gesetz und führte einen schrecklichen grausamen Bürgerkrieg gegen

Aaron; den Frevel mit Frevel zu tilgen, führte zu nichts und Moses und Aaron brauchten ein neues Gesetz, und deshalb mußte Moses - einig mit Aaron - erneut auf den Sinai. Es bedarf keiner Ausführung, daß die zweiten Tafeln des Gesetzes - wenn ich den ernst zu nehmenden Kommentatoren von Raschi bis Scholem folge - keine Doubletten der ersten waren. Offenbar hatte die Strategie der Erlösung durch Versündigung und das Patt des Widerstandes, Frevel mit Frevel zu tilgen, die Entwicklung von etwas Neuem hervorgebracht, das etwas Neues in den von Menschen gefundenen und erfundenen „göttlichen Verhältnissen" bewegt.

Als das neue Gesetz dann verfügbar war, gab es auch kein goldenes Kalb mehr. In der Legende betrachtet Gott den Frevel des Moses und des Aaron und den daraus folgenden Bürgerkrieg als gleichwertig, und beiden blieb deshalb der Zugang zum gelobten Land verschlossen.

Moses brauchte Aaron und Aaron brauchte Moses. Freud und die Psychoanalyse brauchten und brauchen einen Federn und Federn brauchte und braucht eine vitalisierte Psychoanalyse, die zur psychoanalytischen Sozialarbeit taugt. In einer Nacht, in der Ernst Federn und ich in Feldkirch waren, nachdem wir gemeinsam lange Vorträge und Seminare über psychoanalytische Sozialarbeit durchgeführt hatten, unterhielten wir uns bis morgens um 2.00 Uhr. Bei dieser Gelegenheit redete Federn von der psychoanalytischen Vereinigung und außerdem von der stalinistischen Partei, und davon, daß der Hitler-Stalin-Pakt auch innerhalb des Konzentrationslagers wirksam war. Immer mehr ging der Begriff Partei und Vereinigung durcheinander bis ich dann irgendwann fragte, ob das denn dasselbe sei und Federn sagte, das ist dasselbe und setzte noch eines drauf - es war ungefähr halb zwei - indem er fortfuhr, „der Trotzki hat mal gesagt, eines Tages wird der Stalinismus mit dem Besen weggefegt werden". Federns Empörung gegen die autoritäre Partei war in diesem Augenblick nicht unterscheidbar von seiner Kritik am Dogmatismus der Psychoanalytischen Vereinigung. Und er fügte noch hinzu, das hat natürlich überhaupt nichts damit zu tun, daß wir außer Psychoanalyse gute marxistische Theorie brauchen und diese zumindest diskutieren und reflektieren müssen. In dieser Nacht träumte ich einen Traum, der in Verbindung mit einem Lied von Robert Schumann steht, das einen Goetheschen Text hat. Dieser Goethe-Text heißt:

„Laßt mich nur auf meinem Sattel gelten, bleibt in Euren Hütten, Euren Zelten,
und ich reite froh in alle Ferne, über meiner Mütze nur die Sterne.
Gott hat Euch die Gestirne gesetzt als Leiter zu Land und See,
damit Ihr Euch daran ergötzt, stets blickend in die Höh'.
Laßt mich nur auf meinem Sattel gelten, bleibt in Euren Hütten, Euren Zelten,
und ich reite froh in alle Ferne, über meiner Mütze nur die Sterne".

Dieses ist eine wunderbare Zusammenfassung der Kant'schen Philosophie und zugleich aber auch ein Bruch mit dem, was ihr fehlt. Ich hörte dieses Gedicht und das Singen dieses Gedichtes im Traum und wachte auf, als ich im Traum zu mir sagte, der gestirnte Himmel über mir, das moralische Gesetz in mir und das Pferd unter mir. Und über das Pferd unter mir wachte ich lachend auf, und es war wieder ein Zusammenhang hergestellt zu dem Gespräch mit Ernst Federn, der in dieser Nacht auch noch u.a. die Formulierung gebraucht hat, „die Psychoanalytiker sind zu unterscheiden. Es gibt eben Schleicher und Reißer". Und im Sinne dieses Bildes habe ich natürlich die Vorstellung, die Schleicher halten sich teilweise ausschließlich im gestirnten Himmel auf. Der erweiterte Kreis der Schleicher hält sich im gestirnten Himmel und im Bereich des moralischen Gesetzes in mir auf. Und die Reißer, die reiten das Pferd. Das Pferd ist natürlich lebendig, aber das Goldene Kalb des Aaron ist unlebendig. Im Sinne der Theorie von Eros und Todestrieb ist das goldene Kalb der Inbegriff eines entmischten Todestriebes, die reine Unlebendigkeit, und daher auch Frevel an der Lebendigkeit und revolutionären Potenz eines sich befreienden Volkes. Im Sinne der Theorie Federns von den Reißern glaube ich natürlich, daß dieser lebendige Aaron von der Person des Moses nicht zu trennen ist. Moses gewinnt erst über Aaron eine vollständige Gestalt , und ich sehe Federn in der Position dieses Aarons. Er ist es, der entscheidend dazu beigetragen hat, daß etwas, was durch den Faschismus verloren gegangen ist und immer wieder erneut durch seine Folgen droht, erweitert verloren zu gehen, wieder- oder, besser gesagt neu gewonnen und erinnert wird durch die besondere Häresie der Psychoanalyse, die wir „psychoanalytische Sozialarbeit" nennen.

In den Arbeiten Freuds wurde stark betont, daß es eine Psychoanalyse gibt, die vor allem durch die Arbeit mit Übertragung, Widerstand und Deutungen den Patienten hilft. Und dann hat Freud einerseits erstmals versucht, sich in die Diskussionen um Therapie und medizinische Behandlung einzugliedern, und gleichzeitig hat er auch gewarnt, die Psychoanalyse in die schräge Bahn des Heilens zu bringen, wo sie doch viel wirksamer ist in allen Perspektiven des Helfens. Freud zufolge helfen die Deutungen des Analytikers dem neurotischen Patienten. Und er ging dann noch einen Schritt weiter: Er sagte, wir brauchen eine Psychoanalyse für die verschiedensten gesellschaftlichen Gruppen, für die Masse. Und hier hat er sich zunächst einmal auch begrifflich ein bißchen vergalloppiert ähnlich wie mit einigen Formulierungen zur Sache der Heilung, ehe er sie dann selbstkritisch in Frage stellte. Die Masse brauche keine Psychoanalyse, sondern sie brauche eher eine Art analytisch unterlegte Suggestion. Nun ist der Begriff der Suggestion extrem problematisch. Der Begriff der Suggestion wird von Freud selbst auch stark problematisiert, u.a. in der Schrift über die Geschichte der Psychoanalyse, in der er sich kritisch gegen eine bestimmte Art von betulichem Behandlungsstil um Bleuler in der Schweiz äußert, und das Suggestive dieser Art von Betulichkeit doch als fern der Psychoanalyse kritisiert.

Suggestion ist ein Begriff, der mit allem zusammenhängt, was in der späteren Literatur dann bei Eissler als im günstigsten Fall deutungsfähiger Parameter, bei Loch als deutungsfähiger handelnder Umgang, bei Winnicott unter „Holding und Handling" auftaucht, was für uns heute zur Essenz des alltäglichen Arbeitens gerade mit ich-strukturell gestörten Menschen gehört. Dies war Freud nicht verfügbar, zumal er die Psychoanalyse mit psychotischen Menschen schätzte, sie ihm aber doch auf eine bestimmte Weise fremd war. Er schätzte auch die Bemühungen einer Psychoanalyse, wie sie ein August Aichhorn betrieb, der mit verwahrlosten Kindern und Jugendlichen arbeitete, bei der z.B. ein Setting wie dieses, einen Jugendlichen zu einer bestimmten Zeit in der Straßenbahn zu treffen, das richtige Setting war, um mit Übertragung und Widerstand zu arbeiten. Das war eben auch Analyse, und eine durchaus sehr wirksame und nicht wie heute im Zuge des neueren Konservativismus der Psychoanalytischen Gesellschaften eine sogenannte „angewandte Analyse", eine Art kupfer-, eisen-, holz- oder plastiklegierte Variante der reinen Lehre.

Kehren wir noch einmal zu dem Bild des Pferdes und zu Aaron zurück. Es ist doch bemerkenswert, daß der Stellenwert Aarons bei Freud fehlt, mit einer Ausnahme: die Gutheißung der psychoanalytischen Pädagogik durch Freud etwa in der Einleitung zu August Aichhorns „Verwahrloste Jugend" - ein ganz zentrales Buch für die analytische Technik, wie sie auch Federn in ganz vielen Fällen vertritt und weiterentwickelt hat -. Dies ist etwas, was mich dazu führt zu fragen, inwieweit geht es hier darum, dort etwas neu und wiederzugewinnen, wo eben Freud auch selber ambivalent war.

Wir wissen, daß er sich außerordentlich schwer tat mit psychotischen Patienten, wenn man sich überlegt, daß er auch die Psychose eines C.G. Jung nicht verstanden hat, und ihn deshalb - man könnte heute sagen - falsch behandelt hat. Das ist ein Thema, über das Federn und ich viel miteinander gesprochen haben.

Eine andere Geschichte ist diese: Freud war natürlich ein Vertreter der Vaterliebe par excellence, und Vertreter wie Ferenczi oder Paul Federn - Paul Federn in Verbindung mit seiner Krankenschwester Gertrude Schwing - waren Vertreter der Mutterliebe. Es geht eigentlich, wenn man gut analytisch arbeitet, nicht darum, ein Entweder-Oder zwischen Vaterliebe oder Mutterliebe herzustellen. Sondern es geht eigentlich darum, beides miteinander zu verbinden. Deswegen kann man auch nicht sagen, Moses oder Aaron, sondern es geht um Moses und Aaron als Metaphern für ein Leben mit der Differenz. Und wenn ich diese Verbilderung und Entbilderung der Wirklichkeit über Aaron als Resultat des Befreiungskampfes, den Moses und Aaron angeleitet haben, genauer anschaue, so hat er ja gerade nicht in der Konstruktion eines Goldenen Kalbes gemündet. Moses begriff leidvoll, daß die reine Lehre ihm und dem ganzen Volk zum Verhängis werden könnte. Denn reine Lehren verhalten sich wie ewige Bilder. Aber die lebendige Dynamik zwischen dem Gesetz und den Bildern des Aaron als demjenigen, der spricht, hält sozusagen die einzelnen Buchstaben in den Lebensformen der Menschen selber lebendig und versteinert sie nicht. Und dieses In-Bewegung-Halten ist natürlich auch das, was entscheidend war, die Psychoanalyse als Bewegung zu organisieren und eben nicht als eine Partei. Und das Wiedergewinnen dieser Lebendigkeit als Bewegung in der psychoanalytischen Sozialarbeit ist etwas, was Federn gerade meiner Generation in besonderer Weise vermittelt hat, weshalb wir, die bestimmten psychoanalytischen und therapeutischen Parteien oder Kirchen angehören, eben doch auch immer eine konstruktive Opposition zu diesen Versteinerungsverhältnissen pflegen, damit wir genügend gute, d.h. an leidende Menschen als Subjekte ihrer Erkenntnis angepaßte Psychoanalyse und psychoanalytische Sozialarbeit betreiben können.

Federn half im Konzentrationslager mit der Psychoanalyse sich selbst und vielen anderen Menschen. Daher konnte er über die Situation von gefangenen Menschen unendlich viel mehr verstehen und lernen, als irgendjemand sonst begreifen kann, der nicht eine solche Erfahrung durchlebt hat. Nur auf diesem Hintergrund ist zu verstehen, daß er nach seiner Zeit in Amerika den österreichischen Strafvollzug in einer bemerkenswerten Weise 14 Jahre lang, speziell in den Anstalten Stein und Favoriten, reformiert und durch eine beachtliche Weiterbildungs-, Supervisions- und Liebesarbeit grundlegend verändert hat. Er arbeitete vorrangig mit den Beamten des Strafvollzuges und sehr vielen Gefangenen; er hat im Laufe der Zeit mindestens 5.000 Gefangene persönlich gesehen, viele beraten, viele auch nur kurz beraten, eine ganze Kette länger behandelt. Er hat seine furchtbare Erfahrung des Konzentrationslagers verwandelt in die Öffnung des Knastes als einer menschlichen und vermenschlichenden Lebensschule.

Psychoanalytisch muß man sich fragen, wenn man vom Knast auf die Klinik kommt und natürlich die Unterschiede zwischen Gefängnissen und psychiatrischen Kliniken berücksichtigt: Was versteht man psychoanalytisch unter „Lieben"? Geht es nur darum, daß der Vollzugsbeamte den Gefangenen liebt und er sich dadurch besonders gut bessert, geht es darum, daß die Krankenschwester und der Psychiater in der psychiatrischen Klinik die Patienten lieben, damit es ihnen besser geht? Oder was ist Lieben psychoanalytisch? Ich komme deshalb auf diese Frage, weil sie ein vielfaches Thema in Supervisionen und Weiterbildungen mit Ernst Federn ist, von dem wir, die wir mit ihm enger zusammenarbeiten, sehr viel gelernt haben. Es geht im psychoanalytischen Prozeß auf gar keinen Fall darum, daß der Analytiker bzw. der psychoanalytische Sozialarbeiter dem Analysanden bzw. dem Patienten Liebe gibt. Entscheidend ist, daß er sich mit Liebe besetzen läßt. Das erst kann den Übertragungsprozeß in Gang bringen. Die Liebe, die er gibt, ist eine Liebe, die sich darin zeigt, daß er seine Arbeit liebt. Und dadurch, daß er seine Arbeit liebt, so haben wir von Federn vielfältig gelernt, kommt es zu dem Effekt, daß er sich relativ gut gegenüber dem Patienten benimmt, und der Patient die Gelegenheit hat, dieses gute Benehmen mit einer persönlich auf ihn gerichteten Sympathie zu verwechseln und selber den Versuch zu machen, den Therapeuten zu lieben, was dann zu den entsprechenden Durcharbeitungen führt und dann diese überhaupt erst erschließt. Ich werde nie vergessen, daß es in den Diskussionen mit Federn über dieses Thema natürlich einige Ernüchterungen gerade bei denen gab, die einen großen Impetus des Helfens hatten, und solchen, die auch die Vorstellung hatten, bestimmte Menschen kann man nur heilen dadurch, daß man etwas ganz besonders Gutes sozusagen in sie hineinlegt, in sie hineinpreßt und unter Umständen mit dem Hammer hineinschlägt, invasiv oder moralisierend. Aber das alles kann nicht Psychoanalyse sein. Manche haben aber auch gesagt, na ja wenn das Lieben im analytischen Prozeß wesentlich auf diese narzißtische Libido konzentriert ist, die hier besonders wirksam wird, was ist das?

Es ist tatsächlich so, daß es die Strenge dieser Vorstellung erst ermöglicht, daß der analytische Forschungs- und Behandlungsprozeß überhaupt in Gang kommt und in einer so unaufdringlichen Weise durchgeführt werden kann, daß dem Patienten bzw. Analysanden so viel wie möglich, aber so wenig wie nötig Ich-Anteile des Analytikers geborgt werden, die er dann auch irgendwann wieder los wird, um unabhängig von diesem wirklich leben zu können. Die Strenge des analytischen Settings, inbesondere bei der psychoanalytischen Sozialarbeit, hängt also ganz eng mit der Anerkennung dieser Freiheit des Anderen zusammen, die durch „Liebegeben" von massiver Einschränkung bedroht wird.

Die Arbeit mit Adoleszenten können wir uns ohne Ernst Federns Hilfe kaum mehr vorstellen, weil die Analyse von Adoleszenten weder durch die Erwachsenenanalyse, noch durch die Kinderanalyse sinnvoll abgedeckt oder begriffen ist. Adoleszenten zu behandeln gehört absolut zum Schwierigsten. Von Ernst Federn gibt es den wunderbaren Ausspruch: „Wenn Sie einen Adoleszenten behandeln, müssen Sie eines wissen: Entweder hat er einen Termin, dann kommt er nicht; oder wenn er kommt, dann redet er nicht; und meistens will er irgendetwas Drittes. Wer bereit ist, sich darauf einzulassen, der kann Adoleszenten behandeln." Diese Einsicht, die ja in Variationen in vielen Supervisionen und Weiterbildungen immer wieder vorkommt, hat einer ganzen Generation von psychoanalytischen Pädagogen und psychoanalytischen Sozialarbeitern, Psychotherapeuten und auch den Analytikern, die sich mit Adoleszenten tatsächlich beschäftigen, nachhaltig geholfen. Ich möchte einfach gerade auch an dieser Stelle diesen Punkt besonders hervorheben, denn diese freundliche und humorige Art, von sehr schwieriger Arbeit zu reden, hat auch immer wieder sehr viel Mut gemacht, sich auf Arbeiten gerade mit schwerst ichstrukturell gestörten Jugendlichen einzulassen, ohne den wir sozusagen keinen Boden unter uns gefühlt hätten.

Diejenigen, die zum 1. Mal hier sind, werden sich fragen, wie kommt es, daß diese Fachtagung im Evangelischen Fachkrankenhaus Königin Elisabeth Herzberge, Berlin, kurz gesagt „Herzberge" stattfindet? Diejenigen, die hier schon sind, wissen Einiges über Herzberge, und manche sagen, Sie wissen es nicht genau. Ich sage Ihnen, Herzberge ist einer der schönsten und interessantesten Orte in Europa. So viel kann ich zumindest sagen als jemand, der schon 4 Jahre lang kontinuierlich hier vor Ort kooperiert. Ernst Federn war einer der Ersten, die nach der Wende hierher kamen, gerade in dieses Haus, und psychoanalytische Supervisionen mit verschiedenen Häusern anboten. Eingetaucht in dieses herrliche Wetter heute, sieht Herzberge auch aus wie eine Sammlung von wunderschönen dormitories, wie wir sie im Umfeld von Harvard sehen, oder etwa wie in Radcliff; und man hat die Vorstellung, dieses Wetter könnte den Geist liberaler Aufklärung transportieren. Natürlich ist das, was ich Ihnen gerade vorstelle, die Konstruktion eines Goldenen Kalbes, denn Sie wissen natürlich, daß der eisige Wind aus dem Westen die Lage eines Krankenhauses und die Lage der Versorgung psychisch Kranker und insbesondere Behinderter gerade hier im Osten der Stadt außerordentlich schwierig macht. Wir sind Ernst Federn sehr dankbar, daß er sehr viel Ermutigung gegeben hat, in diese Schwierigkeiten, in die Gemengelagen von multiplen Schwierigkeiten, wieder und wieder Licht zu bringen, obwohl noch gar nicht absehbar ist, wohin die Summe an Problemen, mit denen beispielsweise dieses Krankenhaus eben auch kämpfen muß, im Einzelnen führt. Er hat uns hier in Herzberge immer wieder gezeigt, daß es nie zu spät ist, zu helfen.

Im Vordergrund dieser Tagung stehen Darstellungen der tagtäglichen Arbeit im stationären und ambulanten Rahmen aus eigenen und mit uns befreundeten Einrichtungen. Bei den Kindern, Jugendlichen, jungen Erwachsenen und ihren Familien, die von Kolleginnen und Kollegen des Vereins für Psychoanalytische Sozialarbeit und verwandten Institutionen der Kinder- und Jugendpsychiatrie, der Erwachsenenpsychiatrie, der Epileptologie, dem Bereich Rehabilitation, der Schule, behandelt, gefördert und betreut werden, gibt es solche, die eine stationäre und/oder ambulante Behandlung brauchen, weil sie nie im Leben ein Stück gute innere Umwelt aufbauen konnten oder aber weil sie eine, die sie besessen, verloren hatten; viele dieser Menschen sind schwerst kontakt- und beziehungsgestört und besitzen keinen sozialen Ort mehr, der sie trägt oder haben noch nie einen solchen besessen. Sie bedürfen daher der Hilfe.

Wenn Eltern mit ihren Kindern einen Notstand in der Erziehung ankündigen und um Hilfe nachsuchen, dann kann sich in sehr wenigen Fällen herausstellen, daß ein Familienmitglied oder auch mehrere Psychoanalyse brauchen; wenn sie keine Psychoanalyse benötigen, dann brauchen sie etwas anderes. Dieses Andere ist aber angewiesen auf soziale psychoanalytische Differenzierungen, die eine Hilfe ermöglichen, bei der die Eltern wieder oder neu eine gute emotionale und geistige Gewißheit im Umgang mit ihrem Kind gewinnen. Psychoanalytische Sozialarbeit stellt in diesem Lichte den Versuch dar, in erster Linie die Behandlung der sogenannten Nichtbehandelbaren zu ermöglichen. Helfen bedeutet hier keine stützende Psychotherapie, die einen leidenden Menschen von der Verantwortung für sich selbst entlastet, sondern die Einrichtung von Beziehungsangeboten und Angeboten der Hilfe, über die ein hilfebedürftig gewordener Mensch sich selbst näher kommt und Kräfte, sich selbst zu helfen, an seinem sozialen Ort auffindet, möglichst unabhängig von dauernden professionellen Hilfeangeboten (vgl. Federn 1990).

Nicht nur in der Psychiatrie, sondern in fast allen Bereichen der gesamten Medizin, ebenso im Strafvollzug wie in den Regel- und Sonderschulen, an Orten der industriellen Produktion ebenso wie in verschiedenen Kirchen, Gewerkschaften und in der Armee, tauchen Menschen mit Problemen auf, die im seltensten Falle geheilt werden können, aber in so vielen Fällen besonderer Hilfe bedürfen, daß wir immer nur einigen Menschen helfend gerecht werden. Dabei steht und fällt eine gute Hilfe immer wieder damit, daß Rahmenbedingungen gefunden und erfunden werden, in denen Menschen in der Krise Therapeuten, Pädagogen bzw. Begleitern begegnen, die diese Krise teilweise zu einer eigenen werden lassen. Auf diese Weise können ihre Gegenüber zu einer anderen Erledigung ihrer Schwierigkeiten finden als dies zum Zeitpunkt ihrer Suche nach Hilfe der Fall war.

Der Tagungstitel „Helfen und nicht Heilen“ wurde in den letzten Monaten im Diskurs mit Ernst Federn in Berlin gerne thematisch verhandelt als „Helfen statt Heilen“. Diese Perspektive bezog sich auf problematische Vorgänge der politisch-ökonomischen Reparatur im gesamtgesellschaftlichen Kontext der deutschen Einigung, wie auf spezielle Probleme der Psychotherapie, bis hin zur psychoanalytischen Sozialarbeit im Strafvollzug. Tagtäglich wird deutlich, daß es einen Grad der Verwundung der Menschen in West und Ost gibt, der durch bestimmte Formen der Heilung entweder verschlimmert oder so zugedeckt werden könnte, daß sich individuell, kollektiv und gesamtgesellschaftlich eine Unempfindlichkeit breit macht, die uns gerade in Deutschland so nationalistisch einengt, daß wir weder zu einer sichereren europäischen Einbindung im Hinblick auf ein besseres Ost-West-Verhältnis finden, noch den Ausblick gewinnen auf das gleichermaßen wirksame Nord-Süd-Verhältnis. Hier stellt sich die Frage, wo fangen wir zu helfen statt zu heilen an? Es ist nie zu spät zu helfen, wenn wir uns auf unseren Nahbereich besinnen.

Der Nahbereich ist die psychosoziale Szene, in der Kinder und Jugendliche in Ost und West und Nord und Süd unter erschwerten Bedingungen aufwachsen: Berlin konzentriert diese sozialen und insbesondere ethniespezifischen Bewegungen. In dem Begriff des Interkulturellen wird ein freundlicher, scheinbar gewaltfreier Zwischenbereich unterschiedlicher Kulturen behauptet, der uns bei genauer Abarbeitung an den realen Verhältnissen immer wieder dahin führt, daß es unterschiedliche dominierende Kulturen gibt und an dieser Dominanz hängende sinnlich wirksame Interpretationen der Wirklichkeit. Kann eine Entwicklungs- und Beziehungsarbeit an einem Ort wie Berlin möglich werden, die die Statik dominanter Kulturen auflöst in ein größeres Wechselspiel gegenseitigen Begreifens von Vertrautheit und Fremdheit? Kann die Psychoanalyse dazu etwas beitragen? In der psychosozialen Szene, von der hier die Rede ist, hat ein psychoanalytisch verstehbarer Prozeß des Begreifens begonnen, dem vielfach Berufsgruppen näher stehen, die nicht dem „Zentralmassiv" (Michael Balint) der Psychotherapie oder der Psychoanalyse angehören. Dieses Begreifen handelt im Rahmen einer alltagsbezogenen Pädagogik und sozialen Arbeit davon, daß die Psychoanalyse nicht Krankheiten behandelt, sondern ganze Personen, und daß im Sinne der psychoanalytischen Einheit von Forschung und Behandlung psychoanalytische Sozialarbeit im Dienste der Aufklärung des Unbewußten und der Sexualität im Kontext der zu erhellenden Ergänzungsreihen zwischen Soma, Psyche und kulturellen Repräsentanzen der Gesellschaft steht.

Der Rahmen angemessener Behandlung psychisch kranker bzw. behinderter Menschen bewährt sich an seiner unaufdringlichen *Setzung,* seiner *Auslegung* im Kontext verläßlicher Beziehungen, die in einem qualifizierten Wechsel von Anwesenheit und Abwesenheit emotionales und geistiges Wachstum für ein „Leben mit der Differenz" (d.h. nicht zuletzt Trennungen und Wiederannäherung) fördern und seinem *Überflüssigwerden.* Es geht hier um das Gegenteil von totalen Institutionen: Zur Einübung in das Leben mit der Differenz ist deshalb gerade bei Jugendlichen und jungen Erwachsenen, die hilfebedürftig sind, die Trennung der Orte, an denen sie leben, an denen sie ihre Behandlung im engeren Sinne bekommen und ihre Ausbildung bzw. ihre berufliche Rehabilitation oder den unmittelbar konkreten Zugang zu Arbeit erfahren, unverzichtbar.

Letztlich muß für jeden Menschen, der psychoanalytische Sozialarbeit braucht, die gesamte Institution neu erfunden werden; das hängt mit dem Überflüssigwerden des Rahmens zusammen und hilft rechtzeitig, Tendenzen zur Bürokratisierung und Verdinglichung der Institutionen über den Köpfen der Betroffenen zu erkennen und zu überwinden. Solche Überwindung ist nur möglich, wenn Personen und Institutionen, die gesellschaftlich aufgefordert sind, „den Wahnsinn zu empfangen", wie die französische Psychoanalytikerin Mannoni pointiert formuliert, offen sind für Unvorhergesehenes, für Überraschungen und letztlich für katastrophische Veränderungen.

Gerade bei Menschen, die, gleichgültig an welchem sozialen Ort sie leben und arbeiten (Strafvollzug, Kirche, Psychiatrie usw.), ich-strukturell erkrankt sind, ist es notwendig, Hilfen zu schaffen, die in ihrem Binnenraum Räume für katastrophische Veränderungen geben, die nur möglich sind, wenn psychotisches Erleben nicht unterdrückt wird, sondern sich unter geschützten Bedingungen so weit entfalten kann, daß die in ihm verborgenen Selbstheilungskräfte der jeweils leidenden Menschen wirksam werden können. Behandlung heißt in diesem Zusammenhang Heilung von kränker und verrückter machenden Selbstheilungsversuchen, nicht aber notwendig Gesundung im Sinne sozialer Unterwerfung und Anpassung an Normen und institutionelle Zwänge, die nicht befragt werden können. Es geht hier bei psychisch kranken und behinderten Menschen wie bei einer als normal funktionierenden abweichenden Mehrheit der Bevölkerung um nichts Geringeres, als immer wieder neu die affektiven Grundlagen des Kulturgehorsams durch rationale zu ersetzen.

Im Lichte der hier umrissenen Vorstellungen gewinnen die Perspektiven Freuds neue Aktualität; Freud schrieb schon 1895: „Ich habe wiederholt von meinen Kranken, wenn ich ihnen Hilfe oder Erleichterung... versprach, den Einwand hören müssen: Sie sagen ja selbst, daß mein Leiden wahrscheinlich mit meinen Verhältnissen und Schicksalen zusammenhängt: daran können Sie ja nichts ändern; auf welche Weise wollen Sie mir denn helfen? Darauf habe ich antworten können: - Ich zweifle ja nicht, daß es dem Schicksal leichter fallen müßte als mir, Ihr Leiden zu beheben. Aber Sie werden sich überzeugen, daß viel damit gewonnen ist, wenn es uns gelingt, Ihr hysterisches Elend in gemeines Unglück zu verwandeln. Gegen das letztere werden Sie sich mit einem wiedergenesenden Seelenleben besser zur Wehr setzen können" (Freud S., 1895, GW I, S. 311 f.). Freud hatte herausgefunden, wie er dem Patienten dabei helfen konnte, in einer interpersonalen Beziehung als Vehikel für Übertragung und Gegenübertragung das zur Sprache zu bringen, was er zunächst einmal nur mittels seiner Symptome und Träume äußern konnte. Freud wußte damals schon sehr genau, daß nicht alle Arten von Patienten dazu in der Lage waren. Heute befriedigt seine Unterscheidung nicht mehr, der zufolge er die Patienten, die seiner Methode zugänglich waren, und diejenigen, die ihr nicht folgen konnten, gegeneinander abgrenzte. In dieser Abgrenzung lag aber eine Bescheidenheit, die die Weiterentwicklung der Psychoanalyse erst möglich machte.

Freud zeigte, daß sich Personen mit ausgeprägten narzißtischen Neigungen weder für analytische Arbeit eignen, noch mit Psychoanalyse geheilt werden können. Mit den ihm damals zustehenden Mitteln stellten Psychosen das Extrem dessen dar, was nicht zu behandeln war. Er blieb aber hierbei nicht stehen, sondern entwickelte sein Verständnis von Heilung weiter, was 1933 zu folgender Formulierung über psychoanalytische Therapie führte: „Ihre Absicht ist ja, das Ich zu stärken, es vom Über-Ich unabhängig zu machen, sein Wahrnehmungsfeld zu erweitern und seine Organisation auszubauen, so daß es sich neue Stücke des Es aneignen kann. Wo Es war, soll Ich werden" (GW XV, S. 86, 1933).

Freuds veränderte Einstellung, nicht mehr ausschließlich „hysterisches Elend in gemeines Unglück zu verwandeln", hatte weitreichende Konsequenzen. Die Eroberung des Es und damit die Erschließung unbewußter Prozesse im Sinne eines radikal utopischen noch nicht und noch nie Bewußten, war eine Aufgabe, die bis dato Schriftstellern, Künstlern, Mystikern und Erzeugern sozialer Utopien vorbehalten war. Diesem weiter gesteckten Ziel der Behandlung gelten die Bemühungen, ich-strukturell gestörte, insbesondere psychotische Menschen zu behandeln, wie sie von Paul Federn, Sandor Ferenczi, Melanie Klein, D.W. Winnicott, Michael Balint, Harold Searles, Marion Millner und Wilfred R. Bion in der Folgezeit untersucht wurden und als Einheit psychoanalytischer Pädagogik und psychoanalytischer Sozialarbeit fortgesetzt und gelebt wurden von Ernst Federn, Rudi Ekstein, Bruno Bettelheim in der Nachfolge Siegfried Bernfelds und August Aichhorns.

Die Verrückungen der ursprünglichen Perspektiven analytischer Behandlung kommen pars pro toto besonders gut zum Ausdruck in dem Buch von Marion Millner „The hands of the living God" (1969), in dem sie von einer über 20 Jahre dauernden, außergewöhnlichen analytischen Behandlung und Betreuung einer sehr kranken, mit dem diagostischen

Namen „schizophrene Psychose“ nur reduktionistisch beschriebenen Frau berichtet. Diese Frau hatte sich allmählich von der totalen Abkapselung einer psychotischen Eigenwelt in die grelle Ästhetik des normalen Lebens bewegt, was Millner nach 20 Jahren einer im weitesten Sinne sozialen psychoanalytischen Arbeit zur Frage Anlaß gibt: „Wird Susan je die Fähigkeit besitzen, wenigstens physisch allein sein zu können, wird sie je die wahre Bedeutung dieser Fähigkeit erfahren? Ich war der Meinung, daß die Erfolge der letzten Sitzungen wenigstens eine der Grundlagen dafür abgeben können. Sie hatte bei sich die Vorstellung aufkommen lassen, von mir gestillt zu werden; in der Analyse hatte sie die symbolische Befriedigung durch eine nur vorgestellte Mutterbrust akzeptiert. Daher hatte ich das Gefühl, sie würde ihr nun nachtrauern können und sie deshalb auch anderen nicht streitig machen; sie würde es also ertragen, wenn ich von ihr gehe, was so viel bedeuten würde, als hätte durch die analytische Erfahrung ein neues Elternpaar zueinander gefunden, auf daß es in ihrer Seele ein glückliches Leben führen möge“ (Millner 1969, S. 401).

Millner zeigt uns die Psychoanalyse in einem handfesten Kampf um die Wahrheit als befreite und befreiende Forschungs- und Begegnungsmöglichkeit, in der die psychische und soziale Geburt eines Menschen möglich wird, die unter den Bedingungen, ihn an eine therapeutische Technik geeignet anzupassen, eher der Vernichtung seines psychischen Universums als der Entdeckung des Lebens dienen würde. An dieser Stelle trifft sich die nicht auf Heilung schielende psychoanalytische Behandlung psychotischer Menschen mit Freuds Vorstellung, derzufolge die Psychoanalyse bestenfalls eine Therapie unter anderen sei im Sinne dessen, daß Psychoanalyse „Helfen“ und „gutes Halten“ zu sein hätte, was Winnicott später „Holding“ und „Handling“ nannte. Freud warnte eindringlich vor dem Furor sanandi, dem Eifer des Heilens, von dem wir heute wissen, daß der Schaden, den er anrichtet, umso größer ist, je gestörter die Menschen sind, die Hilfe brauchen und keiner Heilung zugänglich sind.

Das Ich-Gefühl, von dem Paul und Ernst Federn immer wieder sprechen, reicht von dem gestirnten Himmel über mir, dem moralischen Gesetz in mir und dem Pferd unter mir, und ich hoffe, daß sozusagen das Pferd zu der psychoanalytischen Sozialarbeit im Rahmen dieser Tagung und auch mit weiterer Hilfe von Ernst Federn uns zu neuen freundlichen Weiten führt und uns alle mit weiteren Bildräumen, solchen mit viel Farben, aber auch mit mehr Vorstellungen von den fehlenden Bildern ausstattet. Ich glaube, daß das Aushalten von sehr viel Nichtwissen gerade in der Arbeit mit psychotischen Patienten wichtigste Voraussetzung ist, zu helfen, im Sinne von *to make the best of it.* Und das auszuhalten, setzt eine Demut in der Arbeit voraus, die uns Federn vielfältig vorgelebt hat.

Ernst Federns Leben von Wien über Buchenwald und den USA nach Wien, als psychoanalytischer Sozialarbeiter mit drogenabhängigen Jugendlichen in Cleveland und delinquenten Jugendlichen und Mördern im Settlement in New York, in vierzehnjähriger reformerischer Arbeit im Strafvollzug in Österreich und last but not least als wohltuend externer Supervisor verschiedener Institutionen der Psychiatrie, psychosozialer Dienste in Tübingen und im Berlin nach der Wende, ist richtungsweisend für Orientierungen der Hilfe jenseits des Furor sanandi. Dessen in vielfältigen Bezügen eingedenk zu sein, ist Sinn und Zweck dieser Tagung.

Literatur

Federn, E. (1993): Witnessing Psychoanalysis. Some remarks on the meaning of help. London, Karnac Books.

Freud, S. (1895): Studien über Hysterie. GW I. Imago Publishing, London.

Freud, S. (1933): Neue Folge der Vorlesungen zur Einführung in die Psychoanalyse. GW XV. Imago Publishing, London.

Masud R. Khan (1977): Anmerkung zu einer Epistemologie des Heilungsprozesses. In: Masud R. Khan (1977): Selbsterfahrung in der Therapie. Frankfurt.

Millner, M. (1969): The hands of the living God. New York, International University Press.

Einige Bemerkungen zur Bedeutung des Helfens

Ernst Federn

Sozialarbeiter nehmen im allgemeinen an, daß ihr Beruf hauptsächlich der des Helfens ist. „Hilfe zur Selbsthilfe" heißt das anerkannte Prinzip. Alle Beschreibungen von Sozialarbeit schließen den Begriff des Helfens in sich ein, mag es sich um individuelle Probleme handeln oder mögen es soziale oder gesundheitliche sein. Sozialarbeiter sind sogar der Meinung, daß jeder Mensch ein oder das andere Mal Hilfe braucht. Leider gibt es aber genug Menschen, die eine Hilfe nicht akzeptieren können. Daß schließlich der Staat als letzter Helfer in sozialer Not auftreten muß, hat in diesem Jahrhundert in verschiedenem Ausmaß in den unterschiedlichsten Ländern der Welt zu großen bürokratischen Einrichtungen geführt.

Psychoanalytische Sozialarbeit findet ihre Grundauffassungen in der Psychoanalyse. Diese ist die Wissenschaft des Unbewußten, von der eine Anwendung die Behandlung seelischer und geistiger Erkrankungen ist. Diese Behandlung dient auch dem Heilen sogenannter seelischer Erkrankungen, vor allem der Neurosen. Allerdings ist die psychoanalytische Methode Freuds im Grunde ein Helfen. Mit ihr hilft der Psychoanalytiker dem Patienten, unbewußte Konflikte ins Bewußtsein zu bringen und mit einer gegenwärtigen, nicht mehr vergangenen Sicht, zu behandeln. Obwohl die psychoanalytische Methode zur Heilung seelischer Erkrankungen verwendet wird, ist sie daher in ihrer praktischen Tätigkeit eine besondere Form der Hilfe. Einer der großen wissenschaftlichen Durchbrüche Freuds war es, zu entdecken, wie eine solche Hilfeleistung vor sich geht, deren wichtigstes Instrument die Übertragung ist. Die Psychoanalyse ist neben einer Wissenschaft auch eine helfende Tätigkeit.

Psychoanalytische Sozialarbeit benützt auch das Instrument der Übertragung, das Freud noch mit Suggestion bezeichnet hat. Sie beruht aber im wesentlichem auf den Vorgängen im unbewußten Seelenleben. Wer den Begriff des Unbewußten ablehnt, muß auch die Psychoanalyse ablehnen, wer ihn annimmt, muß früher oder später auf die Psychoanalyse stoßen. Nun ist es selbstverständlich, daß eine erzielte Heilung durch die psychoanalytische Hilfe an sich eine große Hilfe im sozialen Leben ist. Das gilt für jede ärztliche Tätigkeit auch, das heißt: Heilen umfaßt immer auch Helfen, aber Helfen umfaßt nicht Heilen. Denn Hilfe braucht auch derjenige, der nicht mehr gesund werden kann, wie etwa Behinderte oder alte Menschen. Helfen um sich selbst zu helfen bedeutet z.B. auch die Überwindung sozialer Krisen.

Was ist nun das wesentliche Element dieser Hilfe? Es ist die Intervention einer außenstehenden Kraft, um nicht mehr funktionierende seelische Instanzen oder körperliche Teile wieder dorthin zu bringen, wo sie selber weiter können. Bei der Krankenschwester ist das offensichtlich, beim Lehrer leicht zu erkennen, beim Berater bedarf es weiterer Überlegungen. Die entscheidende Grundlage jeden Helfens ist die Mitwirkung des Objektes. Man kann niemandem helfen, der nicht will, daß man ihm hilft. Helfen besteht also im Prinzip aus drei Teilen: Angebot, Annahme und Durchführung. Das Angebot besteht wieder aus zwei Teilen - Erkennen der Notwendigkeit von Hilfe und das Anbieten selbst. Es gibt sehr viele Menschen, die Hilfe brauchen, aber deren Notwendigkeit nicht anerkennen. Bei Kindern, alten Menschen und Geisteskranken findet man sehr oft eine Unmöglichkeit, Hilfe zu suchen oder anzunehmen. Allerdings scheint sich diese Einstellung allgemein langsam zu ändern. Wird der Bedarf nach Hilfe anerkannt und diese angeboten, so wird sie oft nicht sofort angenommen. Es setzt ein Prozeß der Annahme ein, in dem Zeit eine große Rolle spielt. Warten zu können, bis Hilfe angenommen wird, ist ein wichtiger Teil guter Sozialarbeit. Dieses Warten wird leichter gemacht, wenn man psychoanalytisch ausgebildet ist.

Eine solche Ausbildung hilft auch im Umgang mit einer Form des Reagierens auf einen Notstand: Gewaltanwendung. Etwa 20% der Bevölkerung sind offen gewalttätig, eine Erfahrungstatsache, die in manchen Völkern nach oben oder unten korrigiert werden kann. Solche Menschen reagieren auf jeden Notzustand oder Krisen mit Anwendung von Gewaltmitteln. Gewalt kann nur mit Gewalt beantwortet werden oder aber auch mit Geduld. Ersteres ist die Waffe der Polizei, das zweite die des Sozialarbeiters. Natürlich muß man versuchen, Gewaltakte abzuwehren, aber dieses kann aggressiv oder positiv gehandhabt werden. Der sein Zimmer zerstörende Jugendliche kann bestraft und eingesperrt werden oder im zerstörten Zimmer belassen und durch Sprechen dazu geführt werden, daß seine Aggression als Abwehr gegen einen Notstand erkannt wird. Der letztere Weg ist der des Sozialarbeiters. Nach der Gewalttat erfolgt meistens eine Reaktion, die dazu benützt werden kann, die Notwendigkeit von Hilfe einzugestehen. Das gelingt nicht immer, aber öfters als man glaubt.

In den Vereinigten Staaten entwickelte sich in den sechziger Jahren die Idee des „reaching out“, Menschen Hilfe anzubieten, die sie offensichtlich brauchen. Staatliche Hilfestellen wie Sozialämter und Jugendberatungsstellen gibt es in den meisten zivilisierten Ländern, aber auch hier finden wir Menschen, die diese vom Staat angebotene Hilfe nicht annehmen können. Nun kann man Hilfe anbieten in einer Weise, daß sie schwer oder leicht angenommen werden kann. „Reaching out“ ist im Grunde eine Kunst. Sie besteht teils nur aus lernbaren Methoden, teils aus einer Begabung, Beziehungen zu fremden Menschen herzustellen. Am leichtesten ist Hilfe zu geben, wo diese verlangt wird. „Reaching out“ ist ein Schritt im Voraus, um dieses Verlangen herzustellen. In der Arbeit mit Kindern und Jugendlichen ist das leichter; die angewendeten Methoden können erlernt werden. Aber Voraussetzung ist das Vorhandensein des Gefühles für die Not anderer. Gefühle allein genügen zwar nicht, sind aber eine Voraussetzung, Willen und Kraft einzusetzen. Ist es gelungen, den in Not Befindlichen von seinem Zustand zu überzeugen, kann damit begonnen werden, die nötigen Hilfeleistungen zu erbringen. Diese sind von der verschiedensten Art; aber allen ist eine Qualität gemein: Hilfe erhalten erzeugt immer Abhängigkeit des Hilfe Bekommenden vom Hilfe Gebenden. Und diese Abhängigkeit bedeutet eine gewisse Regression in die Kindheit. Es ist hier wichtig zu wissen, daß es sehr viele Menschen gibt, die Masochisten sind, die leiden und abhängig sein wollen. Infolgedessen geben sie den Anspruch auf Hilfe niemals auf, und der Helfer muß diese Charaktereigenschaft erkennen, um zu wissen, wann er selbst aufhören muß, zu helfen. Auf der anderen Seite gibt es viele erwachsene Menschen, die Abhängigkeiten nicht ertragen können und Liebe statt Hilfe wollen. Der Helfer kann aber nur lieben, was er tut - um einen Anspruch Zulligers anzuwenden - nicht aber auch diejenigen, denen er Hilfe bietet. Paradoxerweise ist der beste Helfer derjenige, der narzißtisch liebt, was er oder sie selber tut. Das Objekt allerdings glaubt, daß diese narzißtische Liebe ihm oder ihr gilt. Ich habe darüber schon in einem anderen Vortrag gesprochen.

Kinder, manche Jugendliche und Erwachsene, viele alte Leute und

Geisteskranke, lehnen aber die Abhängigkeit von einem anderen nicht ab. Sie fühlen sich in ihr wohl. Der Helfer muß imstande sein, diese Abhängigkeit wieder zu lösen und zum Verschwinden zu bringen, um den Prozeß der Hilfe, wenn er gelungen ist, zu beenden. Nun gibt es aber Zustände, in denen Hilfe immer nötig ist, z.B. für Behinderte, Alte, Geisteskranke. Hier muß das Gefühl der Abhängigkeit so behandelt werden, daß es nicht abgelehnt wird. Die inneren seelischen Vorgänge in dem Hilfe Empfangenden sind unendlich verschieden, und je größer das Wissen um diese seelischen Vorgänge ist, desto wirksamer wird das Helfen sein. Hier bringt die psychoanalytische Sozialarbeit in das, was sie tut, eben das Wissen von unbewußten Prozessen mit, und ist damit besser als der noch so bemühte Nicht-Psychoanalytiker. Dabei wird es immer Menschen geben, die ohne Psychoanalyse sehr hilfreich sein können. Aber es wäre falsch, sich auf diese zu verlassen.

Wenn Sie das von mir Gesagte annehmen können, werden Sie verstehen, daß der Beruf des Helfens einer langen Ausbildung und einer jahrelangen Supervision bedarf.

Nun wird unser Leben sozial immer schwieriger. Dafür sind im Grunde zwei Entwicklungen verantwortlich, die neu in der Geschichte der Menschen sind: Die atomische Energie und die Electronik. Die erstere hat die Phantasie eines Weltunterganges zur Realität werden lassen. Was neurotische Angst war, ist heute eine wirkliche Furcht vor der Möglichkeit der atomischen Zerstörung unserer Welt. Das hat auch soziale Auswirkungen, vor allem die Erkenntnis, daß letzten Endes mit Gewalt nichts Anderes zu erreichen ist als das Ende der Zivilisation. Der Mensch ist aber ein gewaltanwendendes Wesen. Um diese angeborenen, in den Genen vorhandenen Eigenschaften zu überwinden und sozial zu verarbeiten, bedarf es vieler sozialer und erzieherischer Einrichtungen. Manches ist erreicht worden, aber noch viel zu wenig. Das zweite Ereignis, die Electronik, verändert die Produktionsweise total und ermöglicht eine Vergrößerung unseres Wissens ins Unendliche. Die neueren Produktionsverhältnisse haben die Arbeitslosigkeit zur Folge, das Vermehren des Wissens geht weit über den menschlichen Durchschnittsverstand hinaus. Mit beiden Entwicklungen fertig zu werden, verlangt große soziale Veränderungen, in denen dem Prozeß des Helfens in den vielen Nöten des Lebens eine wichtige Rolle zukommt.

Heilen ist eine Tätigkeit mit klar erreichbaren Zielen. Helfen hat ebenfalls Ziele, aber sehr oft unerreichbare Enden. Helfer haben daher eine vom Heiler unterschiedliche Einstellung, die aber gleichwertig zu behandeln ist.

Der Arzt versorgt die Wunden, Gott heilt den Kranken

Überlegungen im Anschluß an Celan, Freud und Kafka

Rolf Denker

Der Titel dieses Essays spielt auf einen Gedankengang an, den Sigmund Freud (1912e) in seiner Schrift "Ratschläge für den Arzt bei der psychoanalytischen Behandlung" im Kontext seiner Empfehlungen für die psychoanalytische Praxis entwickelte. Er forderte darin für den Therapeuten eine ähnliche "Gefühlskälte", wie sie der Chirurg erkennen läßt, der "alle seine Affekte und selbst sein menschliches Mitleid beiseite drängt und seinen geistigen Kräften nur ein einziges Ziel setzt: die Operation so kunstgerecht als möglich zu vollziehen" (Freud 1912e, S. 380f.). Freud fährt dann unter Berufung auf den französischen Chirurgen Ambroise Paré fort: "Die Rechtfertigung dieser vom Analytiker zu fordernden Gefühlskälte liegt darin, daß sie für beide Teile die vorteilhaftesten Bedingungen schafft, für den Arzt die wünschenswerte Schonung seines eigenen Affektlebens, für den Kranken das größte Ausmaß von Hilfeleistung, das uns heute möglich ist. Ein alter Chirurg hatte zu seinem Wahlspruch die Worte genommen: "Je le pansai, Dieu le guérit. "("Ich versorgte seine Wunden, Gott heilte ihn".) Mit etwas Ähnlichem sollte sich der Analytiker zufriedengeben." (ebd., S. 381).

Ich möchte im folgenden aus einer zunächst recht umwegig erscheinenden poetischen Perspektive einen Beitrag zu diesem Thema leisten, indem ich mich auf ein Gedicht von Paul Celan mit dem Titel "Frankfurt, September" aus seinem Gedichtband "Fadensonnen" (1968) beziehe, in dem eine Verbindung zwischen dem Begründer der Psychoanalyse Sigmund Freud und dessen Kritiker, dem Dichter Franz Kafka, hergestellt wird. Ich greife dabei auf Gedankengänge einer Studie meiner früh verstorbenen Frau Gabriele Röttger-Denker zurück, in der sie sich eingehend mit den sogenannten Personen-Gedichten von Paul Celan befaßte te (vgl. Röttger-Denker 1989). Ein Gedicht mit dem Titel "Tübingen, Jänner" (Celan 1963, S. 226) wurde darin interpretiert, das Hölderlin gilt, eines unter dem Titel "Zürich, Zum Storchen" (ebd., S. 214), das Nelly Sachs gewidmet ist, und eines "Frankfurt, September" (Celan 1968, S. 114), in dem Freud namentlich angesprochen wird, Kafka aber nur für den Kafka-Kenner identifizierbar ist. - Es gibt in den "Fadensonnen" noch ein zweites Freud-Gedicht mit dem Titel "...auch keinerlei Friede" (ebd., S. 201), das zweifellos ganz an Freuds Spätsschrift "Jenseits des Lustprinzips" orientiert ist (vgl. Schulz 1977, S. 33ff.).

Mit diesem Gedicht "Frankfurt, September" will ich mich nun eingehender befassen. Es lautet:

Frankfurt, September

Blinde, licht-
bärtige Stellwand.
Ein Maikäfertraum
leuchtet sie aus.

Dahinter, klagegerastert,
tut sich Freuds Stirn auf,

die draußen
hartgeschwiegene Träne
schießt an mit dem Satz:
"Zum letzten-
mal Psycho-
logie."

Die Simili-
Dohle
frühstückt.

Der Kehlkopfverschlußlaut
singt.

Die Gedichte Paul Celans gelten als hermetisch verschlossen und vielen Lesern auch als irrational. Das sind sie aber nicht, sondern sie sind nach genauerem Lesen rational auszulegen, wenn man ihren Hinweisen und versteckten Indikatoren folgt. Sie sind darum nicht unverständlich, sondern schwerverständlich. Sie haben, mit Adorno gesprochen, "Rätselcharakter", der aufgeschlüsselt werden muß und kann. So wie das Rätsel eine Lösung hat und jeder Traum seine Deutung, verlangt jedes Gedicht, und eben deshalb auch dieses Gedicht, nach Interpretation. Dabei ist zuzugeben, daß jede Interpretation wegen der "Inkommensurabilität" der Kunstwerke (Goethe) auch überholbar ist, deshalb auch die von diesem Gedicht wie die von jedem anderen echten Kunstwerk.

Weil man speziell bei den Gedichten Celans sich assoziativ auf seine eigenen Kenntnisse und die Kenntnisse anderer verlassen muß, will ich dieses Gedicht wie einen Traum zu deuten versuchen, indem ich von dem manifesten Inhalt der verfaßten Strophen deren latenten metaphorischen Gedankengang unter Zuhilfenahme von Assoziationen und Symboldeutungen freilegen zu können hoffe.

Ein Interpret dieses Gedichts, Klaus Voswinckel (1975), hat vielleicht etwas Ähnliches versucht. Für ihn ist gleich klar, der Titel "Frankfurt, September" spielt auf die herbstliche Buchmesse in Frankfurt an und die später im Gedicht genannte Simili-Dohle auf Kafka-Epigonen im heutigen befremdenden Kulturbetrieb beim Frühstück in einer Messehalle oder im Hotel dort. Nach meiner Ansicht lassen sich für beide Aspekte keine Indikatoren im Gedicht selbst verbindlich festmachen. Ich will darum einen völlig anderen Interpretationsweg einschlagen:

Vielleicht ist es nicht ganz falsch, sich zunächst zu fragen, wieso Celan bei Frankfurt zuerst an Freud denkt. Gibt es von Freud zu Frankfurt eine ähnliche Verbindung wie von Hölderlin zu Tübingen im "Tübingen, Jänner"-Gedicht? Ja, es gibt einen wahrscheinlich gerade für einen Dichter nicht unwichtigen Bezugspunkt. Freud wurde 1930 der Goethe-Preis der Stadt Frankfurt zugesprochen. Er konnte aber nicht selbst zur Preisverleihung an Goethes Geburtstag am 28. August kommen, sondern übertrug es seiner Tochter Anna, dort seine Dankesrede zu verlesen. Das war allerdings nicht im September, sondern Ende August. In der Verleihungsmitteilung hieß es in einer Passage, die mir in diesem Zusammenhang wichtig erscheint:

> "In streng naturwissenschaftlicher Methode, zugleich in kühner Deutung der von Dichtern geprägten Gleichnisse, hat Ihre Forschung einen Zugang zu den Triebkräften der Seele gebahnt und dadurch die Möglichkeit geschaffen, Entstehen und Aufbau vieler Kulturformen in ihrer Wurzel zu verstehen und Krankheiten zu heilen, zu denen die ärztliche Kunst bisher den Schlüssel nicht besaß" (Freud 1930d, e, GW XIV, S. 545).

Das Stichwort "heilen" könnte Celan ebenso bewegt haben wie eine Stelle aus Freuds Redemanuskript, in der er Goethes geistige Affinität zur Psychoanalyse herausstellt:

> "Ich denke, Goethe hätte nicht, wie so viele unserer Zeitgenossen, die Psychoanalyse unfreundlichen Sinnes abgelehnt. Er war ihr selbst in manchen Stücken nahegekommen, hatte in eigener Einsicht vieles erkannt, was wir seither bestätigen konnten, und manche Auffassungen, die uns Kritik und Spott eingetragen haben, werden von ihm wie selbstverständlich vertreten." (ebd., S. 547).

Eventuell ging ihm aus dieser Rede nach, wie anders als Goethe, schließlich abweisend, der Dichter Franz Kafka die heilenden Möglichkeiten der Psychoanalyse anzweifelte.

Die erste Hälfte des Celan Gedichts "Frankfurt, September" wirkt auf mich wie eine Bildbeschreibung. Man könnte sich auf entsprechende Fotos gerade des alten Freud berufen. Spontan fiel mir aber die Zeichnung ein, die Salvador Dali von Freud machte (vgl. Freud, E. u.a. 1985, S. 298 u. Dali 1984, S. 38 u. 223), als der spanische Maler mit Stefan Zweig zusammen Freud in London besuchte, wohin Freud nicht lange vorher vor den Nazis flüchtend gezogen war. Freud war von dieser surrealistischen Künstler-Persönlichkeit stark beeindruckt. Er schrieb nachher in einem Brief vom 20.7.1938 an Stefan Zweig:

> "Lieber Herr Doktor. Wirklich, ich darf Ihnen für die Führung danken, die die gestrigen Besucher zu mir gebracht hat. Denn bis dahin war ich geneigt, die Surrealisten, die mich scheinbar zum Schutzpatron gewählt haben, für absolute (sagen wir 95% wie beim Alkohol) Narren zu halten. Der junge Spanier mit seinen treuherzig fanatischen Augen und seiner unleugbaren technischen Meisterschaft hat mir eine andere Schätzung nahe gelegt." (Zweig 1991, S. 183).

Es gibt auch Notizen über diese Begegnung in Dalis Autobiographie. Er glaubte schon nach eingehender Betrachtung einer Photographie das „morphologische Geheimnis Freuds entdeckt“ zu haben: „Freuds Schädel ist eine Schnecke! Sein Gehin hat die Form einer Spirale - mit einer Nadel herauszuziehen! Diese Entdeckung beeinflußte nachdrücklich das Porträt, das ich später, als er mir, ein Jahr vor seinem Tod, Modell saß von ihm zeichnete...

Entgegen meiner Hoffnung sprachen wir wenig, aber wir verschlangen einander mit den Augen. Freud wußte nichts über mich, außer daß er meine Malerei kannte, die er bewunderte...

Dann, mich weiter mit einer Festigkeit, in der sein ganzes Wesen sich zu verdichten schien, anstarrend, rief Freud, Stefan Zweig zugewandt, aus:

> „Nie sah ich jemanden, der so durch und durch Spanier war. Welch ein Fanatiker“ (ebd., S. 39).“

Trotzdem bleibt Freud aber, das sei der zusätzlichen Information halber hinzugefügt, skeptisch, was die künstlerische Qualität surrealistischer Werke angeht, meint aber, daß es psychoanalytisch reizvoll sein könnte, die kreativen Vorgänge ihrer Produktion zu untersuchen. Er fährt nämlich fort:

> "Es wäre in der Tat sehr interessant, die Entstehung eines solchen Bildes analytisch zu erforschen. Kritisch könnte man doch noch immer sagen, der Begriff der Kunst verweigere sich einer Erweiterung, wenn das quantitative Verhältnis von unbew. Material und vorbw. Verarbeitung nicht eine bestimmte Grenze einhält. Aber jedenfalls ernsthafte psychologische Probleme." (ebd.) - (Orthographie angeglichen).

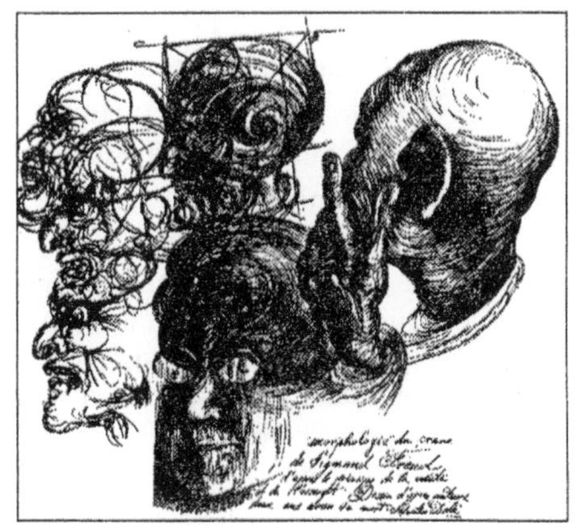

Auf dieser Zeichnung von Salvador Dali nun wird der streng aufgerichtete Kopf Freuds leicht seitwärts unter besonderer Betonung der mächtigen Stirn in kräftigen Rasterstrichen dargestellt. Die Brillengläser scheinen äußerst helles Licht zu reflektieren, das auch den weißen Altersbart in lichtem Weiß erscheinen läßt.

Das "lichtbärtig" im Gedicht "Frankfurt, September" weist zudem auf ähnliche Formulierungen im früher geschriebenen Gedicht "Tübingen, Jänner" zurück. Dort war von "Zur Blindheit überredeten Augen" die Rede und von dem "Lichtbart der Patriarchen" als besonderem Zeichen auserwählter Menschen voller Weisheit und entsprechender Hochschätzung.

Im Ganzen imaginiert die erste Strophe "Blinde, licht-/bärtige Stellwand./ Ein Maikäfertraum/ leuchtet sie aus", die Sprechsituation zwischen dem Psychoanalytiker und seinem Patienten.

Wenn es auch immer wieder behauptet wird, stimmt es nach den Fotos von Freuds Arbeitszimmer (vgl. Freud, E. u.a. 1985, S. 144) nicht, daß er durch eine Stellwand von den Patienten auf der Couch getrennt in seinem Sessel dahinter saß. Wohl hat er selbst immer wieder Vergleiche gesucht, um die besondere Konstellation des "psychoanalytischen Settings" zu verdeutlichen und dazu immer wieder technische Beispiele (zumeist aus der Optik) herangezogen, wie z.B. den Spiegel, den Fotoapparat, das Mikroskop, die Laterna magica usw..

Da in der Theorie auch oft von Projektionen die Rede ist, liegt es nahe, eine Leinwand als "Stellwand" hinzuzudenken, auf welche die vom Patienten geäußerten Assoziationen projiziert werden, die dann der Therapeut von der Rückseite, genau wie sonst beim Spiegel, seitenverkehrt wahrnimmt.

Seine Tochter Anna Freud wählte wiederholt solche Stell- bzw. Leinwand Metaphern. Dafür nur ein Beispiel: „Wir (Therapeuten - R. D.) bleiben unpersönlich, schattenhaft, ein leeres Blatt, auf das der Patient alle seine Übertragungsphantasien eintragen kann, etwa in der Weise wie man in Kinematographen ein Bild auf eine leere Leinwand wirft“ (Freud, A. 1987, Bd. I, S. 52. Vgl. Denker 1995, S. 69).

Obwohl Freud selbst in seiner Schrift "Zur Einleitung der Behandlung" (1913c) keinen direkten Hinweis auf die Stellwand, den "Paravant" gibt, wird das "Setting" doch so beschrieben, als ob sie da sein könnte. Dort heißt es nämlich:

> "Ich halte an dem Rate fest, den Kranken auf einem Ruhebett lagern zu lassen, während man hinter ihm, von ihm ungesehen, Platz nimmt. Diese Veranstaltung hat einen historischen Sinn; sie ist der Rest der hypnotischen Behandlung, aus welcher sich die Psychoanalyse entwickelt hat. Sie verdient aber aus mehrfachen Gründen festgehalten zu werden. Zunächst wegen eines persönlichen Motivs, das aber andere mit mir teilen mögen. Ich vertrage es nicht, acht Stunden täglich (oder länger) von anderen angestarrt zu werden. Da ich mich während des Zuhörens selbst dem Ablauf meiner unbewußten Gedanken überlasse, will ich nicht, daß meine Mienen dem Patienten Stoff zu Deutungen geben oder ihn in seinen Mitteilungen beeinflussen" (Freud 1913c, GW VIII, S. 467).

Denkt man sich zwischen dem liegenden Analysanden und dem von ihm aus ungesehenen Analytiker die Stellwand hinzu, die zwischen den beiden stehen könnte, wird sowohl ihre trennende, als auch ihre verbindende Funktion offenkundig. Die Beziehung zwischen Analytiker und Analysanden wird im Gedicht einzig an dem Ding "Stellwand" festgemacht. Die Eigenschaften, die sie aufweist, sind aber eigentlich welche, die aus der vorwiegend verbalen Kommunikation ("talking cure") der aktiv Beteiligten im Dialog stammen.

So haben auch die schon im "Tübingen, Jänner"-Gedicht aufeinander bezogenen Begriffspaare Blindheit/Weisheit (blind/lichtbärtig) für jeden Einzelnen in dieser Konstellation, sowohl für den Patienten, der 'blind' für seine Krankheit und deren Ursachen nach "Heilung" strebt und diese vom Analytiker erwartet, daß er "Licht in das Dunkel" seiner Seele bringt, als auch für den Analytiker ihre Gültigkeit, der durch Wissen, vielleicht sogar Weisheit in Kooperation mit dem Kranken seine Deutungsarbeit betreibt, aber zunächst in relativem Dunkel, ohne detaillierte Kenntnis der Person beim Beginn einer Behandlung sich "blind" fühlt. Weist er selber in hohem Maße ungelöste Probleme auf, etwa weil er keine gründliche Lehranalyse absolviert hat, führt das möglicherweise auch zu schwerer Beeinträchtigung des Patienten. Freud formuliert es so:

> "... jede ungelöste Verdrängung beim Arzte entspricht nach einem treffenden Worte von W. Stekel einem "blinden Fleck" in seiner analytischen Wahrnehmung." (Freud 1912e, GW VIII, S. 382).

In dem Gedicht wird nun statt der nicht vorhandenen Stellwand Freud selbst im Ganzen zur "lichtbärtigen Stellwand" verdinglicht und zusätzlich seine Stirn als gerastert wie auf dem Dali-Bild angesprochen.

Die personifizierte Stellwand wird von einem "Maikäfertraum" ausgeleuchtet. Dieses Stichwort läßt Celans Freud-Kenntnisse erahnen. Denn ein solcher "Maikäfertraum" spielt in Freuds erstem großen Hauptwerk "Die Traumdeutung" (1900a), in dem die Deutung der Träume als "Königsweg zum Unbewußten" dargestellt wird, eine gewichtige Rolle. Er wird als bemerkenswerter Traum unter der Überschrift "Käfertraum" exem-plarisch vorgestellt und gedeutet. Er wird von einer Ehefrau, die einst in einem Mai geheiratet hatte, in einem Jahr mit einer rechten Maikäferplage im Mai geträumt, als ihr Mann in Geschäften verreist war, mit dem sie vor allem sexuelle Probleme hatte. Der Traum, genauer, der manifeste Trauminhalt lautet:

> "Sie besinnt sich, daß sie zwei Maikäfer in einer Schachtel hat, denen sie die Freiheit geben muß, weil sie sonst ersticken. Sie öffnet die Schachtel, die Käfer sind ganz matt; einer fliegt zum geöffneten Fenster hinaus, der andere!aber wird vom Fensterflügel zerquetscht, während sie das Fenster schließt, wie irgend jemand von ihr verlangt (Äußerungen des Ekels)" (Freud 1900a, GW II/III, S. 295ff.).

Durchaus lassen sich, das sei zum ersten Teil des Gedichts noch nachgetragen, von der eindrucksvollen Gestalt des alten Freud zu dem "Lichtbart der Patriarchen" im Hölderlin-Gedicht "Tübingen, Jänner" Beziehungen aufzeigen, versteht man den Schlußteil als eine Form der Klage und der Anklage. Beides läßt sich von Freuds Stirn ablesen: das Moment der Klage, der Trauer oder Verzweiflung, - sicher auch mitbedingt durch seine unheilbare Krankheit, Krebs in den Kieferhöhlen -, und transponiert in eine andere Ebene, nämlich die des klaren "Rasters" seiner Theorie, sein Erklärungsmodell der Strukturen des psychischen Apparates. Warum ausgerechnet "Freuds Stirn"? Versteht man Freud, wie er sich selbst, als einen Denker in der Tradition der abendländischen Philosophie, der eindringlich die Frage nach dem Wesen des Menschen sowohl in der Theorie in seinen metapsychologischen Schriften, als auch als praktizierender Arzt und Analytiker immer wieder gestellt hat, ist er mit Platon, Spinoza, Kant, Schopenhauer und Nietzsche u.a., auf die er sich häufiger bezieht, durchaus in eine Reihe zu stellen. Gilt Kant als der hervorragendste Repräsentant der deutschen Aufklärung, deren Charakteristikum es ist, die Grundlagen des Wissens, aber auch seine Grenzen durch kritische Analysen der Vernunft der denkenden Subjektivität zu sichern, steht für Freud, wie für Kant, der Einzelne als Subjekt sozialer Vermittlungen als Hauptgegenstand des wissenschaftlichen und philosophischen Interesses im Zentrum. So nimmt denn auch der Aspekt der Aufklärung für Freud ganz konkrete Formen an, formelhaft formuliert in dem programmatischen Satz: "Wo Es war, soll Ich werden." Ebenso wird das "Über-Ich" in seiner Gewissens-Dimension kritisch hinterfragt. Verdrängtes soll bewußt gemacht werden, als Eigenes erkannt und seelisch integriert werden, im Sinne einer ganzheitlichen Perspektive des Menschen (vgl. Freud 1933a, GW XV, S.86).

Der "Lichtbart der Patriarchen", mit dem Freud auf dem Bild Dalis aus dem vorletzten Lebensjahr in Verbindung gebracht werden kann, skizziert Freud als den ehrwürdigen Vater der Psychoanalyse, der bis heute noch von engagierten Nachfolgern fast wie ein Heiliger, aber sicher wie ein "Schutzpatron" verehrt wird, als der er sich z.B. in dem eingangs zitierten Brief an Stefan Zweig von den Surrealisten vereinnahmt fühlt.

Während Freud im ersten Teil des Gedichts mit Namen eingeführt wird, ist Kafka aus dem zweiten Teil des Gedichtes nur für den guten Kafka-Kenner aus den Kafka-Zitaten identifizierbar. - Zitate, auch solche aus rein wissenschaftlichen Abhandlungen, meist ohne Nennung von deren Verfassern, sind im Spätwerk häufig zu finden (vgl. Schulz 1977, S. 240ff.).

Mit dem Stichwort "Psychologie", bzw. "Zum letzten mal Psychologie", wird die Brücke zu ihm geschlagen, dessen Abrechnung mit seinem eigenen Übervater in dem "Brief an den Vater" nach Max Brod auch auf den Patriarchen Freud mitgemünzt war. Denn so lautet die Überschrift zu einem Passus in Kafkas Tagebuch (H 197, 1917-1919):

> "Zum letztenmal Psychologie!

Zwei Aufgaben des Lebensanfangs: Deinen Kreis immer mehr einschränken und immer wieder nachprüfen, ob du dich nicht irgendwo außerhalb deines Kreises versteckt hältst" (Politzer 1971, S. 135).

Die unter dem Stichwort "Psychologie" notierte Maxime legt nahe, die je eigene Umwelt als einen festumzirkelten Kreis zu verstehen, den es immer genauer einzukreisen gilt und bei dem immer wieder nachzuprüfen ist, ob man sich nicht den in ihm abgesteckten Pflichten fluchtartig entzogen hat.

Kafka hatte sich eingehend mit Freuds Psychoanalyse befaßt und sich von ihr stark beeindrucken lassen, ja selbst einen Versuch unternommen, seine Erzählung "Das Urteil" psychoanalytisch zu deuten. Er hatte diesen Versuch aber schließlich verwirrt abgebrochen (ebd., S. 128f.). Später äußerte er sich dann wiederholt äußerst abweisend über die möglichen Heilungserfolge:

> "Es ist keine Freude, sich mit der Psychoanalyse abzugeben, und ich halte mich von ihr möglichst fern..." (ebd., S. 214).

Darauf ist später noch ausführlicher einzugehen.
Beginnt die zweite Strophe des Gedichts "Frankfurt, September" mit einem demonstrativen "Dahinter", setzt sich die dritte Strophe deutlich ab, als würde das Geschehen nun ins Freie verlegt:

> "die draußen/ hartgeschwiegene Träne / schießt an mit dem Satz:/ "Zum letzten-/ mal Psycho-/logie"."

Durch das Kafka-Zitat wird zu ihm, wenn auch verfremdend, ein Bezug hergestellt, was insbesondere durch die Veränderung des einen Satzes durch Celan im Gedicht, das Auseinanderreißen auf drei Zeilen, deutlich wird, wenn man nicht schon beim Teilwort "Käfer" in dem Stichwort "Maikäfertraum" Kafka assoziiert hat, als Anspielung auf Kafkas Erzählung "Die Verwandlung" und die Beschreibung in einem Brief an Milena, weil in beiden Texten ein Käfer vorkommt. Die Erzählung "Die Verwandlung" beginnt:

> "Als Gregor Samsa eines Morgens aus unruhigen Träumen erwachte, fand er sich in seinem Bett zu einem ungeheuren Ungeziefer verwandelt. Er lag auf seinem panzerartigen harten Rücken und sah, wenn er den Kopf ein wenig hob, seinen gewölbten, braunen, von bogenförmigen Versteifungen geteilten Bauch, auf dessen Höhe sich die Bettdecke, zum gänzlichen Niedergleiten bereit, kaum noch erhalten konnte. Seine vielen, im Vergleich zu seinem sonstigen Umfang kläglich dünnen Beine flimmerten ihm hilflos vor den Augen. "Was ist mit mir geschehen?", dachte er. Es war kein Traum..." (Kafka 1915, S. 56).

Auch dies ist ein "Käfertraum", der Beschreibung nach durchaus von einem Maikäfer, denn in der fünf Jahre früher geschriebenen Erzählung "Hochzeitsvorbereitungen auf dem Lande" (1907/1908) tauchte das gleiche Motiv auch schon auf:

> "Ich habe, wie ich im Bett liege, die Gestalt eines großen Käfers, eines Hirschkäfers oder eines Maikäfers, glaube ich." (Kafka 1969, S. 236).

Wie schon im Zusammenhang mit den Hinweisen auf Freuds Traumtheorie herausgestellt wurde, war es eigentlich gar kein "Traum" im Sinne von irrealen Phantastereien, sondern harte, nicht nur psychische Wirklichkeit, in der es um Leben und Tod geht. Eine Beobachtung, die zunächst mutmaßlich einen solchen Todeskampf widerzuspiegeln scheint, schildert Kafka in dem bereits angesprochenen Brief an Milena:

> "Trotz allem aber ist das Schreiben doch gut, mir ist ruhiger als vor zwei Stunden mit Ihrem Brief draußen auf dem Liegestuhl. Ich lag dort, einen Schritt von mir war ein Käfer auf den Rücken gefallen und war verzweifelt, konnte sich nicht aufrichten, ich hätte ihm gern geholfen, so leicht war ihm zu helfen, eine offenbare Hilfe konnte man durchführen mit einem Schritt und einem kleinen Stoß, aber ich vergaß ihn über Ihrem Brief, ich konnte auch nicht aufstehn, erst eine Eidechse machte mich wieder auf das Leben um mich aufmerksam, ihr Weg führte sie über den Käfer, der schon ganz still war, es war also, sagte ich mir, kein Unfall gewesen, sondern ein Todeskampf, das seltene Schauspiel des natürlichen Tier-Sterbens; aber als die Eidechse über ihn hinweggerutscht war, hatte sie ihn damit aufgerichtet, zwar lag er noch ein Weilchen totstill, dann aber lief er wie selbstverständlich die Hausmauer hinauf. Irgendwie bekam ich wahrscheinlich dadurch auch ein wenig Mut wieder, stand auf, trank Milch und schrieb Ihnen." (Haas 1974, S. 14f.).

In allen drei Belegen, in Freuds "Käfertraum" und in den beiden Kafka-Texten, geht es um Befreiung, Freiheit, letztlich um das Entrinnen aus dem Bann des Todes. So sehr man auch dazu neigt, die Evokationen des "Maikäfertraums" mehr mit Freud und dessen Theorie der Traumdeutung in Verbindung zu bringen, läßt das Gedicht noch einen Freiraum offen, wird es in seinem Bedeutungsgehalt eher erweitert, indem es weitere Assoziationen verschiedenster Art zuläßt.

Celan (1970) beschreibt diesen Vorgang so:

> "Dieser Sprache geht es, bei aller unabdingbaren Vielstelligkeit des Ausdrucks, um Präzision."

Diese "Vielstelligkeit" erlaubt es, einen Moment des "Offenen", bei aller Eindeutigkeit aufzuweisen. Das gilt auch für das Gedicht "Frankfurt, September" mit seiner Kombination von Elementen und Begriffen, deren einer Teil für sich isoliert betrachtet, wie z.B. "Stellwand", "Maikäfertraum", "Freuds Stirn", "Kehlkopfverschlußlaut" dem konkreten Bezugsrahmen des psychoanalytischen Settings entstammt, deren anderer Teil aber gerade diese suggerierte Konkretheit aufhebt, verfremdet und das Ganze durchaus ad absurdum führt.

Gerade die dritte Strophe erweckt einen solchen Eindruck:

> "die draußen/ hartgeschwiegene Träne/ schießt an mit dem Satz/ 'Zum letzten-/ mal Psycho-/logie'."

Die Träne als tiefster Ausdruck seelischer Bewegtheit kristallisiert ein Substrat aus, das als "hartgeschwiegen" charakterisiert wird. Sie bricht abrupt, jäh aus der Erstarrung des Schweigens hervor, "schießt an", schlägt sich in vernehmbarer Äußerung nieder, aktualisiert mit dem Satz: "Zum letzten-/ mal Psycho-/logie". Erst jetzt löst sich die im Satz aufgebaute Spannung, die wie unter Zwang zurückgehaltenen Wörter strömen wie Tränen hervor.

Die in vielen anderen Gedichten Celans verwendete Metapher "Stein" evoziert die Vorstellung von Erstarrtem, Erhärtetem, Totem. Die besondere Vorstellung von Härte hier verweist mit der Formulierung "schießt an" auf einen terminus technicus aus der Kristallographie, was so viel heißt wie "auskristallisieren", "sich herausbilden". Damit wäre ein direkter Bezug zwischen der Härte der Träne und der Härte des "Steins" hergestellt, vielleicht sogar mit dem Diamanten als härtesten Edelstein. Der Verweis auf die Kristallographie nützt auch dem Verständnis der "Simili-/ Dohle" in der nächsten Strophe, zunächst vorstellbar als Bezeichnung einer bestimmten Dohlenart, oder aber als die Nachbildung einer Dohle , wobei der Begriff "Simili" auch aus dem Bereich der Mineralogie stammt und sich auf die Nachahmung von Edelsteinen bezieht, sogenannten "Simili-Steinen".

Daß der Satz zwar die Erstarrung bricht, aber nicht das eigentliche, tieferliegende Problem auflöst, wird mit den Gedanken bei Kafka verweilend, im Gedicht auch indirekt mitgeteilt; dieses ständige sich im Kreise drehen, die Egozentrik, beschäftigt mit masochistischen Grübeleien und Selbstvorwürfen aller Art, angestachelt vom niemals ruhenden Todestrieb, der sich schließlich in Lungen- und Kehlkopf-Tuberkulose selbstmörderisch zu manifestieren scheint - dieses Bild entsteht von Kafka, liest man in seinen Tagebüchern, Briefen und letztlich dichterisch umgesetzt, in seinen Romanen und Erzählungen. Er war nach seiner endgültigen Einsicht - wie kein anderer - auch durch die Psychoanalyse nicht zu heilen.

In einem Brief an Milena versucht Kafka seine Meinung über die Heilungsmöglichkeiten durch die Psychoanalyse genauer zu erklären:

> "Du sagst, Milena, daß Du es nicht verstehst. Such' es zu verstehn, indem Du es Krankheit nennst. Es ist eine der vielen Krankheitserscheinungen, welche die Psychoanalyse aufgedeckt zu haben glaubt. Ich nenne es nicht Krankheit und sehe in dem therapeutischen Teil der Psychoanalyse einen hilflosen Irrtum. Alle diese angeblichen Krankheiten, so traurig sie auch aussehn, sind Glaubenstatsachen, Verankerungen des in Not befindlichen Menschen in irgendwelchem mütterlichen Boden." (Kafka 1969, S. 188).

Kafka ist davon überzeugt, daß jeder Mensch durch seine Anlagen von Geburt an auf einen festen Lebensstil in einem festen Umkreis vorgeprägt ist, und auch durch Milieu und Erziehung in einer bestimmten Glaubensrichtung sinnhaft verankert bleibt. Wer aber wie Kafka selbst aus diesen vorgeprägten Kreisen ausbricht, sucht in irgendwelchen anderen Überzeugungen eine neue für ihn bestimmende Bodenhaftung, die für Außenstehende wie eine befremdende Krankheit erscheinen mag. Solche exzentrischen Positionen sind nach Kafka durch keine noch so subtile Therapie bzw. therapeutische Technik aufzulösen oder gar zu heilen. In diesem Sinne setzt er den zuvor schon halb zitierten Text fort:

> "Solche Verankerungen aber, die wirklichen Boden fassen, sind doch nicht ein einzelner auswechselbarer Besitz des Menschen, sondern in seinem Wesen vorgebildet und sein Wesen (auch seinen Körper) noch in dieser Richtung nachträglich weiterbildend. Hier will man heilen?" (Kafka 1969, S. 188).

Um es noch einmal aufzugreifen, Kafka sieht keine Hoffnung auf einen heilenden Effekt in der psychoanalytischen Therapie. Wie könnte seiner Ansicht nach etwas, das im "Grundsätzlichen verankert", mit ihm als seinem Wesen verwurzelt ist, durch eine 'Technik", die Psychoanalyse, aufgehoben, verändert werden? Die grundsätzlichen Leiden des Menschen, die für ihn den Status von Glaubenstatsachen haben, werden immer in der Welt sein, so lange es Menschen gibt und keine Psychologie, gleichgültig welcher Schule und Verfahrensweise, wird in der Lage sein, Menschen davon zu befreien. - Kafka fürchtete, wie viele andere leidenden Künstler - z.B. Rilke -, zudem durch eine Therapie Originalität und Kreativität einzubüßen.-

Freud und Kafka stehen in diesem Gedicht in Opposition zueinander. Obwohl auf den ersten Blick keinem von beiden der Vorzug gegeben wird, sondern sie gleichberechtigt in Verbindung gebracht werden, der eine, Freud, durch sein "Tun", der andere, Kafka, durch sein "Sprechen", sympathisiert der leidgeprüfte Dichter Celan doch letztlich wohl eher mit dem leiderfahrenen Dichter Kafka. Das möchte ich mit ausführlicheren Überlegungen zum letzten Teil des Gedichts bekräftigen, in dem mit dem Stichwort der "Simili-Dohle" ein zweiter Kafka-Indikator gesetzt wird. Dabei muß etwas weiter ausgeholt werden.

Die beiden letzten Strophen des "Frankfurt, September"-Gedichts erwecken beim ersten Lesen den Eindruck von Widersinnigem, geradezu Absurdem: Eine "Dohle, die frühstückt, ein "Kehlkopfverschlußlaut", der singt? Befinden wir uns jetzt in der Zone, in die, wie Adorno in der "Ästhetik" sehr treffend beschreibt, die Gedichte Celans verweisen?

> "Sie ahmen eine Sprache unterhalb der hilflosen der Menschen, ja aller organischen nach, die des Toten von Stein und Stern. Beseitigt werden die letzten Rudimente des Organischen." (Adorno 1974, S. 477).

Endete das Gespräch im Gedicht "Zürich, Zum Storchen" in den voller Zweifel und Orientierungslosigkeit ausdrückenden Worten der Nelly Sachs "Wir/ wissen ja nicht, weißt du,/ wir/ wissen ja nicht,/ was/ gilt", blieb dieses Gedicht doch dem "Sprechen" verpflichtet, ermöglichte ein Gespräch, die Begegnung von zwei Menschen. So lag der Aspekt des "Sprechens", bzw. dessen Problematisierung, was sich in Form des "Lallens", als einzig noch möglicher Form des Sprechens im Gedicht "Tübingen, Jänner" zeigte, zunehmend in Richtung auf Sprachverweigerung, Sprachskepsis, wurde das Gedicht in seiner "Neigung zum Verstummen" offenbar. Trotzdem verblieb es im Bereich der menschlichen sprachlichen

Äußerung, wenn sie auch zum "Lallen", Stottern und Stammeln regredierte. Dagegen werden im Gedicht "Frankfurt, September", besonders in den beiden letzten Strophen, wie Adorno sagt, "Rudimente des Organischen" beseitigt, das "Wort" verstümmelt, über die "Silbe" zum "Laut" oder zum "Gesang".

Celan sagte in seiner Rede zur Verleihung des Büchner-Preises "Der Meridian", daß das Gedicht der Ort sei, wo alle "Tropen und Metaphern ad absurdum" geführt werden wollen (Celan 1968, S. 145).

Dieses Gedicht sehe ich in die Nähe des Absurden gerückt, verweist es doch in eine Zone, die Menschlichem mehr und mehr entrückt erscheint.

So betonen Celan-Interpreten zu Recht, daß der "Kehlkopfverschlußlaut" eigentlich gar kein Laut ist, sondern ein Geräusch. Der Kehlkopf-Verschlußlaut ist ein "Knacklaut", der im Deutschen einen Vokal in Wort- oder Silbenlaut begleitet; physiologisch gesehen, spielt sich bei der Bildung dieses Lauts der gleiche Vorgang ab wie sonst beim Husten.

Trotz der angedeuteten Interpretationsschwierigkeiten ist den Schlußzeilen womöglich doch ein Sinn zu entlocken.

"Die Simili-/ Dohle/ frühstückt": Wie versteckt in Celans Gedichten Andeutungen und Anspielungen sein können, wird in dieser Strophe wiederum deutlich, denn das Wort "Dohle" knüpft, wie schon angedeutet, nochmals eine zweite Beziehung zu Kafka. Kafkas Freund Max Brod schreibt in seinem Buch "Über Franz Kafka" im ersten Kapitel:

> "Der Name 'Kafka' ist tschechischen Ursprungs und bedeutet (in der richtigen Schreibweise 'kavka') wörtlich "Dohle". Auf Geschäftskuverts der Firma Hermann Kafka, die Franz in früher Zeit öfters zu Briefen an mich benützte, findet sich dieser dickköpfige schöngeschwänzte Vogel als Emblem abgebildet."
> (Brod 1974, S. 11; vgl. auch Wagenbach 1983, S. 172).

Die "Simili-Dohle" wäre dann die Nachbildung einer lebendigen, "echten" Dohle und diese Nachbildung Symbol der Identifikation der Familie Kafka mit diesem "schöngeschwänzten Vogel".
Hieße dann die vierte Strophe so viel wie: eine Kafka-Imitation "frühstückt"? Vielleicht kommt man diesen verschlüsselten Zeilen näher, wenn man einen Blick auf Kafkas Erzählung "Ein Hungerkünstler" wirft. In ihr stößt man auf eine 'Kafka-Nachbildung' in Gestalt des Hungerkünstlers, der durch sein vermeintliches Kunststück, gleichzeitig essen und singen zu können, seine nächtlichen Bewacher in Erstaunen versetzt. In der Erzählung heißt es:

"Nichts war dem Hungerkünstler quälender als solche Wächter; sie machten ihn trübselig; sie machten ihm das Hungern entsetzlich schwer; manchmal überwand er seine Schwäche und sang während dieser Wachzeit solange er es nur aushielt (...). Doch half das wenig; sie wunderten sich dann nur über seine Geschicklichkeit, selbst während des Singens zu essen..." (Kafka 1924, S. 164).

In der Erzählung bleibt nicht unerwähnt, mit welchem Heißhunger diese Wärter des Hungerkünstlers sich nach durchwachter Nacht auf das "auf seine Rechnung überreichte Frühstück" stürzten, worüber der Hungerkünstler "am glücklichsten" war.

Doch nicht nur diese Strophe bezieht sich zweifach auf Kafka - sein Name hinter der "Dohle" versteckt, die Anspielung des Singens und des Essens in der Erzählung -, auch die letzte Strophe entlarvt die Lyrik Celans als die eines 'poeta doctus':

"Der Kehlkopfverschlußlaut/ singt":

Eine Postkarte vom 13. April 1924 an den Arzt und treuen Begleiter der letzten Lebensphase, Dr. Robert Klopstock, enthält wohl die Mitteilung, welche die Rätselhaftigkeit der beiden letzten Strophen etwas aufhellen könnte:

"Lieber Robert, ich übersiedle in die Universitätsklinik des Prof. Dr. Hajek, Wien IX Lazarettgasse 14. Der Kehlkopf ist nämlich so angeschwollen, daß ich nicht essen kann, es müssen (sagt man) Alkohol-Injektionen in den Nerv gemacht werden, wahrscheinlich auch eine Resektion." (Kafka 1958, S. 52).

Die Lungentuberkulose, an der Kafka schon mehrere Jahre zu leiden hatte, griff zu dieser Zeit auf den Kehlkopf über und machte ihm das Sprechen unmöglich. Die letzten Äußerungen Kafkas sind deshalb als Notate auf den "Gesprächsblättern" überliefert!

Aufgrund dieser schlimmen Erfahrung schreibt Kafka in einem Brief als Kommentar zu seiner letzten Erzählung "Josefine, die Sängerin oder Das Volk der Mäuse", die er vor seinem Tod im März 1924 noch geschrieben hat : "Ich glaube, ich habe zur rechten Zeit mit der Untersuchung des tierischen Piepens begonnen. Ich habe soeben eine Geschichte darüber fertigestellt" (ebd.).

Der Kehlkopf verschloß sich also im grausamsten Sinn für immer. So deckt sich in der letzten Strophe das Sprechen Celans und Kafkas, übersteigert, verlagert in den "tierischen" Bereich für Kafka als "tierisches

Piepen", für Celan in der dialektischen Ausweglosigkeit von Röcheln und Gesang als "eine Sprache unterhalb der hilflosen der Menschen".

Kafka problematisiert die Gesangskunst Josefines:

> "Ist es denn überhaupt Gesang? Ist es nicht vielleicht doch nur ein Pfeifen? Und das Pfeifen allerdings kennen wir alle, es ist die eigentliche Kunstfertigkeit unseres Volkes, oder vielmehr gar keine Fertigkeit, sondern eine charakteristische Lebensäußerung." (Kafka 1973, S. 172).

Ich denke, daß sich in diesen versteckten Anspielungen auf die Leiden Kafkas und sein Wissen, daß ihm letztlich kein Arzt und Therapeut vom vorgebahnten Todesweg weghelfen, geschweige denn ihn heilen konnte, und der dennoch als schon die Stimme versagte, noch zu dichten vermochte, sich Celans Bewunderung für diesen Dichter ausdrückt neben der eingangs verehrenden Verneigung vor dem Patriarchen Freud im gleichen Gedicht.

Celan teilte sicher mit Kafka die Skepsis im Hinblick auf die Heilungsmöglichkeiten jeglicher Therapie und mit allen beiden die hilflose Hoffnung der Menschen, wie sie in einem Gespräch Kafkas mit Max Brod am 28.8.1920 zum Ausdruck kommt:

> "Wir sind nihilistische Gedanken, die in Gottes Kopf aufsteigen." Ich stellte damit die Lehre der Gnosis vom Demiurgen, dem bösen Weltschöpfer, von der Welt als Sündenfall Gottes in Entsprechung. "Nein", sagte Kafka, "ich glaube, wir sind nicht ein so radikales Hinabsinken Gottes, nur eine seiner schlechten Launen, ein schlechter Tag." "So gäbe es außerhalb unserer Welt Hoffnung?" Er lächelte: "Viel Hoffnung - für Gott - unendlich viel Hoffnung -, nur nicht für uns." (Politzer 1971, S. 251).

In seinem Kafka-Essay geht Walter Benjamin genau auf dieses von Max Brod protokollierte Gesprächsfragment ein. Nach ihm gibt es "vielleicht Hoffnung", für "jene sonderbarsten Gestalten Kafkas", die als einzige dem Schoße der Familie entronnen sind, nicht aber für Kafka selbst und viele seiner Hauptgestalten.

Darum interpretiert Benjamin z.B. den "Prozeß" so, daß dieses Verfahren hoffnungslos für die Angeklagten zu sein pflegt, selbst dann, wenn ihnen die Hoffnung auf Freispruch bleibt. Benjamin folgert daraus, wie er meint, in Übereinstimmung mit dem zuvor zitierten Gesprächsprotokoll:

"Diese Hoffnungslosigkeit mag es sein, die an ihnen als den einzigen Kafkaschen Kreaturen Schönheit zum Vorschein bringt" (Benjamin 1966, S. 253).

Literatur

Adorno, T. W. (1974): Ästhetische Theorie. Frankfurt.

Benjamin, W. (1966): Franz Kafka. In: Angelus Novus. Ausgewählte Schriften 2, Frankfurt.

Brod, M. (1974): Über Franz Kafka. Frankfurt.

Celan, P. (1970): Kurzer Text über seine dichterische Arbeit. Antwort auf eine Umfrage. In: Die Welt vom 21. 11. 1970.

Dali, S. (1984): Das geheime Leben des Salvador Dali. München.

Denker, R. (1995): Anna Freud zur Einführung. Hamburg.

Freud, A. (1987): Die Schriften der Anna Freud. Frankfurt.

Freud, E., Freud, L. und Grubrich-Simitis, I. (Hrsg.), (1985): Sigmund Freud. Sein Leben in Bildern und Texten. Frankfurt.

Freud, S. (1940-1968): Gesammelte Werke. Frankfurt.

Haas, W. (Hrsg.), (1974): Briefe an Milena. Frankfurt.

Kafka, F. (1958): Briefe 1902-1924. New York/Frankfurt.

Kafka, F. (1973): Sämtliche Erzählungen, Raabe, P. (Hrsg.), Frankfurt.

Northey, A. (1988): Kafkas Mischpoche. Berlin.

Politzer, H. (Hrsg.), (1971): Das Kafka-Buch. Eine innere Biographie in Selbstzeugnissen. Frankfurt.

Röttger-Denker, G. (1989): Personengedichte Paul Celans: Ihre Interpretation im Kontext seiner Reden. Tübingen (Selbstverlag).

Schulz, G.-M. (1977): "fort aus Kannitverstahn". Bemerkungen zum Zitat in der Lyrik von Paul Celan. In: Text + Kritik. Heft 53/54, 1977, Paul Celan.

Voswinckel, K. (1975): Paul Celan. Verweigerte Poetisierung der Welt. Versuch einer Deutung. Heidelberg.

Wagenbach, K. (1983): Franz Kafka. Bilder aus seinem Leben. Berlin.

Zweig, S. (1991): Über Sigmund Freud. Porträt, Briefwechsel, Gedenkworte. Frankfurt.

Zwischen Delinquenz und Psychose. Aus der stationären Behandlung einer Jugendlichen

Marianne Ledwon

In Vorbereitung auf diesen Vortrag gingen mir viele stationäre Behandlungen der letzten 2 1/2 Jahre durch den Kopf, denn so lange existiert die Jugendpsychiatrische Station, von deren Arbeit ich im folgenden berichten werde. Es ist eher eine Seltenheit, daß wir als Team zusammensitzen und sagen können, jetzt sei dieser oder jener Patient geheilt. Immer wieder müssen wir mit Enttäuschungen und Umwegen, die unsere Patienten auf ihrem Entwicklungsweg einschlagen, zurechtkommen. Manchmal steht die Angst um einen Jugendlichen im Vordergrund, manchmal auch Erschöpfung, Wut. Ein großer Vorteil unserer Arbeit besteht darin, daß sich die Sorge um den Patienten auf vielen Schultern verteilt, daß in vielen Köpfen Phantasien und letztendlich auch realistische Lösungsvorstellungen für die Weiterentwicklung des Jugendlichen entstehen. Und genau das ist es, was ich in dieser oft schweren Arbeit mit psychisch gestörten und gekränkten Jugendlichen und ihren Familien nicht missen möchte, was den Spaß an dieser Tätigkeit mit sich bringt.

Unser Team der jugendpsychiatrischen Aufnahme- und Behandlungsstation besteht aus 9 Schwestern, Pflegern, 1 Psychologen, einer Assistenzärztin, 1 Stationsärztin; anteilig arbeiten bei uns eine Musiktherapeutin, eine Bewegungs- und Gestaltungstherapeutin, Arbeitstherapeuten sowie eine Sozialarbeiterin. Wir arbeiten nach einem analytisch-systemischen Therapiekonzept, wobei wir Teammitglieder uns als sozialer Organismus verstehen, der Übertragungs- und Projektionsmöglichkeiten sowohl in der Person des einzelnen Mitarbeiters als auch in der Anordnung des Gesamtrahmens für unsere meist Ich-strukturell gestörten Patienten bietet. Die Station ist organisiert nach den Prinzipien einer therapeutischen Gemeinschaft, d. h. der Bezugs- und Reflexionsrahmen ist die Gesamtgemeinschaft der Station. Das schließt eine Bezugspersonenpflege nicht aus. Die Bedeutung der peer-group sowohl als informelle Anregung als auch als Erprobungsfeld und alle Möglichkeiten, die soziale Bezogenheit des einzelnen zu fördern, sind für uns zentrale Arbeitspunkte. Deshalb gibt es Morgenbegegnung, Gruppenvisite, die Vollversammlung, Dienste, gemeinsame Abende, Sportspiele, Bezugsschwestern, Einzeltherapeuten u. ä. m., alles abgestimmt in einem Gesamtrahmen. Oft müssen einzelne Mitarbeiter verschiedene nicht integrierte Ich-Anteile oder Bedürfnisse eines Patienten verkörpern und außerhalb von ihm selbst die Integration vollziehen, indem sie miteinander in Verbindung treten. Projektion, Spaltungen und projektive Identifikationen, Verkehrungen ins Gegenteil sind einige der häufigsten Abwehrmechanismen hinter den sozialen Strategien unserer Patienten. Deshalb ist ein immenser Informationsfluß unter den Mitarbeitern nötig, d. h. wir haben mehrere feste Treffs, die zur gegenseitigen Information, Abstimmung und Beratung dienen.

Ich habe mich für die Darstellung der Behandlung einer inzwischen 16jährigen Jugendlichen entschlossen, da sie sehr deutlich Möglichkeiten und auch Schwierigkeiten des stationären Mehrpersonen-settings aufzeigt. Die Jugendliche, mit der ich im Vorfeld über diese Tagung sprach, gab mir die Erlaubnis, über den Behandlungsverlauf zu sprechen, sowie ihre Zeichnungen mit Ausnahme ihrer "Totenkopfbilder" zu zeigen.

Zur Geschichte der Patientin

Die Patientin wurde 1978 als 1. Kind einer alleinstehenden Mutter geboren. Laut Angaben der Großmutter mütterlicherseits sei die Schwangerschaft mit Tabletten "gehalten" worden. Vor dieser Schwangerschaft habe die Mutter bereits zwei Fehlgeburten erlitten. Der Vater des Mädchens war verheiratet. Der Kontakt zu Mutter und Kind sei nach Abholen der beiden aus der Entbindungsklinik abgebrochen. Als die Patientin 11 Monate alt war, wurde ihre Mutter aufgrund einer akuten paranoid-halluzinatorischen Psychose in die Klinik eingewiesen. Das kleine Mädchen begleitete ihre Mutter im Krankenwagen zur Nervenklinik, wurde aber in diesem von der Mutter getrennt und zur Großmutter gebracht. Sie habe bei dieser Trennung heftig geschrien. Nach Angaben der Großmutter sei sie leicht unterernährt und ungepflegt gewesen. Die Mutter habe sie nicht altersgemäß ernährt, da ihre Gedanken und Gefühle u. a. von Angst vor Vergiftung beeinflußt gewesen sein sollen. Die Großmutter des Mädchens wünschte es nicht, daß es häufig von seiner Mutter besucht werden durfte. Mutter und Kind durften nicht alleine sein, zeitweilig sei der Kontakt zwischen beiden völlig eingeschlafen. 1981 wurde der Mutter das Sorgerecht für das Mädchen entzogen und auf die Großmutter übertragen. Die Mutter befand sich immer wieder in stationärer Behandlung in psychiatrischen Kliniken. Erste Anzeichen für die psychotische Symptomatik müssen bereits während der Schwangerschaft mit unserer Patientin aufgetreten sein. Das Mädchen hatte demnach bereits in utero, aber ganz sicher im ersten Lebensdreivierteljahr keine sichere, haltgebende Beziehung erfahren, da Mutter und Kind offenbar fast völlig auf sich gestellt waren. So war sie mit der Problematik einer todesängstlichen, sich bedroht fühlenden Mutter völlig überfordert. Mit ihrer Geburt hatte ihre Mutter Angst, auch ihr 3. Kind - so wie 2 Kinder vorher - zu verlieren, genau wie sie selber als kleines Mädchen erfahren mußte, daß ihr damals 3jähriger Bruder an Unterernährung starb. Im Denken und Fühlen der Mutter könnte sich fixiert haben, daß Tod, Verderben zu kommen scheinen, wenn man kein gutes Essen, keine gute Nahrung bekommt. Wenn man kein gutes Essen bekommt, kann man nicht leben, nicht atmen, als nehme jemand/etwas die Luft weg. Diese Symptome des sich oder anderen die Luft nehmen wollen, erwürgen zu wollen bzw. die Angst, erwürgt zu werden, spielen für unsere Patientin im weiteren eine immense Rolle. Durch die Durchlässigkeit der Ich-Grenzen bei der Mutter im Rahmen der Psychose und dem sicher anzunehmenden Verlust bzw. Minderung der Selbst-Objekt-Differenzierung sah sie auch in ihrer Tochter ein bedrohtes Wesen. Das Kind hat demzufolge in ganz frühen Lebensphasen erfahren, daß es ungeheuer gefährlich sein kann, Kind zu sein. Es hat die Vernachlässigung in seiner Pflege körperlich relativ unbeschadet überstanden und sich entschieden, zu überleben. Gleichzeitig entwickelte es sich und sein Ich auf ausgesprochen unsicherem, bedrohlichem Boden.

Nach Winnicott ließe sich diese existentielle Bedrohung wie folgt untermauern:

> "In dem zur Diskussion stehenden Stadium ist es nötig, an das Baby nicht als an eine Person zu denken, die hungrig wird und deren Triebe befriedigt oder frustriert werden können, sondern als an ein unreifes Wesen, das ständig am Rand unvorstellbarer Angst steht.
> Die unvorstellbare Angst wird durch diese lebenswichtige Funktion der Mutter in

> diesem Stadium ferngehalten, durch ihre Fähigkeit, sich in das Baby hineinzuversetzen und zu wissen, was das Baby in der allgemeinen Versorgung des Körpers und daher der Person braucht. Liebe kann man seinem Kind in diesem Stadium nur in Form von körperlicher Pflege zeigen, genau wie im letzten Stadium vor der Geburt eines voll ausgetragenen Kindes. Die unvorstellbare Angst hat nur wenige Varianten, von denen jede der Schlüssel zu einem Aspekt der normalen Entwicklung ist:
>
> 1. Zusammenbrechen
> 2. unaufhörliches Fallen
> 3. keine Beziehung zum Körper haben
> 4. keine Orientierung haben.
>
> Man wird erkennen, daß dies spezifisch das Material psychotischer Ängste ist..."

Im Alter von 5 Jahren hatte die Patientin ihren ersten epileptischen Anfall, der eine stationäre Einweisung in eine Kinderklinik nach sich zog. Dort wurde erstmals auch der Verdacht auf eine "kindliche Psychose" geäußert. Im Mai 1984 wurde sie in die Kinderpsychiatrische Klinik eingewiesen mit dem Anliegen, das Kind zu beobachten, weil dessen Erziehung so schwierig sei (nicht zuletzt aufgrund immer wieder auftretender epileptischer Anfälle). Sie wurde auf mehreren Stationen beobachtet, durchdiagnostiziert, behandelt und war mit Sicherheit mit all dem überfordert. Eine Verhaltensbeschreibung aus dieser Zeit sagt folgendes aus: Sie sei damals ängstlich und gehemmt in der Kontaktaufnahme gewesen und habe versucht, dies mit Albernheiten und "Großkotzigkeit" zu kompensieren. Sie sei teilweise zickig und unsicher gewesen. Auch habe man gemerkt, daß ihr zu Hause adäquate gleichaltrige Spielpartner fehlten. Sie bevorzugte Rollenspiele, auch mit sich selbst, konnte in der Gruppe nicht konstruktiv spielen. Auffällig war ihre manuelle Geschicklichkeit, die aber nur wenig gefördert wirkte. Sie aß sehr schlecht und langsam, zerkleinerte die Nahrung durch Flüssigkeit. Bereits im Juli 1984 fiel auf, daß sie eine deutlich gehobene Stimmungslage aufwies, bei Anforderungen regressives Verhalten zeigte und Neologismen und Wortwiederholungen einführte. Im Oktober 1984 wurde erneut die Verdachtsdiagnose "Psychose im Kindesalter" gestellt. Im November 1984 äußerte man im Zusammenhang mit den zusätzlichen hirnorganisch determinierten Diagnosen, daß die Patientin "als chronisch krankes Kind" zu bezeichnen sei. Es erschienen dagegen kaum Hinweise darauf, wozu dieses Kind denn fähig sei, was es könne! Im Mai 1985 wurde sie in ein Heim für geistig Behinderte aufgenommen, wo sie sich bis zur Pubertät relativ unauffällig entwickelte.

Der Erstkontakt

Im November 1992 lernte ich die Patientin in einem ambulanten Erstgespräch kennen. Sie wirkte gehemmt, lachte unmotiviert, antwortete auf Fragen allenfalls mit: "weiß ich nicht", wirkte unruhig, schnaubte wie ein kleines Pferd, stützte den Kopf in die Hände und drehte mir den Rücken zu. "Puh" war ihre einzige Antwort. Sie lümmelte sich auf den Tisch. Die begleitende Erzieherin aus dem o. g. Heim, ihre Lieblingserzieherin, erzählte mir, daß das Mädchen in letzter Zeit sehr aggressiv geworden und daß dies im zeitlichen Zusammenhang mit der Wiederaufnahme des Kontaktes durch die Mutter zu sehen sei. Auf meine Frage, ob das Mädchen wisse, warum ihr behandelnder Arzt uns angerufen habe, bekam ich zunächst keine Antwort. Etwas später sagte sie: "Doch, ich weiß es. Ich will es nicht sagen. Das ist ein Geheimnis." Als die Erzieherin im Beisein der Patientin erzählte, daß diese sich beobachtet fühle und schlecht träume, war ihr einziger Kommentar: "Du spinnst ja." Als sie sagte, die Patientin (ich nenne sie „K.“) habe Angst, vergiftet zu werden: "Du lügst." Daraufhin stand K. auf, drohte zu schlagen, schrie: "Ich schlage dir die Fresse ein." Sie trat gegen die Tür und schrie in Richtung der Erzieherin: "Du bist eine Lügnerin." Daraufhin verließ sie das Zimmer und sagte im Hinausgehen zu mir: "Du kannst mit dir selber reden." Ich ließ die Tür offen, ging ihr etwas später nach, um ihr mitzuteilen, daß sie gerne zurückkommen könne. Ich fände nicht gut, wenn etwas ohne ihr Beisein besprochen würde. Sie kam auch nach kurzer Zeit zurück: "Ich laß nicht hinter meinem Rücken reden." K. ging dann aber doch wieder hinaus, um sich am Tisch im Flur hinter einer Zeitung zu verschanzen. Ich erfuhr dann noch, daß in letzter Zeit gehäuft epileptische Anfälle bei K. aufgetreten waren und daß im April des Jahres die Großmutter verstorben war. K. habe vermehrt angefangen, Briefe traurigen Inhalts zu schreiben. Bis 1990 sei das Mädchen sehr ruhig gewesen, sei lediglich durch ihre blühende Phantasie bis hin zum Leben in einer Phantasiewelt aufgefallen. Sie habe eine sehr intensive Beziehung zu einer etwas älteren Mitbewohnerin im Heim unterhalten, die sie nicht Freundin, sondern Schwester nennen würde. Diese habe in der Zeit unmittelbar vor der Vorstellung in der Kinderpsychiatrie mit K. sexuelle Spiele betrieben, wobei sie ihre Anregungen offensichtlich Porno-Videos entnahm. Bereits längere Zeit habe die Patientin abends heftige Angst geäußert, indem sie z.B. erzählte, daß Hexen und Banditen zu ihr ins Bett kämen.

Wir vereinbarten nach diesem Gespräch eine stationäre Aufnahme auf der Kinderstation. K. erschien mir schutzbedürftig und unheimlich aufgeblasen in ihren Größenideen, ihren Omnipotenzphantasien. Mir erschien sie den Anforderungen auf einer Jugendstation nicht gewachsen. Die erste Botschaft, die sie aussandte, hieß: "Schützt mich, grenzt mich ein, ich habe Angst, mich zu verlieren." Wir revidierten dann diesen Entschluß zur Behandlung auf der Kinderstation und übernahmen das sich voll in der Pubertät befindende Mädchen nach vier Wochen auf unsere Jugendstation. Zeitgleich mit der Übernahme auf diese Station führten wir eine Bezugspflege für K. ein, um ihr das Eingewöhnen in eine für sie wenig überschaubare Umgebung zu erleichtern. Gleichzeitig begann die Einzeltherapie.

K. sah sich ganz genau im Therapiezimmer um, wirkte interessiert und suchte sich einen Platz aus, den sie seitdem auch konsequent immer wie-

Abb. 1

der einnimmt. Sie wählte sich den Platz am Tisch, auf dem Stifte, Farben, Papier lagen. Ich fragte: "Was wollen wir tun?" Sie fing kommentarlos an zu malen und fragte mich: "Was ist das? Du ratest das nie! Ist ja einfach. Das rate ich sogar." Dieses Kommunikationsmuster tauchte ab da immer wieder auf. Offensichtlich bereitete es ihr viel Vergnügen; sie war ausgesprochen konzentriert, fing an zu malen (Abbildung 1). Sie schaute immer wieder leicht provokativ zu mir, wiederholte dabei mehrmals den Satz: "Das ratest du nie", schrieb mir aber dann über ihre Zeichnungen, was diese darstellen sollten. Sie wollte offensichtlich, daß ich verstehe. Dies hat sie bis heute so beibehalten. Nach 45 Minuten habe ich diese erste Einzeltherapiestunde beendet. K. entwickelte eine Art "Abschiedszeremonie". Sie lief unruhig durch das Zimmer, sagte: "Die Pflanzen möchte ich kaputtmachen." Sie faßte alle möglichen Gegenstände an, z. B. ein Schneckenhaus, ein kleines Auto, verließ den Raum, um dann noch einmal zurückzukommen und zuzusehen, wohin ich ihre Utensilien verstaue. Wir führten dadurch ein Ritual ein. Sie wußte, sie konnte in einem nur für sie bestimmten Schubfach ihre Dinge mit großer Sicherheit immer wiederfinden. Als sie dann endgültig aus dem Therapiezimmer ging, „mußte" sie nochmals gegen die Tür treten, ehe sie völlig geordnet die Station betrat.

Wir haben diese erste Phase in der Behandlung des Mädchens die *Phase der Regression, Verweigerung, der Sprachlosigkeit* überschrieben, war es doch deutlich, daß sie zu diesem Zeitpunkt noch nicht direkt kommunizieren konnte. Sie benutzte das Bellen, kleiner-Hund-Spielen, Verweigerung, um einmal "nein" sagen zu können/dürfen. Über die primäre Verneinung konnte sie sich Stück für Stück auf eine Kommunikation mit bejahender Komponente einlassen. Das Bedrohungserleben, dem sie ausgesetzt war und das sich auch in fast allen Kontakten auf der Station äußerte, hatte sie zu Recht. Die Mutter, die sie nach langer Pause wieder besucht hatte, war zum damaligen Zeitpunkt eine Person, bei der die Zeit quasi stillgestanden war. Die Gedanken an Bedrohung, Vergiftung waren wieder oder immer noch da. K. war diesen auf gemeinsamen Spaziergängen bis zu einem gewissen Grad schutzlos ausgesetzt. Sie konnte damals genauso wenig damit anfangen wie schon als kleines Kind, da auch kein Erwachsener mit ihr offen und für sie verständlich über diese existentiell bedrohliche Problematik redete. Im Februar 1993 äußerte ihre Mutter in einem gemeinsamen Gespräch mit der Patientin den Wunsch, daß sie diese gern regelmäßig zu sich nach Hause einladen möchte. K. hörte zunächst interessiert zu, nuckelte dann heftig am Daumen, wurde unruhig und schrie: "Ih, ich bin ätzend, dann bin ich ja nicht im Heim!" Sie erlebte die vermehrte und vor allem ungeschützte Präsenz der Mutter als Bedrohung und wollte in die gewohnte, von ihr als zu Hause akzeptierte Umgebung des Heimes zurück.

In dieser Zeit der Verweigerung und der relativen Sprachlosigkeit stand auch die Symptomatik, die bereits im 5. Lebensjahr erstmals aufgetreten war, im Vordergrund. So aß sie sehr schlecht, manschte mit dem Essen herum und war aufgrund dieser ungewöhnlichen Tischsitten für die anderen jugendlichen Mitpatienten Stein des Anstoßes. Ihre anfänglich große Isolation innerhalb der Gleichaltrigengruppe, die sie durch eine enge, idealisierende Bindung an ihre junge Bezugsschwester zu kompensieren versuchte, veränderte sich im Verlaufe der Behandlung. Sie kam zunehmend aus sich heraus. Ihre große Aktivität sowie ein starker Bewegungsdrang fielen in den Gruppentherapien auf. Allerdings überforderten sie anfangs auch einfachste Instruktionen. So war sie nicht in der Lage, in einfachsten Rollenspielen mitzuagieren. Sie war so ganz bei sich, daß ihr der Überstieg in andere Vorstellungen unmöglich war bzw. sie Angst haben mußte, sich ganz zu verlieren.

In Gruppensituationen ging sie von einer konsequenten Verweigerungshaltung in eine ruhigere Zuschauerposition über. Sie saß quasi "in der 2. Reihe". Sie schien in den Gesprächsgruppen der Jugendlichen erstmals zu verstehen, konnte aber noch nicht mitsprechen, geschweige denn antworten. Auch fehlte ihr noch Ausdauer, außer beim Malen. Sie stellte sich manchmal dumm, hatte aber auch real wenig gelernt, das, was sie wahrnahm, in adäquate Formulierungen zu bringen. Ihre Expansivität wurde neben dem oben beschriebenen Bewegungsdrang auch in ihren Zeichnungen deutlich (Abbildung 2). Sie identifizierte sich zu dieser Zeit eher mit männlichen Figuren. Sie malte zunächst einen Fußballer, den sie dann in einen Musketier verwandelte. Darunter malte sie ein kleines, lustiges Gespenst. Sie karrikierte oft ihre eigene Angst vor Gespenstern, Hexen. Ihr Omnipotenzerleben: "Ich bin die Stärkste, Kühnste" fand ebenfalls Niederschlag in den Zeichnungen (Abbildung 3). Sie malte sich auf "einem Fahrrad, das eher an einen Feuerstuhl erinnert", darüber zwei kämpfende Gestalten, rechts die Figur mit Boxhandschuh-

Abb. 2

en. Es entstanden noch sehr viele ähnliche Zeichnungen, auf denen sie sich mit Fragen der Stärke, des Kampfes, aber auch der Niederlage auseinandersetzte. Noch waren die aggressiven Impulse zum damaligen Zeitpunkt weniger im alltäglichen Leben zu spüren, sollten aber im Laufe der Behandlung deutlichst zum Ausdruck kommen.

Abb. 3

Wir bereiteten die Entlassung in das Heim vor, da K. bis auf gelegentlich noch auftretende epileptische Anfälle sowie zeitweiliges aggressives Aufbegehren keine durchgängige Symptomatik aufwies, die eine stationäre Behandlung weiterhin erforderlich gemacht hätte. Es sollte eine ambulante Therapie in Heimnähe gefunden werden, um dem Mädchen einen eigenen Ort für ihre Ängste, Wünsche und ihren Haß zu geben - unabhängig von dem alltäglichen Zusammensein im Heim.

K. inszenierte ihren Abschied von uns über eine Verstärkung der Symptome, deretwegen sie zu uns gekommen war. Sie wurde wieder aggressiv, wobei sich diese Aggressionen gegen die ihr nahestehendsten und liebsten Menschen richteten (ihre Bezugsschwester oder Patientinnen, die sie sehr mochte). Diese wurden zum Teil sehr schwer bedroht, so daß wir im Erleben des Abschiednehmens eine Ahnung von der Stärke der delinquenten Impulse verspürten. Sie konnte kaum zuhören, es kaum aushalten, als wir in der Einzeltherapie darüber sprachen, wie schwer es ihr falle, Abschied zu nehmen und offensichtlich große Sorge habe, wie das im Heim weitergehe. Sie hatte erlebt, daß mit ihr Menschen in Beziehung standen, die ihre Verzweiflung, ihr In-die-Enge-getrieben-Sein erkennen konnten, ohne vor ihr Reißaus zu nehmen, ohne sie zu verstoßen.

Sie wurde im März 1993 - nach 4 Monaten stationärer Behandlung - in das Heim entlassen, wurde aber bereits nach zwei Monaten unter dem Verdacht einer akuten psychotischen Dekompensation mit aggressiven Erregungszuständen bei Hebephrenie wieder eingewiesen. Sie drohte im Heim, Erzieherinnen umzubringen und versuchte dies auch, indem sie ihre Lieblingserzieherin würgte. Als man ihr mitteilte, daß sie zu uns in die Klinik eingewiesen werden würde, sagte sie: "Da gehe ich gerne hin."

Bei ihrem Eintreffen hatten wir den Eindruck als sei sie nicht weggewesen. Sie war auffällig friedlich, ließ sich von der diensthabenden Schwester zu Bett bringen und ließ die Bereitschaftsärztin wissen, daß sie am Folgetag mit ihrer Ärztin/= Therapeutin sprechen werde. Wir konnten die ambulant erfolgte Einstellung auf Neuroleptika Schritt für Schritt reduzieren. Statt dessen erfolgte Halt und Grenzsetzung wie bei der Erstbehandlung durch die Struktur auf der Station sowie die Bezugspersonen. Auch in der ersten Einzeltherapiestunde nach ihrer Wiederaufnahme hatte ich den Eindruck, es habe keine Pause gegeben. Lediglich in ihren Zeichnungen trat ein Wandel auf. Sie ging von den aggressiven Motiven (Abbildung 4) zu märchenhaft-friedlichen Inhalten über. Auf diesem Bild stellt sie sich gemeinsam mit einer von ihr sehr idealisierten Patientin auf einem fliegenden Teppich in fast spiegelbildlicher Anordnung dar. Beide schweben davon - wohin ist unklar. Daneben bildet sie dieselbe Patientin bei einer ganz friedlichen Arbeit ab - dem Vorbereiten eines Bettes.

Abb. 4

Für diese Jugendliche, die einen Tag nach dem Malen dieses Bildes bei der Reanimation nach einer Überdosis Rauschgift verstarb, hatte K. im Laufe ihres gelegentlichen Zusammentreffens einerseits Bewunderung für deren (scheinbare) Stärke, Aggressivität, Radikalität und Verweigerung entwickelt, andererseits aber auch große Sorge um deren ja völlig reale vitale Gefährdung. K. spürte offenbar deren Todesnähe und -sehnsucht, die der ihrigen an Intensität nahekam.

Als wir unsere jugendlichen Patienten über den Tod dieses Mädchens informierten, reagierte K. heftigst und auf die ihr eigene Art. Zunächst verleugnete sie diese Wahrheit, wie sie auch bis dato den Tod ihrer über alles geliebten Großmutter verleugnete. Sie schrie: "Ihr lügt, Ihr spinnt doch, Ihr sagt nicht die Wahrheit!" In der Einzeltherapie bearbeitete sie diesen Verlust weiter über die ihr mögliche Ausdrucksform des Malens. Im Bild erfolgen nacheinander Kampf/Auseinandersetzung mit der Jugendlichen bis zur symbolischen Übergabe der Waffe (Messer) i. S. eines quasi Vermächtnisses. Sie hatte bereits vor dem Tod der ehemaligen Mitpatientin intensiv damit begonnen, sich mit Drogenfragen in dem ihr eigenen Muster der Aneignung von Wissen zu beschäftigen. So ließ sie sich von allen erreichbaren Bezugspersonen Material über dieses Thema geben, sammelte, ja archivierte dies und schrieb immer wieder ganze Seiten daraus ab. Gleichzeitig entwickelte sie im Zusammenhang mit der ihr neuen Fähigkeit zur Besorgnis (Winnicott) Ambitionen, in die Drogenberatung und -hilfe zu gehen.

Die Zeit nach dem Tod des Mädchens war von regressivem als auch aggressivem Verhalten geprägt. So zog sie sich einerseits daumennuckelnd in ihr Bett zurück, ließ aber auch ihren Aggressionen, die wir auch als Abwehr der Trauer ansahen, mehr freien Lauf. Es waren viel Kraft, viel Halt, viel Struktur vonnöten, insbesondere vom Pflegepersonal; sie erhielt diese.

Im Juni des gleichen Jahres wurde K. ruhiger und angepaßter. Sie fing an, sich ganz jugendtypisch mehr mit den Mädchen und auch Frauen auf der Station zu vergleichen, oft auf ganz originelle und lustige Art und Weise. So malte sie einmal alle Mitglieder des Teams und die ihr wichtigen Mitpatientinnen als Punker, wobei sie sehr treffend die jeweiligen Besonderheiten des einzelnen traf. Teils waren die Vergleiche ganz konkret - so wollte K. ähnlich wie die von ihr sehr verehrte Bezugsschwester blonde Haare haben,;manchmal erfolgten diese auf Umwegen über Kräftemessen, über miteinander Kämpfen.

Ende Juni 1993 trat eine doch sehr deutliche Veränderung in ihrem Kommunikationsmuster auf. Sie begann das Malen zu nutzen, um zu sprechen. Ich habe diese Phase so überschrieben: *K. lernt zum zweitenmal sprechen.* Sie sprach z. B. ganz konkret darüber, daß sie sich freue, weniger Medikamente zu bekommen (sie erhielt ja regelmäßig Anfallsmedikamente); siekonnte aber auch über ihre Ängste sprechen. So glaubte sie, auf der Station keine Freunde zu haben. Real war es wirklich schwer für sie, in ihrer Art akzeptiert zu werden, wie umgekehrt auch für die anderen Jugendlichen die expansiven Verhaltensweisen K.'s im Wechsel mit deren regressiven Wünschen (z. B. Hundebaby zu sein) oft eine Überforderung darstellten. Sie hatte auch Sorge, daß sie alle hassen könnten. Real war sie trotz oben beschriebener Schwierigkeiten besser in die Gruppe integriert.

Das Heim hatte bereits im Mai signalisiert, daß es von der Betreuung der Patientin überfordert sei. Wir hatten versucht, so viel wie möglich von der Klinik aus zu klären. Unsere Vorschläge liefen darauf hinaus, daß für K. eine zusätzliche Einzelfallhilfe sowie für das Heimteam eine externe Supervision einzufordern sei. Wir boten auch an, die Beziehungskonstanz in der Behandlung K.'s über unsere Institutsambulanz zu gewährleisten. Vor allem sollte sie dadurch auch rechtzeitig zu einer stationären Krisenintervention eingewiesen werden können, nicht erst dann, wenn ein Betreuer oder ein Kind im Heim verletzt worden wären oder sie sich selbst etwas angetan hätte.

Ich teilte diese Überlegungen der Patientin mit, die sich dies zunächst ruhig anhörte, sehr traurig wirkte, dann aber ruhig sagte: "Du bist eine Hexe. Ih, du bist häßlich!" Eigentlich befürchtete sie zu sagen, daß sie glaube, sie sei so furchtbar, daß keiner sie möge. Auf ihre Art und Weise versuchte sie, dies auf ihr Gegenüber zu projizieren. Sie konnte nicht alleine mit dieser schlimmen Wahrheit fertigwerden, daß ihrer inneren Heimat-/Haltlosigkeit durch ihre aktuelle Entwicklung, ihr Aufbegehren ein äußeres Korrelat an realem Heim(at)verlust entgegengesetzt werden würde. Was mich in der Einzeltherapie immer wieder verwunderte war die Tatsache, daß sie trotz massiver verbaler Aggressionen völlig entspannt dasaß.

Wir sprachen auch darüber, daß wir als Team gut aufpassen würden, daß für K. keine "schlechten Lösungen" für die Zukunft gefunden werden. Auch würden wir Obacht geben, daß nichts hinter ihrem Rücken passieren würde. Aber genau dies konnten wir nicht versprechen. Nach der im Herbst '93 erfolgten nächsten stationären Einweisung wurde K. quasi "in Abwesenheit" aus dem Heim entlassen, das ihr seit dem 7. Lebensjahr zu einem echten Zuhause geworden war. Darauf hatten wir keinen Einfluß.

Kurz vor der letzten Entlassung ins Heim steigerten sich die Aggressionen gegenüber allen Bezugspersonen. Wir verbalisierten, daß wir ihre Enttäuschung und Ängste verstünden. Sie antwortete darauf: "Guck, ich male eine Mülltonne." Dabei agierte sie heftigst, war psychomotorisch in Aufruhr. Ich merkte, daß mein Containment erschöpft war, ähnlich erging es auch den Kolleginnen im Team. So erwiderte ich: "Ich schmeiße die ganzen häßlichen Worte, die es gibt, in diesen Müllkübel rein und mache einen Deckel drauf!" Sie schimpfte weiter, malte aber von sich aus einen Deckel drauf. Sie zeichnete noch zwei Mülltonnen dazu, so als ob sie uns sagen wollte: "Paßt gut auf, daß eure Container nicht ausgehen!" Sie ging nach dieser Therapiestunde völlig geordnet auf die Station zu ihrer Bezugsschwester und sagte: "Heute habe ich Frau Ledwon geärgert." Ähnliches wiederholte sich tagtäglich auf der Station bis zu einer Phase, in der alles ganz ruhig und friedlich verlief. Wir bereiteten die Entlassung ins Heim vor, berieten ausführlich die Bezugspersonen und sagten im Beisein K.'s: klar, daß sie weiter zur ambulanten Therapie zu der ihr vertrauten Therapeutin kommen könne. Damit konnte sie diesmal auf die Inszenierung des Abschieds verzichten. Sie war irgendwie entspannter, ging erstmals auch ohne Protest zur Schule und zur Arbeitstherapie. Es war ein Prozeß in Gang gekommen, den wir bis dato noch nicht erlebt hatten.

Die ambulante Betreuung war kurz, nicht einmal einen Monat lang. K. klagte viel über körperliche Beschwerden, was zum Teil mit einer leichten Überdosierung der Antikonvulsiva zusammenhing, aber auch auf eine beginnende Somatisierung ihrer Beschwerden hindeutete. Sie fühlte mehr. Hauptthema in der Einzeltherapie waren eigentlich: *Bewaffnung und Schutz.*

Sie war in dieser Zeit nicht in der Lage, geordnet zu zeichnen oder zu erzählen. Sie rannte im Therapiezimmer hin und her. Ich mußte sie eingrenzen. Sie war in Aufruhr. Sie befürchtete, daß die Therapeutin und ihre Hauptbezugsperson im Heim sterben könnten, genau wie ihre ehemalige Mitpatientin. Gleichzeitig erschien es mir so, daß ihr übermächtiger Todeswunsch für sie nur durch die Projektion auf ihr haltgebende Bezugspersonen zu ertragen war. Im Heim spitzte sich die Situation zu. Um sich unserer Zuneigung zu versichern - sie ahnte sehr genau, daß die Kräfte der Mitarbeiter im Heim erschöpft waren - brachte sie zu jeder Therapiesitzung für ihre Bezugsschwester ein kleines Geschenk mit. - Dies ist ein

Muster, das sie bis heute beibehalten hat. Sie ist sich realer Zuneigung so unsicher, daß sie sich immer wieder über Geschenke dieser versichern möchte, ohne diese Sicherheit real zu erreichen.

Ein Brief der Heimerzieherin ließ uns wissen, daß K. ihre Bezugsschwester quasi in ihrer Imagination mit in das Heim genommen habe, so daß diese dort den Alltag bestimme. Es scheine, als ob die Schwester mit ihr gemeinsam im Zimmer sei. Die Bezugsschwester brächte sie zu Bett. K. spreche laut und verwirrt mit ihr, werde dabei zunehmend aggressiv. Die Erzieherin hierzu:

> "Die Schwester S. bestimmt den Ablauf. Es war grauenhaft."

Kurz darauf, im September 1993, kam K. zur stationären Aufnahme.

Diese Behandlungsphase haben wir überschrieben mit: *Verlust des Zuhauses - der inneren Heimatlosigkeit wird ein äußeres Korrelat gesetzt."*

Auf ihre Art reagierte sie zunächst mit heftigen Aggressionen. Sie war so desintegriert, daß sie nicht mehr sah, wen sie angriff, was sie tat, was sie zerstörte. Um Schlimmstes für sich, aber auch die Bezugspersonen, die oft nur zu zweit für eine Station mit 11, manchmal 12 Patienten verantwortlich waren, zu vermeiden, mußte sie einige Male fixiert werden (hauptsächlich in den Abend- und Nachtstunden). In der Einzeltherapie versuchte sie diese schwerwiegende Erfahrung auf ihre Art zu verarbeiten. Auf einem Bild (Abbildung 5) liegt sie im Bett angeschlossen an eine "Giftinfusion". (Sie erhielt von Bereitschaftsärzten auch einige Male i.v.-Injektionen mit dem Ziel, sie zu beruhigen. Dies wurde von ihr extrem angstbesetzt wahrgenommen.) Neben dem Bett steht eine große Person, die den Arzt im Kittel darstellen soll, daneben steht eine kleine Person, die die Schwester sein soll. Die im Bett liegende Person war zunächst K., wurde dann aber mir, ihrer Therapeutin, zugedacht. Sie band mich symbolisch fest, meistens noch mit dem Gurt über den Hals. In ihren Aggressionen gegen sich oder andere stand dieses Symptom des Würgens im Vordergrund. Aggressivität, auch dieses fast Mörderische, waren deutlich in der Gegenübertragung zu spüren, so daß wir in dieser Zeit sehr viel Kraft investierten, um K. sowohl direkt körperlich zu halten als auch innerlich auszuhalten, gleichzeitig Grenzen zu setzen.

Erstmals trat K. danach in eine *Phase der offenen Trauer,* einen Verlust zu beklagen. Sie fing an, vermehrt über den Tod zu sprechen, malte

Abb. 5

überall Totenkreuze, Friedhofsmotive. Sie wollte sich vergiften, mit Drogen spritzen. K. klagte über Alpträume, in denen sie von dem an Drogen verstorbenen Mädchen verfolgt wurde, festgebunden wurde, ihr Drogen verabreicht werden sollten. Ihre angsterregende Omnipotenz trat in den Hintergrund. Diese machte einer tiefen Trauer und Regression Platz. Dieser konnte sie besonders in der Musiktherapie Raum geben. Dort konnte sie sich hinlegen, weinte zu ruhiger Musik herzzerreißend. Sie ließ sich von der Musiktherapeutin mit einem kleinen Igelball über den Rücken fahren, ohne - wie so oft bei Berührung - sich bedroht zu fühlen. All die angestaute Traurigkeit, die sie bis dato verleugnet hatte, kam zum Vorschein.

Als die Erzieher und die Leitung des Heimes auf unsere Forderung hin kamen, um K. offiziell mitzuteilen, daß sie nicht mehr ins Heim zurückgehen könne, fing sie an, heftig zu weinen. Sie ging zu unserer Stationsschwester, ließ sich in die Arme nehmen und trösten. Sie war in der Lage, offen ihre Trauer zu zeigen, sich Trost zu holen. Wir hatten das Gefühl, daß sie unendlich viel in diesem Wunsch nach Trost erwartete, daß aber am Ende viele Verluste als unwiederbringlich akzeptiert werden müßten. Ein weiter Weg!

Diese Zeit der Trauer war auf eine andere Art für alle Bezugspersonen schwer auszuhalten. Wir hatten damals eine sehr gute Supervision dazu. Uns wurde klar, daß K. sich noch bedrohter fühlen müsse als vorher, wenn wir nicht mehr in der Lage wären, ihre Trauer und Todessehnsucht zu ertragen. Wir haben mit sehr viel gegenseitigen Absprachen und Übergaben und gegenseitiger Unterstützung unser kollektives Containment erhalten. K. wurde auch erstmals offen suizidal. Hauptthemen waren: Ausleben der Trauer, große Bindungswünsche K.'s, bei gleichzeitig tief resignativer Einstellung bezüglich der Erfüllung dieser Wünsche.

K. entwickelte eine Fähigkeit, für sich Gutes annehmen zu können. Sie ließ sich ganz regelmäßig von den Schwestern ins Bett bringen, ließ sich vorlesen. In der Einzeltherapie malte sie sich (Abbildung 6) auf einem Bett. Sie war ganz traurig dabei, hörte dann auch auf zu malen. Ich nahm einen Stift, malte eine Decke über sie und sagte ihr: "Die Decke braucht man, um nicht zu frieren. Es ist so, als ob du einen Winterschlaf machst in den Wintermonaten." K. sagte nur: "Ja." Sie übertrug dieses Bild auf Tiere, malte einen kleinen Igel. Ich malte dem Igel Äpfel und anderes Fut-

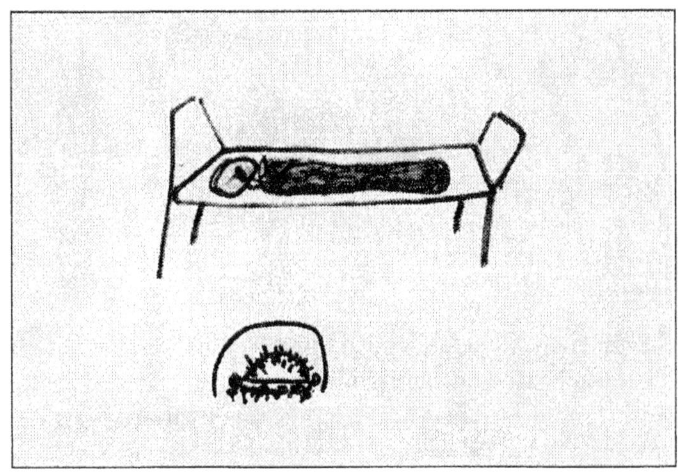

Abb. 6

ter hinzu. Sie ging nach dieser Stunde auf Station, ließ sich unmittelbar danach von ihrer Bezugsschwester zu Bett bringen.

In der engen Zusammenarbeit zwischen Pflegepersonal und Therapeuten konnten wahrgenommene Gefühle direkt in konkret faßbare Handlungen für K. umgesetzt werden.

Es folgte in der Behandlung eine Zeit, in der K. quasi selbstversorgend auf der Suche nach Lösungen hinsichtlich ihrer sozialen Perspektive war. Sie wußte, daß ihre leibliche Mutter aufgrund ihrer eigenen Krankheit nicht in der Lage sein würde, sie bei sich aufzunehmen. So suchte sie sich Frauen aus, die für sie als Pflegemutter in Frage kommen könnten. Z.B.

malte sie sich als kleinen Vogelmenschen und die gewünschte Pflegemutter als großen dazu (Abbildung 7). Sie sagte zu diesem Bild: "Ich möchte gerne wieder klein sein, wieder sieben Jahre." Zu diesem Zeitpunkt kam sie ins Heim. Sie wußte sehr genau, daß es für sie mit 15 Jahren ungleich viel schwerer sein würde, sich noch einmal heimisch zu fühlen. Gleichzeitig machte sie sich auf ihre Art Gedanken, ob eine Pflegemutterbeziehung für sie als 7jähriges Kind nicht ungleich günstiger gewesen wäre.

Abb. 7

Sie hat auch versucht, wegen ihrer eventuellen Wiederaufnahme im alten Heim nachzufragen. Wir mußten nochmals klären, daß die Entlassung aus dem Heim unwiderruflich sei. Nochmals gingen Aggressionen und Aufbegehren damit einher.
Im Moment befinden wir uns in einer Phase der Behandlung, in der K. anfängt, klar über alle schwierigen Stationen/Situationen in ihrem Leben zu sprechen - über ihre ehemals psychotische Mutter und daß sie Sorge hat, genauso krank werden zu können wie diese; auch spricht sie über den Verlust der idealisierten Großmutter.

Im August 1994 erhielt die Mutter nach 13 Jahren das Sorgerecht für K. zurück, was auch eine Intensivierung der Zusammenarbeit mit ihr nach sich ziehen wird.

Neben diesen erfreulichen Fortschritten in der Entwicklung K.'s treten aber auch immer wieder heftige Aggressionen auf, die in letzter Zeit den Charakter von bewußten Provokationen haben. Stellvertretend für die

Mutter werden wir als mütterliche Übertragungsobjekte angegriffen. In diesen Aktionen werden mörderische Kräfte frei, die gelegentlich zur fast vollständigen Desintegration führen. Trotzdem muß K. lernen, daß es auch bzw. gerade für sie Regeln und Grenzen gibt.

Wir müssen sehen, wie sich jeder Mitarbeiter schützen und wie man o.g. Situationen vermeiden kann, da diese oft für K. die Folge haben, daß sie von massiven Schuldgefühlen gequält wird. Sie muß auch lernen, welche Folgen es hat, wenn man andere quält oder verletzt.

Schwerpunkte in der aktuellen Behandlungsphase liegen aber auch insbesondere auf der Sozialisation, dem Regelverständnis. K. muß für sich erleben, daß sie nicht nur trieb-/lustbetont leben kann.

Wenn Sie so wollen, beginnt nun erneut die intensive Phase der Erziehung. K. ist jugendgemäßer geworden; sie tauscht sich mit anderen Jugendlichen über Popgruppen aus, achtet mehr auf ihr Äußeres. - Ich denke, zwei Jahre Behandlung (mit Unterbrechung) sind keine lange Zeit, wenn wir davon ausgehen, daß bereits 1984 der folgenschwere Satz: "Es handelt sich um ein chronisch krankes Kind" fiel., so viel wie im Klartext „Da kann man nicht viel machen". Ich denke, daß wir morgen im Seminar noch Zeit haben werden, genauer über dieses nachzudenken.

Literatur

Winnicott, P. W. (1993): Reifungsprozesse und fördernde Umwelt. Frankfurt/Main (Fischer).

Aus der Arbeit mit autistischen Kindern

Birgit Baethe und Bernd Schäfers

Wir möchten Ihnen heute einen autistischen Jungen vorstellen. In unserer Darstellung wird es primär um seine Entwicklung in den Jahren der Betreuung durch uns gehen und um die Reflexion seiner Biographie, bezogen auf unser Tagungsthema.

Doch zunächst möchte ich uns näher vorstellen: Bernd Schäfers und ich arbeiteten 8 Jahre gemeinsam in einer Tagesbetreuungsstätte für autistische Kinder.

Wir erarbeiteten miteinander ein psychoanalytisch-pädagogisches Konzept, dessen Kernstück die Schaffung eines therapeutischen Milieus bildete. Dies wurde von unserem Träger zunächst - solange wir keine Öffentlichkeit darüber herstellten - geduldet, später aber zunehmend unterdrückt. Um einen adäquaten fachlichen Dialog führen zu können, suchten wir die Kooperation mit dem Verein für Psychoanalytische Sozialarbeit e.V. in Tübingen und arbeiteten später gemeinsam mit Stephan Becker, der uns seit 1990 als Supervisor zur Seite stand, am Aufbau des hiesigen Vereins.

Die in unserem Beitrag noch beschriebene Tagesstätte gibt es so nicht mehr; sie löste sich Ende September diesen Jahres auf, also erst vor zwei Wochen. Abschied und Beendigung werden daher wohl stetig in unserem Beitrag mitklingen.

Marius

Für unsere Darstellung haben wir einen Jungen gewählt, zu dem wir alle im Laufe der Jahre eine besonders enge Beziehung entwickelten. Über unsere langjährige gemeinsame Arbeit zu schreiben, ist ein Weg, Trauerarbeit zu leisten. Wir berichten über 6 Jahre Passage des Lebens dieses autistischen Jungen, an der wir teilhatten und die auch unser Leben in besonderer Weise geprägt hat.

Marius (so wollen wir ihn wieder nennen, wie schon auf der Fachtagung in Rottenburg vor zwei Jahren, als wir zum ersten Mal über ihn berichteten) zog vor kurzem fort, weit weg, in die Südpfalz, wo er in eine Außenwohngruppe des heiltherapeutischen Heims Oberotterbach aufgenommen wurde, deren Mitarbeiter ebenfalls nach einem psychoanalytisch-pädagogischen Konzept arbeiten.

Es fiel uns nicht leicht, Marius ziehen zu lassen.

Wir haben sehr viel mit ihm erlebt und durchlebt - lange, endlos scheinende Zeiten fast ohne Entwicklung, Zeiten schwer erträglicher Stillstände und der Trostlosigkeit, Zeiten zermürbenden Bestehens auf Verschmelzung seitens Marius' und später sein allmähliches Hervorwagen und Lebendigwerden, so anrührend und beglückend, daß ich es hier zwar ansprechen, nicht aber in seiner tatsächlichen Bedeutung nachfühlbar machen kann.

Hierher gehört das Bild von der Geburt des Selbst, das Zulassen der Wahrnehmung von Differenz und das Erleben der eigenen Körperlichkeit. Wir begleiteten Marius so gut wir konnten. Dieses Begleiten seiner Entwicklung war gerade in den letzten Jahren oft schwer und anstrengend, denn mit dem allmählichen Lösen seiner autistischen Abwehr nahmen seine psychotischen Ängste bedrohliche Gestalt an, durchfluteten Marius und versetzten ihn zum Teil in solche Panik, daß wir fürchten mußten, ihm nicht genügend Halt bieten zu können und auf Medikamente zurückgreifen zu müssen. Marius tobte bei kleinsten Anlässen, gefährdete sich selbst, biß sich zum Teil blutig und zerschlug schließlich eine Glasscheibe mit seiner Hand.

Aus dieser Zeit erinnere ich eine Supervision mit Ernst Federn, der uns alle sehr damit erschreckte, die Möglichkeit des Notwendigwerdens von beruhigender, angstmindernder Medikation in unsere Überlegungen einbeziehen zu müssen. Hieß das, mit unseren Mitteln gescheitert zu sein, nicht einmal geholfen zu haben? Hatten wir uns in eine Illusion vernarrt, die Möglichkeiten unserer Einflußnahme überschätzt? Entlarvte Marius' Eintreten in die aufwühlende Periode der Pubertät all unsere Hoffnungen als unrealistische Allmachtsphantasien?

Vielleicht war es, wie schon so oft, einfach das Zulassen eines Scheiterns in unserer Phantasie, das dann die Weiterentwicklung vorantrieb: Mit dieser Supervisionssitzung schien die Krise überwunden; Marius' Angstattacken ließen nach und wir hatten weniger Angst um ihn und vor ihm.

Nun lautet der Tagungstitel: *Helfen und nicht Heilen* - auf Marius bezogen, könnte es heißen: Abschiednehmen, ohne geheilt zu haben, Abschied zu nehmen mit der Erfahrung, behilflich - manchmal sicherlich auch hinderlich - gewesen zu sein, mit der Gewißheit, daß Marius bei seinem Fortgehen in der Lage war, uns in sich mitzunehmen, vielleicht, um uns später endlich auch einmal loszuwerden, aber jedenfalls ohne uns zu verlieren.

Wir haben also Marius für unseren Vortrag heute gewählt, weil es diese lange gemeinsame Zeit zu reflektieren gilt, woran sich die Frage nach dem geeigneten Zeitpunkt der Beendigung oder Modifizierung einer Behandlung, die nicht Heilen zum Ziel haben kann, organisch anschließt.

Das zweite übergreifende Thema dieser Tagung ist der weite Begriff des Heimatverlustes.

Ernst Federn, dem wir unsere diesjährige Tagung ja ausdrücklich widmen möchten, erlebte durch den Nationalsozialismus erzwungen am eigenen Leibe mit, was ein Verlust der Heimat bedeuten kann, wieviele Wunden er schlägt. Durch seine Person ist damit eine direkte Brücke geschlagen zu vielen Kindern und Jugendlichen, mit denen wir hier in Berlin heute arbeiten, für die der Verlust ihrer Heimat, der Landschaft, in der sie aufwuchsen, der Menschen, die ihnen Heimat bedeuteten, den Hintergrund ihres Leidens bildet, Kinder aus einem der vielen Kriegsgebiete, aus Angola oder Srilanka; andere Kinder, deren Eltern in der Hoffnung auf ein besseres Leben, eine gesicherte Existenz nach Deutschland kamen und die ihre alte Heimat aufgaben, ohne hier eine neue finden zu können, Polen oder Kurden; und schließlich - zwei Wochen nach den großen Wiedervereinigungsfeierlichkeiten besonders wichtig zu erwähnen - Kinder, Jugendliche und ihre Familien, die durch die Auflösung und Negierung der DDR einen Heimatverlust im eigenen Land erlitten, der das Verschwimmen aller Normen und Werte bis hin zum Identitätsverlust zur Folge hatte; Kinder aus Ostberlin und den neuen Bundesländern.

Marius ist ein polnischer, 13-jähriger Junge. Seine Mutter verließ 1986 mit ihm und seiner Schwester Polen, um nach West-Berlin zu ziehen.

Wir möchten in unserem Beitrag der Bedeutung nachspüren, die die Begriffe Heimat und Heimatverlust für ein autistisches Kind wie Marius haben können und uns gemeinsam mit Ihnen fragen, welchen Verlust und Gewinn sein aktuelles Fortgehen aus Berlin, sein Wieder-in-die-Fremde-müssen, diesmal sogar ganz allein, möglicherweise in sich bergen.

Bevor ich aber weiter den Fragen nachgehe, wobei und wie wir geholfen haben und welche Bedeutung Heimatverlust in Marius Biographie einnimmt, wird Ihnen Bernd Schäfers Marius erst einmal näher vorstellen, damit Sie einen lebendigeren Eindruck von dem aufgeweckten 13-Jährigen bekommen, der er heute ist, und auch von den Gefühlen und Gedanken, die er in uns als seinem Gegenüber auslöste.

Ein Dienstag am Nikolsburger Platz

„Guten Morgen, Marius" - mein erster Satz, den ich an diesem Morgen an Marius richte. Er kommt, wie immer, zusammen mit einem 9jährigen und einem 11jährigen Jungen und ihrer gemeinsamen Taxifahrerin zur Tür herein. Mir gegenüber steht ein 13jähriger Junge mit kräftigem, leicht korpulentem Körperbau von 1,50 m Größe. Aus seinem Gesicht blitzen ein paar klare, interessiert guckende Augen, und seinen Kopf ziert ein Igel-Haarschnitt - alles zusammen gibt ihm ein spitzbübisches Aussehen.

Marius tritt einen Schritt auf mich zu, deutet ein die-Hand-geben-wollen an und spuckt dann, wie so oft in letzter Zeit in meine Richtung - eine seiner Formen der Kontaktaufnahme, die er hinzugewonnen hat. „Komm, laß es gut sein Marius" ist meine Reaktion „und geh zur Bank und zieh' Schuhe und Jacke aus."

Während ich dem 9jährigen Udo beim Ausziehen helfe, hat Marius schnell seine Sachen abgelegt und ist im Bad verschwunden. Er trinkt Wasser, direkt aus dem Wasserhahn - minutenlang - er muß sich auffüllen, denn danach wird er pinkeln gehen; und um die Angst zu mindern, leerzulaufen, muß er vorher trinken. Zwischendurch lacht er laut, es sind komische Geräusche zu vernehmen, und ich fühle mich veranlaßt, nach ihm zu sehen. Mein Impuls speist sich aus der Angst vergangener Erfahrungen, denn es hat Situationen gegeben, in denen er heftig gegen den Spiegel schlug oder wütend an seinen Kleidungsstücken oder bei heruntergelassener Hose an seinem Penis riß.

Er schaut mich kurz an, als ich die Tür öffne - diesmal ist alles in Ordnung. Als ich die Tür schließe, sehe ich, daß er zur Toilette geht. Er wird sich jetzt genauso lange Zeit nehmen für das Pinkeln, wie vorher für das Trinken. Ich kenne es aus vielen Situationen, wenn ich anderen Kindern beim Händewaschen helfe, und dabei Marius Art, Wasser zu lassen, mitbekomme, denn er hat Angst, die Toilettentür zu schließen. Er uriniert stoßweise, spielt mit dem Penis, unterbricht durch Zuhalten mit den Fingern den Strahl, und es dauert lange, bis er den letzten Tropfen herausgepreßt hat.

Inzwischen bin ich in der Küche mit den Frühstücksvorbereitungen beschäftigt, und nach einiger Zeit höre ich ihn in der ihm eigenen Art des etwas gehetzt wirkenden Laufens an der Küchentür vorbeihuschen in den Gruppenraum.

Er setzt sich nun an seinen „Arbeitsplatz" - so nenne ich es immer. Er wirkt auf mich in diesen Momenten wie jemand, der einer geregelten, gleichförmigen Arbeit nachgeht, mit Disziplin und Beharrungsvermögen - er trieselt. Das heißt: Er reißt sich aus einem Blatt Papier kleinste Stückchen, die er in einem Häufchen vor sich auf den Tisch legt, dann geschickt mit beiden Händen zusammenfegt, hochnimmt und wieder herunterrieseln läßt - immer wieder. Er hat in dieser Tätigkeit oder Stereotypie auf mich jahrelang zufrieden gewirkt, er schien darin sein inneres Gleichgewicht zu finden, eine Möglichkeit, sich abzuschotten von der von ihm als bedrohlich empfundenen Umwelt. So erschien es mir, und so erscheint es mir auch heute noch häufig; aber sein Trieseln scheint ihn nicht mehr nur zu befriedigen, es scheint ihn mittlerweile auch zu langweilen. Aber sein Impuls, etwas anderes an diese Stelle zu setzen, den Kontakt zu suchen, ist noch nicht ausgeprägt genug, als daß es nicht auch heute noch immer wieder des Rückzugs auf das sichere Tun - das Trieseln - bedürfte.

Marius ist das einzige Kind in unserer Einrichtung, das in dieser morgendlichen Situation des Ankommens und der Frühstücksvorbereitungen, gepaart mit kurzen Gesprächen der Kolleginnen und Kollegen untereinander, nie von alleine in die Küche kommt. Wenn ihn jemand von den Betreuern bittet, in die Küche zu kommen, so tut er es ab und an - er sitzt dann trieselnd am Küchentisch, und selten gelingt es, ihn in ein Gespräch - eine Aneinanderreihung von Fragen und seinen entsprechenden gestischen und lautmalerischen Antworten - einzubeziehen.

9.00 Uhr: Tagesbesprechung. Frühstück

Alle, Kinder und Betreuer, sitzen im Gruppenraum im Kreis auf dem Fußboden, und ich erzähle unter Zuhilfenahme eines in einem Glasrahmen befindlichen großen Wochenplans was an diesem Morgen - einem Dienstag - unternommen werden wird. Eine schwierige Situation mittlerweile mit Marius. Er will sich nicht in den Kreis setzen, verharrt am Tisch. Ich sage ihm, daß er zur Gruppe gehört, auch wenn er uns bald verlassen werde (ich meine hier seinen Umzug in die Wohngruppe des Heilpädagogischen Heims Oberotterbach) und daß ich möchte, daß er sich in den Kreis setzt. Er kreischt laut auf, läuft zum Fenster und setzt sich dann in den Kreis - verkehrt herum, den Rücken der Gruppe zugewandt. „Setz' Dich bitte richtig herum und höre zu, damit Du weißt, was Du heute machen wirst", sage ich zu ihm, und in dem Moment des Umdrehens spuckt er in Richtung meiner Kollegin. „Marius, Du kennst die Regel, hier im Schulhort darf niemand spucken", ermahne ich ihn und kann dann endlich mit meiner Erzählung zum Tagesablauf anfangen. Muß das jetzt immer so schwierig sein mit ihm, denke ich noch gereizt, jahrelang hat er dagesessen wie eine Marionette und zugehört - hat er wirklich zugehört?

Das Frühstück - wieder so eine belastete, mich belastende - Situation mit Marius. In all den Jahren hat er dagesessen, seine Brötchen (mit nur nach langen Phasen wechselndem Lieblingsbelag) gegessen und nur selten in all der Zeit ist er über etwas unruhig und unwirsch geworden, hat Anteil genommen. Heute fängt das Frühstück an wie so oft in letzter Zeit - er nimmt das Messer und läßt es zu Boden fallen, nichts Schlimmes, nur ein Zeichen dafür, daß er nicht mehr willens ist, seine Frühstückszeit abzusitzen, ein Zeichen dafür, daß er Kommunikation, Auseinandersetzung, Begrenzung - ein Gegenüber - sucht.

Warum ärgert es mich heute? Ich sollte doch froh sein, daß er nach diesem langen Weg an diesem Punkt angekommen ist. Ja, ich freue mich auch, aber diese täglichen Auseinandersetzungen um immer Gleiches sind auch anstrengend und ermüdend. „Wenn Du frühstücken willst, brauchst Du ein Messer - also mußt Du es wieder aufheben", sage ich zu ihm. Er hebt das Messer auf, greift nach einem Brötchen und seine nächste Handlung ist es, nicht den Schnitt in das Brötchen zu machen, sondern einen Schnitt in seine Hand anzudeuten: Er sägt mit dem allerdings stumpfen Messer leicht über seine Fingerknöchel. „Ich lasse nicht zu, daß Du Dich verletzt und möchte, daß Du Dein Messer benutzt, um Dein

Brötchen aufzuschneiden". Dieser Satz ist zuviel, Marius wirft Brötchen und Messer von sich, rutscht mit dem Stuhl ruckartig zurück und versucht seinen Teller vom Tisch zu wischen. Mit der einen Hand halte ich den Teller, die andere Hand lege ich auf seine Schulter und versuche, ihn zu beruhigen. Ich biete ihm an, sich zu mir auf den Schoß zu setzen. Er tut es und legt seinen Kopf an meinen. „Du bist traurig und unsicher, weil Du bald in das Heim umziehst, das Du noch gar nicht kennst", sage ich zu ihm. Es scheint ihm zu genügen, daß ich seine Gefühle wahrnehme und benenne, denn er rutscht von meinem Schoß, setzt sich auf seinen Platz und kann dann genußvoll frühstücken.

Marius näßt häufig ein in letzter Zeit - etwas, das er in den Jahren zuvor ebenfalls nie getan hat. Sein Erwachen aus der scheinbaren Dumpfheit des Nicht-wahrnehmen-wollens geht einher mit einer großen Verunsicherung über seine Gefühle. So thematisiert er durch einen Fingerzeig auf seine Augen immer wieder seine Trauer. Dies insbesondere, seit ihm bekannt ist, daß er in ein Heim ziehen wird, eine Trennung bevorsteht. Er trauert und seine Tränen verlassen den Körper an anderer Stelle: Er pinkelt in die Hose - manchmal 5 oder 6 mal am Tag. Ich erinnere ihn daran, zur Toilette zu gehen, etwas, das eher meiner Beruhigung dient, initiiert zu haben, daß er weniger einnäßt und mir das häufige Waschen erspart. Es ändert nicht seine innere Not, und ich weiß, daß er Zeit brauchen wird, seine Gefühle und seine Trauer anders auszudrücken, als er es zur Zeit noch tut.

Nach dem Frühstück spiele ich im Gruppenraum mit Udo Ball. Marius kommt herein und setzt sich nach kurzem Blick in die Runde an seinen Tisch und trieselt. Er beobachtet uns beim Ballspiel, rührt sich aber auf meine Bitte, doch mitzuspielen, nicht vom Fleck. Als ich ihm den Ball zwischendurch doch einmal zuwerfe, wirft er ihn desinteressiert in eine andere Richtung. Ich denke, er will nicht mit mir Ball spielen, nicht jetzt und nicht, wenn er die Aufmerksamkeit mit einem anderen Jungen teilen muß.

Nach kurzer Zeit geht das Ballspiel zu Ende, und ich setze mich auf das Sofa neben Marius Tisch unterhalb einer Leiste mit Photos vergangener Reisen. Ich schaue ihm beim Trieseln zu, und er schaut hin und wieder zu mir rüber. Im nächsten Moment spuckt er in meine Richtung. „Wenn Du etwas von mir möchtest, dann mußt Du nicht spucken, Du kannst Dich neben mich setzen und ich kraule Dich", sage ich zu ihm und denke: „Mal sehen was wird". Wenn es eskaliert, werde ich wie so oft seine Hände festhalten und mit eindringlicher, manchmal auch lauter Stimme deutlich machen, daß er mich nicht bespucken darf. Diesmal springt er aber auf, setzt sich neben mich auf das Sofa und läßt seinen Oberkörper auf meinen Schoß plumpsen. Ich kraule ihn am Kopf, an den Schultern und am Bauch, und er gluckst wie ein Baby: Er genießt es, und bei jeder kurzen Unterbrechung meinerseits greift er nach meiner Hand und führt sie zurück an die Stelle, wo er gekrault werden möchte. Ich kraule ihn und kneife ihm leicht ins Knie, und er windet sich vor Vergnügen. Es erfüllt mich mit Freude, ihn so lachen und rumalbern zu sehen. Im nächsten Moment ändert er die Situation - er nimmt die Beine hoch und tritt mit den Füßen gegen die Photorahmen über uns; ich verbiete es ihm, er tritt weiter - er sucht die Auseinandersetzung, die Begrenzung, die Orientierung, den Halt. Ich halte ihm die Beine fest, und er versucht, das Spiel fortzusetzen - ein Spiel, das den Spaß erhält, aber letztendlich auch die Einhaltung der Regeln. Und während ich gerade noch das Gefühl hatte, ein Baby auf meinem Schoß liegen zu haben, kommt mir die Szene jetzt vor wie das Kräftemessen eines größeren Jungen mit seinem Vater. Am Ende dieses Raufens und Ringens setzt Marius sich in angelehnter Haltung neben mich. Ich bin froh darüber, daß so etwas jetzt mit ihm möglich ist nach all den Jahren, in denen wir uns wenig aufeinander bezogen haben, und ich spreche mit ihm darüber. Er hört aufmerksam zu und auf meine Frage, ob auch er sein aufmerksames Erwachen und sein Interesse für die Menschen und Dinge um ihn herum genießt, antwortet er mit einem kopfnickenden „ha“.

In der nun folgenden Zeit des Vormittags geht er in die Schule zu Gaby und in seine Einzelstunde bei Birgit. Dieser Ablauf wiederholt sich verläßlich seit Jahren und hat maßgeblich zu Marius' Entwicklung beigetragen.

Der Ausflug

Dienstags mittags unternehmen wir seit einiger Zeit einen Ausflug zu einem Bauernhof. Den Weg dorthin bestreiten wir mit der U-Bahn.
Marius sitzt in der U-Bahn neben mir, d.h. eigentlich kniet er auf der Bank, damit er rausgucken kann; das möchte er auch dann, wenn es durch den dunklen U-Bahnschacht geht. Nur auf der letzten Station fährt die U-Bahn oberirdisch, und er kann die vorbeiziehenden Bäume sehen. Der erste Gang am Ankunftsbahnhof führt zum Kiosk, damit jedes Kind sich eine

kleine Süßigkeit kaufen kann. Marius wählt, wie fast immer, das HANUTA, auch wenn er heute nicht mehr so zwanghaft festgelegt ist auf diese Süßigkeit. Er geht neben mir her auf dem Weg zum Bauernhof und die Willfährigkeit vergangener Tage ist einem gewissen Desinteresse gewichen, denn er würde lieber auf den Spielplatz gehen und schaukeln. Ich spreche mit ihm darüber und erzähle ihm, daß es mir wichtig ist, daß er an der einzigen gemeinsamen Gruppenaktion in der Woche teilnimmt und wir zu anderer Zeit auf den Spielplatz gehen können. Er hört zu und er scheint es zu akzeptieren. Ich lese es daran ab, daß er mich nun auf am Boden liegende Blätter hinweist und wiederholt zum Himmel zeigt, wo große Krähen über uns fliegen. Da oben machen sie ihm keine Angst, während er an den hinter Zäunen laufenden Gänsen nur mit zugehaltenen Ohren und abgewandtem Blick vorbeigehen kann. Die Schafe und die Schweine beängstigen ihn nicht, und er kann sie sogar streicheln. Ich bin immer wieder überrascht, wie differenziert er mittlerweile ist in seiner Wahrnehmung und seinen Gefühlen und wie oft er sich dazu äußert. Zwischenzeitlich weist er auf seine Augen und bedarf meiner Mitteilung, daß ich mir seiner Trauer bewußt bin. Dies geschieht häufig am Tag, und ich nehme es auch als einen Hinweis seinerseits, wahrgenommen werden zu wollen.

Das Mittagessen. Tagesausklang

Wieder im Schulhort angekommen, gibt es Mittagessen. Nach seinem Gang zur Toilette hat Marius sich wieder an seinen Tisch gesetzt und er kommt meiner Aufforderung, zum Essen zu kommen, nicht nach. Auch als ich nach einiger Zeit nochmals zu ihm hingehe und ihm erzähle, was es zu Essen gibt, kommt er nicht. Erst als alle das Mittagessen schon beinahe beendet haben, kommt Marius. Er schaut kurz über den Tisch, läßt sich eine kleine Portion auf den Teller füllen, probiert kurz und geht dann wieder - nicht ohne vorher auch diese Mini-Mahlzeit mit einem kräftigen Schluck Saft aus dem randvoll gefüllten Glas zu beenden. Er entscheidet seit kurzem, ob und wann er zum Essen kommt. Nicht mehr unsere Bitte, zum Essen zu kommen, ist ihm Anlaß, dieser Aufforderung automatenhaft nachzukommen - welch ein Fortschritt!

Nach dem Mittagessen vergeht die letzte halbe Stunde, bevor er abgeholt wird, mit einem gemeinsamen Ballspiel. Im Gegensatz zum Vormittag ist er nun bereit, mitzuspielen, da nur wir alleine spielen. Er variiert die Art, den Ball zu fangen und zurückzuwerfen; zwischendurch treten wir auch mit dem Fuß den Ball hin und her. Er ist trotz seiner Massigkeit sehr beweglich; manchmal wirkt er geradezu geschmeidig in seinen Bewegungen, und es macht Spaß, mit diesem Jungen Ball zu spielen, gerade wenn ich daran denke, wie oft ich in der Vergangenheit mit einer Automaten-Abfang-und-Rückwerf-Maschine gespielt habe.

Es klingelt.

„Marius, Du mußt Deine Schuhe anziehen, Du wirst abgeholt" und „Tschüß bis morgen" sind meine letzten, an ihn gerichteten Worte an diesem Tag.

Meine Aufzeichnungen beschreiben einen Tag im Zeitraum zwischen dem Beginn dieses Jahres und den Sommerferien. Es ist natürlich nur ein Ausschnitt, und Marius derzeitige Entwicklung läßt sich kaum noch in den exemplarischen Ereignissen eines Tages festhalten. Sein Einnässen z.B. hat nach den Sommerferien nachgelassen. Er findet nun eine große Freude darin, das Waschbecken im Badezimmer zu fluten und Überschwemmungen anzurichten. Ebenso experimentiert er vermehrt mit seiner Stimme und nimmt verwundert und interessiert die Reaktionen der anderen in sich auf.

Meine Kollegin Birgit und ich begleiteten ihn bei seinem ersten Kennenlern-Besuch seiner neuen Heimat Oberotterbach. Darin, daß ich dieses Wort „Heimat" hier so selbstverständlich gebrauche, sehe ich meine Zuversicht manifestiert, die mich diese Wohngruppe mit den dort lebenden und tätigen Menschen als gute zukünftige Heimat für ihn empfinden läßt. Von dem, was Heimat und Heimatverlust für Marius bedeuten und sein jetziges Weggehen nach Oberotterbach von seinem früheren Weggehen aus Polen unterscheiden wird, möchte Birgit Baethe nun weiter zu Ihnen sprechen:

Heimat

Als ich begann, mir darüber Gedanken zu machen, welche Bedeutung der Begriff des Heimatverlustes für Marius haben könnte, mußte ich zunächst eine Weile nachspüren, was Heimat mir bedeutet.

Der Heimatbegriff ist für mich, soweit er sich auf Nationalität und Volkszugehörigkeit bezieht, problematisch, und ich stehe ihm - wie wohl viele Deutsche - ambivalent gegenüber. Trotzdem kenne ich ein Heimatgefühl und bin sehr froh darüber. Ich finde Heimat heute vor allem in den Beziehungen zu einzelnen Menschen, die mir in meinem Leben lieb und wichtig sind oder waren.

Es war auf der Rottenburger Tagung vor 4 Jahren, als ich deutlich wie nie zuvor empfand, wie sehr auch ich durch den Nationalsozialismus mögliche Heimat verloren habe. Während dieser Tagung fühlte ich mich beschenkt, weil ich zum ersten Mal - ich möchte hier einmal sagen: große alte Männer der Psychoanalyse - Ernst Federn, Rudi Ekstein und Hans Keilson - erleben durfte. Ich hörte sie sprechen und fühlte mich plötzlich im Nachhinein wie beraubt, weil diese Männer und viele andere, die für mich geistige Heimat symbolisieren, ein Vaterland und eine Muttersprache, auf die ich stolz sein kann, gezwungen worden waren, Österreich und Deutschland zu verlassen und zu emigrieren.

Sie mögen bei ihrer Rückkehr Ähnliches empfunden haben, wie es Heinrich Heine, sich mit dem ihm eigenen Witz schützend, wunderschön in den ersten Strophen seines Wintermärchens beschreibt:

> „Im traurigen Monat November wars,
> die Tage wurden trüber,
> der Wind riß von den Bäumen das Laub,
> da reist' ich nach Deutschland hinüber.
>
> Und als ich an die Grenze kam,
> da fühlt ich ein stärkeres Klopfen
> in meiner Brust, ich glaube sogar,
> die Augen begunnen zu tropfen.
>
> Und als ich die deutsche Sprache vernahm,
> da ward mir seltsam zumute;
> ich meinte nicht anders, als ob das Herz
> recht angenehm verblute!“

Heimat siedele ich also gerade auch bei Menschen an, von denen viele dieses Land verlassen mußten oder sogar darin umkamen.

Heimat bedeutet für mich aber auch der Landstrich meiner Kindheit, wo ich Sicherheit und Beruhigung fand, z.B. während langer Spaziergänge mit einer alten Großtante, die kaum sprach, mir wohl aber kleine Lieder vorsang. Heute finde ich dieses Heimatgefühl direkt in der Natur, losgelöst von den Menschen und Geschehnissen, die es einmal entstehen ließen, im Geruch der Erde, dem Rufen der Bussarde, dem Geschmack der Himbeeren oder dem Schattengrün eines Waldes; eine reiche, sinnliche Heimat und sicher auch ein Symbol für die unerfüllbare und unsterbliche menschliche Sehnsucht nach All-Einheit, die ja im Begriff der Mutter Natur ihren wortgetreuen Ausdruck findet.

Ich trage Heimat in mir, die geistige Wahlheimat, wie die sinnlich erfahrene. Sie hat Sprache bekommen und ich kann sie - zumindest partiell - überall wiederfinden; sie ist nicht mehr nur an einen Ort gebunden. Und ich glaube - und an dieser Stelle will ich zu Marius zurückkehren - daß genau hier ein wesentlicher Unterschied zu seinem Erleben liegt: Er fand lange nicht die Möglichkeit, etwas in sich zu bergen und zu bewahren, gute Introjekte zu bilden und sich zu identifizieren.

Wie alle autistischen Kinder, die ich kennenlernte, mußte er, um sein Existenzgefühl zu erhalten, auf der Illusion einer ewigen Einheit beharren; es gab nur dieses Einssein oder das Nichtsein. Marius konnte sich das Einssein nicht ersehnen bei gleichzeitigem Anerkennen von dessen Unmöglichkeit und mußte daher jede Wahrnehmung von Differenz und Getrenntheit leugnen.

Meine Erfahrungen aus der Arbeit mit autistischen Kindern stimmen mit dem überein, was der Kinderpsychiater Reinhardt Lempp in seinen aktuellen Ausführungen zur Anwendung des KJHG deutlich ausspricht: „Woher Autismus kommt, wissen wir nicht“ - ein Satz, der mich in seiner Offenheit und Eindeutigkeit erfreute. Deutlich sei allerdings - so führt er weiter aus - das Im-Vordergrund-stehen der seelischen Behinderung im Sinne einer Beziehungsstörung vor jeder möglicherweise gleichzeitig bestehenden geistigen Behinderung.

Wenn ich also Marius Biographie zurückverfolge, seiner autistischen Entwicklung einen Sinn gebend, so nicht, um eindeutige kausale Verbindungen zu knüpfen, sondern um Phantasien zuzulassen und einen Möglichkeitsraum zu erschließen. Und so möchte ich auch meinen Versuch verstanden wissen, der speziellen Bedeutung der Begriffe Heimat und Heimatverlust für Marius nachzuspüren und der Funktion seiner Sprachlosigkeit.

Ich kann meine Überlegungen nicht bei Marius Weggeführtwerden aus Polen beginnen lassen, sondern muß bereits seine Geburtssituation bedenken, vor allem auch das Fehlen des Vaters. Marius lernte seinen Vater nicht kennen; die Eltern trennten sich während der Schwangerschaft. Dieser Mann, sein Vater, wurde nie zu einer Person für Marius. Er gilt als verschollen, namenlos, nicht existent. Es entstand ein Tabu um seine Person herum, das auch wir in unseren Gegenübertragungen erfuhren. Wir machten diesen Mann nie zum Thema unserer Elterngespräche mit der Mutter; keiner von uns kam auf den Gedanken, seinen Namen, Beruf, sein Aussehen und Wesen zu erfragen, um ihn Gestalt annehmen zu lassen und mit Marius darüber sprechen zu können; er bekam keinen Raum in unserer Vorstellung, und es dauerte lange, bis wir dessen in einer Supervisionssitzung gewahr wurden.

Der Verlust dieses Mannes für Marius Mutter und ihre Kinder durfte offenbar nicht thematisiert werden, nicht zur Sprache kommen, rührte an frühe Wunden. Sie mag sich wohl dem Schmerz über einen Verlust, der ihr unerträglich schien, verschlossen haben. Vielleicht empfand sie, sie habe einen Teil ihrer selbst verloren und um so mehr mußte Marius ein Teil von ihr bleiben, dessen Getrenntheit sie nicht anerkennen konnte und dessen Trennungsängste und -schmerzen sie verleugnen mußte. Marius wurde in seiner Unabgegrenztheit zum verlassenen Hüter ihrer Verlassenheit, füllte seine Leere sprachlos auf mit den Ängsten, der Not und Wut der ihn umgebenden Menschen.

Wenn ich davon ausgehe, daß Heimatgefühl an das Urvertrauen in den frühen Objektbeziehungen gebunden ist, taucht für mich die Frage auf, wie irgend ein sozialer Ort einem autistischen Kind überhaupt Heimat sein kann, solange es keine Beziehung erfährt, die es ihm ermöglicht, Kontakt zur Welt aufzunehmen und ein stabileres Selbstgefühl zu entwickeln. Marius erlebte sich nicht als eigenständige Person neben seiner Mutter;und es gab den Vater nicht, der beiden hätte helfen können, aus ihrer unglücklichen Verstrickung herauszufinden. Es war niemand da, der durch seine Gegenwart eine Triangulierung ermöglicht hätte, das Anerkennen von Getrenntsein und damit das Notwendigwerden von Sprache, die ja das Getrenntsein zur Voraussetzung hat, gleichzeitig aber ermöglicht, etwas Abwesendes anwesend werden zu lassen.

Der fehlende Vater ist in das fehlende Sprechen eingeschlossen und darin verborgen. Marius ist eines der autistischen Kinder, von denen wir gelernt haben, daß die extreme Abwesenheit des Vaters eine dominante Wirkung auf ihr Kranksein hat. Wir wollen nicht in Umkehr früherer Verkürzungen die Frage der Schuld nun an den Vätern festmachen, sondern hervorheben, daß die pathogenen Wirkungen der Mütter bestimmter autistischer Kinder abhängige Größen des fehlenden Dritten für sie selbst wie für ihre Kinder sind.

Marius hat mit Polen einen Ort verlassen, der ihm erste Heimat hätte sein können und der ihn stattdessen als innerer Un-Ort nach Berlin begleitete. Das Verlassen seiner vertrauten Umgebung steigerte sicherlich die Bedrohlichkeit einer ohnehin als gefährlich und unberechenbar erfahrenen Welt, die ihm nun noch fremder erscheinen mußte. Wenn er mit dem Weggang seiner Familie aus Polen Heimat verlor, so darüber vermittelt, daß seine Mutter ihr Fortgehen als Verlust und zusätzliche Verunsicherung erlebte. Gleichzeitig stellte ihr Weggehen aber eine Rückkehr zur eigenen Mutter dar, die bereits seit einigen Jahren in Berlin lebte, und ist daher vielleicht auch Ausdruck ihrer Suche nach verlorener Heimat.

Wir erlebten Marius Großmutter als eine sich enorm anstrengende, überfordernde und aufopfernde und dabei gleichzeitig sehr vorwürfliche und dominante Frau, die ihre Tochter in der Rolle der abhängigen Versagerin bestärkte. Marius Mutter, die große Schwierigkeiten hat, ihr Leben zu organisieren, erschien als Symbol all dessen, was diese Großmutter an Polen verabscheute, als abgespaltener verworfener Teil ihrer eigenen Biographie, ihres Scheiterns. Einen Zugang zu Marius Mutter fanden wir erst, als wir durchsetzten, daß sie bei den Elterngesprächen die Hilfe einer externen Dolmetscherin in Anspruch nahm, statt ihre Mutter oder ihre Tochter für sich sprechen zu lassen. Erst da konnte sie belastende Erfahrungen aus ihrer persönlichen Geschichte ansprechen, sie wenigstens kurz benennen, ihr eigenes Im-Heim-aufgewachsen-sein, den Verlust ihres Vaters und ihr Verlassenheitsgefühl.

Mutter und Tochter war es nicht möglich, über ihre Situation im Exil zu trauern. Während sich Marius Mutter sträubte, überhaupt Deutsch zu lernen, setzte die Großmutter durch, daß Marius Vorname amtlich eingedeutscht wurde; niemand außer ihr spricht jedoch Marius mit diesem neuen deutschen Namen an,und er war zu der Zeit, als die Großmutter die Namensänderung initiierte, glücklicherweise schon in der Lage, deutlich zu machen, daß er weiterhin Marius genannt werden möchte. In allen offiziellen Zusammenhängen muß er jedoch mit diesem deutschen Vornamen benannt werden, so in seinen Zeugnissen und Entwicklungsberichten, die unsere Lehrerin ihm schrieb, und sich in Identifikation mit Marius unter diesem Zwang sehr überwältigt und übergangen fühlte.

Marius versteht inzwischen polnisch und deutsch, wobei er die einzelnen Worte kennt, von der im Miteinander-sprechen hergestellten Beziehung aber noch häufig überfordert ist.

Marius spricht bis heute kaum von sich aus. Er wiederholt jedoch bestätigend angebotene Frageworte. Auf das mit einem Fragezeichen versehene „Ja?“ antwortet er - wenn er zustimmen möchte - mit einem lautmalerisch und am Nicken zu erkennenden nasalen „Na-a!“ oder bestätigt ein „Nein?“ mit einem von heftigem Kopfschütteln begleiteten „Na!“, wobei ich beim Aufschreiben bemerke, daß es ein- und dieselbe Silbe ist, die Marius lediglich von der Klangmodulation her und mit seiner Gestik variiert. Die einzigen Worte, die er seit einiger Zeit eigenständig gebraucht sind: „die Ma-ma“; die Silbenfolge „mamamama“ brachte er bereits vor 6 Jahren mit, als wir ihn kennenlernten. Es war sein Not- und Warnruf, wenn er Angst hatte und Ansprache übertönen wollte. Inzwischen erkundigt sich Marius, wie es scheint, nach seiner - getrennt von ihm existierenden - Mutter, wenn er nach „die Ma-ma“ fragt, zuletzt auf der Rückfahrt von Oberotterbach nach Berlin, wo wir - Bernd Schäfers und ich - für ein Wochenende mit ihm hingefahren waren, um ihm sein zukünftiges Heim zu zeigen und noch einmal gemeinsam mit ihm nach Berlin zurückzukehren, um ihn erleben zu lassen, daß ein Ort nicht aufhört zu existieren, wenn man ihn verläßt, daß man zurückkehren kann, wiederfinden, Verbindung halten. Wir wissen von der Mutter, daß Marius seinerzeit Polen schlafend verließ und daß man mit ihm weder vorher noch nachher besprach, was da vor sich ging und weshalb es zu diesem Umzug kam. Marius roboterhaft herausgebrachtes „die Ma-ma“ spiegelt für mich die Resonanzlosigkeit seiner Mutter, wenn sie Marius immer wieder ein „die Mama“ vorspricht, ihn zum Wiederholen auffordernd, statt ihn anzusprechen, mit ihm zu sprechen; er soll ihre Existenz bestätigen, aber es fällt ihr schwer, Marius wahrzunehmen.

Marius Nicht-sprechen gerät in immer größeren Gegensatz zu seiner wachsenden Wißbegier und deutlichen Kommunikationssehnsucht. Hielt er den Blick früher stets zu Boden gerichtet oder - am Tisch sitzend - auf das Universum seiner Papierschnitzelchen, die er in ewiger Wiederholung zusammenraffte und durch seine Finger rieseln ließ, so schaut er heute lebhaft umher, deutet auf alles, was ihm auffällt und ihn interessiert, möchte, daß wir benennen, erzählen. Wesentlich dabei ist und von uns allen wie eine Erlösung erlebt, daß er es von selbst tut, aus eigenem Impuls - er hat sich entdeckt. Dazu gehört, daß er auch seine Stimme entdeckt und - als etwas Eigenes, zu ihm Gehörendes - angenommen hat.

Lange war es für Marius wichtig, sich in geschützten Räumen getragen und gehalten zu fühlen, einen Raum mit einer vertrauten Person zu teilen, sich mit ihr in einem Innen begreifend, während hinter der geschlossenen Tür das Außen lauerte und er die Wände auf ihre Festig keit und Stabilität hin überprüfen mußte. Inzwischen erprobt er seine eigenen Körper- und Ich-Grenzen.

Ich möchte hier die Bedeutung des Binnenraumes hervorheben. Marius erfährt sich zunehmend als Körper. Dieser Zugewinn hatte und hat auch heute noch für ihn viele bedrohliche Erlebnisinhalte, die ihn und uns in den letzten zwei Jahren in Atem hielten. Er erfährt sich zwar als Körper, hat aber noch nicht das Gefühl der Herrschaft über die in ihm vorgehenden Prozesse und seine Körperöffnungen; Marius hatte zunächst große Angst vor dem, was in ihn hinein konnte, um ihn vielleicht zu zerstören, so z.B. die Stimmen der anderen. Später dann, als sich die Angst vor der Gefahr von außen ein wenig legte, traten die Ängste davor in den Vordergrund, was alles aus ihm herausfließen könnte, ihn leer zurücklassend oder sogar auflösend. Jahrelang war er automatenhaft, ohne Bewußtsein, zur Toilette gegangen; jetzt begann er, in die Hose zu pinkeln, zu leugnen, daß etwas aus ihm herauskam, und füllte sich minutenlang am Wasserhahn trinkend auf, bevor er zur Toilette gehen konnte, wo er um das willentliche, kontrollierte Herauslassen seines Urins kämpfte.

Mit dem zunehmenden Wahrnehmen und Ertragen seiner Traurigkeit, die ihm die Tränen in die Augen trieb, zeigte Marius uns seine große Angst vor dem Weinen, das sich noch weniger kontrollieren ließ, als das Urinieren. Er fürchtete zu zerfließen, bekam Angst vor dem Regen, zeigte beunruhigt auf die Schneeflocken, die auf dem Fensterbrett zerschmolzen, und wagte nicht, seinen Fuß in den auf dem Gehweg liegenden Schnee zu setzen.

All diese Ängste sind längst nicht überwunden, aber sie sind zum Teil verstanden worden. Marius kann sie mitteilen und holt sich immer wieder die Rückversicherung, in seiner Angst wahr- und ernstgenommen und damit gehalten und beruhigt zu werden. Je mehr er Gelegenheit hatte, seine tiefe Traurigkeit mit uns zu teilen, desto weniger mußte er sie als Angst erleben und ausdrücken.

Er beginnt sicherer, zwischen sich und anderen zu unterscheiden, ist nicht mehr unmittelbar mit jedem Bedrohtfühlen identifiziert, das ein anderer zum Ausdruck bringt. Er wagt es, mit seiner eigenen Körperkraft zu experimentieren, genießt Rangeleien mit Männern, die er zuvor als haltend und beschützend erfahren hat und die - nachdem er jahrelang in symbiotischen Beziehungen zu Frauen zu verharren suchte - nun deutlich an Bedeutung und Interesse für ihn gewinnen. Während Marius früher nur laut wurde, um anderes, ihn Ängstigendes, zu übertönen, brüllt er jetzt oft lustvoll, um seine eigene Stimme zu hören, zu erleben, was sie bewirkt - was er bewirkt. So kann er fasziniert vor einem kleineren Jungen stehen, der ihn erschreckt anstarrt und ihn immer wieder anbrüllen, nur, um zu erleben, daß er Angst einjagen kann, ohne wirklich gefährlich zu sein und ohne selbst Angst zu haben.

Ich beschreibe all dies so genau, weil es den Boden für meinen Versuch bildet, die eingangs gestellten Fragen zu beantworten, ob Marius Umzug in die Pfalz Heimatverlust beinhalten muß und mit welchem Erfolg wir versucht haben, ihm zu helfen, ohne ihn heilen zu können.

Was unterscheidet Marius Weggehen aus Berlin von seinem Weggehen aus Polen? Wesentlich ist für mich, daß Marius selbst zum Ausdruck brachte, daß er seine häusliche Situation als sehr belastend und schwer erträglich erlebt und sich eine andere Umgebung wünscht. Darüber gab es einen langen Prozeß des Austausches mit ihm, wobei unsere alljährlich mit den Kindern unternommenen Reisen wie Kristallisationspunkte seiner Entwicklung erscheinen.

Marius genoß diese Reisen, genoß unsere Fürsorge und Ansprache und die familiäre Atmosphäre. Das alles wohl vor allem, weil wir Erwachsenen diese gemeinsamen Zeiten ebenfalls liebten und sehr genossen. Meine Spezialität mit Marius wurden - und ich muß jetzt wohl sagen: natürlich - lange Spaziergänge, auf denen wir meist schwiegen, die uns aber beiden mit der Zeit sehr viel bedeuteten. Diese Spaziergänge stellten für mich zunächst die einzige Möglichkeit dar, überhaupt längere Zeit mit Marius zu verbringen, ohne mich überfordert zu fühlen durch sein Bestehen auf Ungetrenntheit und sein Leugnen meiner bzw. seiner Existenz oder mich ihm zu verschließen und dann zu langweilen. Er konnte mit mir sein, ohne sich bedroht zu fühlen, das Laufen und Bewegen gefiel ihm; wir waren nah, besonders in der Relation zu der Weite um uns her und doch jeder für sich. Es entwickelte sich ein Allein-sein-können in Gegenwart des anderen.

Wir liefen nebeneinander her, am Strand entlang oder durch den Wald und ich fühlte mich wohl, geborgen im Wiederfinden und Wiedererkennen, fühlte mich heimisch. Ich bin überzeugt, daß sich dieses Gefühl Marius mitteilte und er allmählich etwas davon in sich hineinnehmen konnte. Er hörte auf, auf seine Schuhspitzen zu schauen und sich ärgerlich die Ohren zuzuhalten, wenn ich ihn auf etwas aufmerksam machen wollte. Irgendwann konnte ich auf die Möwen zeigen und er hob seinen

Kopf, und schließlich begann er, mich auf ihn Interessierendes hinzuweisen. Das Zeigen ist bis heute sein spontanes Ausdrucksmittel. Er weist mit der Hand auf etwas und schaut uns auffordernd an, damit wir es benennen und die Legende hinter seiner Geste in Worte fassen.

Marius wachsende Fähigkeit, Trennung zu ertragen, läßt sich auch an der Geschichte seiner Abschiede bei unseren Reisen nachzeichnen. Es gab eine Entwicklung vom Abschiednehmen und Wiederkehren, ohne sichtbare emotionale Regung, über erste Trauerreaktionen bei unserer Rückkehr, also Trauer über den Abschied von uns, bis hin zum Traurigseinkönnen beim Abschiednehmen von seiner Mutter.

Inzwischen ist Marius in der Lage, das Nebeneinander verschiedener Gefühle zu erleben; er zeigte deutlich, daß er trauert und Angst hat, seine Familie und auch uns zu verlassen. Gleichzeitig erscheint uns Marius zur Zeit lebensfroh und zuversichtlich wie nie zuvor, und er ließ sich bei unserem Besuch sehr neugierig und guter Dinge das Heim in Oberotterbach zeigen und erklären.

Seine Möglichkeiten, Abschied zu nehmen und sein Heimat-gefunden-haben in unserer Gegenwart werden für mich deutlich, wenn er z.B. auf einem letzten Rundgang in der Wohngegend, in der unsere Einrichtung lag, beim Besuch des Spielzeuggeschäftes, in dem er häufig sein Geburtstags- oder Weihnachtsgeschenk aussuchen durfte, plötzlich heftig zu weinen begann, von der Lehrerin nach draußen begleitet, sich zunächst auf den Gehweg fallen ließ und dann aber durch sein Erleben, von ihr verstanden zu werden, in der Lage war, sich gemeinsam mit ihr auf eine Parkbank zu setzen, auf seine Augen deutend seine Trauer zeigen konnte, auf den Kiosk, die Uhr und andere vertraute Wahrzeichen weisend, zum Ausdruck brachte, daß all dies ihm Symbol des mit uns Erlebten geworden war und wichtig ist.

Ich denke, daß Marius inzwischen über einen genügend gesicherten Binnenraum verfügt und daß er die Beziehungserfahrung mit uns in der Begegnung mit neuen ihm zugewandten Menschen mobilisieren wird und sie übertragen kann.

Die Antwort auf die Frage, wie wir Marius helfen konnten, ist in unserer bisherigen Darstellung wohl schon enthalten:

Es ist im Laufe vieler Jahre gelungen, uns seinen depressiven Anteilen mehr und mehr zu nähern und damit einem normalisierenden Trauerprozeß, der mit dem Leiden an der Entbehrung des Vaters zusammenhängt. Je mehr wir diese Depression selber ertragen lernten, desto mehr konnten wir für ihn verläßliche, genügend gute und genügend böse Ziehväter und Ziehmütter werden, über die er heute als inneren Besitz verfügt. Unsere Hilfe lag in der Begleitung Marius, im Uns-zur-Verfügung-stellen, Uns-mißbrauchen-lassen, ohne daran zu zerbrechen, im Versuch, seine Ängste vor Auflösung und Zerstörung in uns aufzunehmen und zu entschärfen. Geholfen mag ihm haben, daß wir ihn lieb gewinnen konnten, trotz all des Bedrohlichen, das er uns empfinden ließ, daß wir eine Phantasie seiner Möglichkeiten entwickelten, die über das Gezeigte hinaus reichte.

Mir fällt hier eine Supervisionssitzung ein, während der uns ein externer Supervisor verwundert und auch skeptisch fragte, ob wir denn den Eindruck hätten, Marius könne uns verstehen, wenn wir so normal und selbstverständlich mit ihm sprächen. Uns wurde deutlich, wir gingen einfach davon aus - vielleicht manchmal eher das potentiell Mögliche vor Augen, als das jeweils Konkrete. Aber es war wohl gut so, und Marius zeigte uns auch deutlich, wenn er sich überfordert fühlte.

Ergänzend dazu möchte ich zum Schluß hervorheben, wie wichtig es in der Arbeit mit autistischen Kindern ist, uns von eigenen Vorstellungen und Hoffnungen, was geschehen, wohin eine Behandlung führen soll, zu befreien. Diese Einsicht ist nicht neu und gilt für alle therapeutischen Beziehungen; aber besonders autistische Kinder, die sich einer feindlichen Welt haut- und hilflos ausgeliefert fühlen, empfinden jeden von uns an sie herangetragenen Entwicklungswunsch oft bereits als sie vernichtenden Eingriff, der sie der Möglichkeit beraubt, selbst zu sein. Es gilt das Kunststück zu vollbringen, an Entwicklung als an etwas potentiell Mögliches zu glauben, ohne sie zu sehr zu erwarten.

Wieviel wir zu Marius Entwicklung beitragen konnten, weiß niemand. Es ist seine Entwicklung.

Was uns glücklich macht, ist, daß nach einem lange geplanten und mit genügend Zeit gestalteten Übergang nun ein guter Abschied möglich war, den wir eben nicht als traumatischen Heimatverlust für Marius begreifen, sondern als einen Schritt in eine größere Eigenständigkeit, der ihn Abschied und Neubeginn bewußt erleben und Trauer und Freude empfinden läßt.

Ich kann nicht sagen, daß es zu der jetzt erfolgten Heimunterbringung kam, weil wir alle mit dem Beginn ihrer Planung das Gefühl hatten, nun sei genau der richtige Zeitpunkt für eine Trennung. Es war eher so, daß wir - von der Mutter bereits vor zwei Jahren zur Heimsuche aufgefordert - Marius, seiner Mutter und auch uns die Zeit ließen, die nötig war, um diese Trennung bewältigen zu können und einen guten Abschied zu gestalten.

Wir bedauern, daß es bisher kein vergleichsweise geeignetes Heim in der näheren Umgebung Berlins gibt, denn sicherlich wäre das schöner für alle Beteiligten, erleichterte das Aufrechterhalten der Beziehungen und die besuchsweise Rückkehr. Wir unterschätzen dieses Problem nicht und haben uns lange damit herumgeschlagen. Trotzdem erschien es uns wichtiger, für Marius einen Ort zu finden, den wir positiv besetzen konnten; wir wollten ihn Menschen anvertrauen, deren fachliche und menschliche Integrität wir erfahren hatten. Die damit verbundene Zuversicht und das Vertrauen waren wohl das wichtigste gegenseitige Abschiedsgeschenk für Marius und uns; er war es, der uns letztlich überzeugt hat, daß dieser Schritt für ihn jetzt angemessen und gut war.

Schlafend kam Marius über die polnische Grenze nach Deutschland. Schlafend inmitten des Wachseins erschien er uns in der nicht endenwollenden Zeit, die er mit Papierschnipselchen rieselnd an seinem Tisch in unserer Einrichtung verbrachte. Hellwach und gespannt auf das ihn Erwartende hat er nun Berlin verlassen.

Die musikalische Entwicklung des Selbst

Karin Schumacher

Unter besonderer Berücksichtigung der Gegenübertragungsphänomene gibt die über 3 Jahre videographierte Falldarstellung Einblick in die musiktherapeutische Arbeit mit einem autistischen Kind.*

Der autistisch-psychotische Patient

Bei der Analyse des musiktherapeutischen Begegnungsraumes beziehe ich mich in meinen Ausführungen auf die Erfahrung mit Menschen, die zunächst noch keine Beziehung zu Musikinstrumenten herstellen können und in ihrer musikalischen Fähigkeit, sich zu äußern, nicht einmal einem neugeborenen bzw. Kleinkind entsprechen, da sie nicht schreien, nicht lallen, sondern nur Laute von sich geben, wenn sie unbedingt etwas verhindern oder haben wollen.

Das bedeutet für den Therapeuten, daß die musikalische Begegnung zunächst nicht über Musikinstrumente, sondern über Körper und Stimme möglich ist, und daß es keine Möglichkeit der verbalen Aufarbeitung gibt.

Ich möchte gerade die emotionalen Zustände beschreiben, die auftreten, wenn diese verbale Möglichkeit der Bearbeitung, der Distanzierung nicht gegeben ist. Wie werden hier emotionale Prozesse vom Patienten wie vom Therapeuten verarbeitet?

---

* Ein 30 min. Videofilm veranschaulichte die folgenden Ausführungen.

Anhand von Therapieausschnitten einer 5jährigen Verlaufsdarstellung der musiktherapeutischen Arbeit mit einem damals 7jährigen autistischen Jungen möchte ich die speziell in der Arbeit mit autistisch-psychotischen Menschen entstehenden Gefühle und Einstellungen sowie einige methodische Fragen herausarbeiten.

Was löst der Anspruch aus: der Musiktherapeut soll „Resonanzkörperfunktion", soll die Fähigkeit, mitzuschwingen haben, soll aus der Wahrnehmung des Patienten innere Bilder entwickeln können, die ein Verstehen des Zustandes des Patienten fördern, er soll empathisch sein!

Was heißt das, wenn der Patient extrem beziehungslos ist, d.h. keine oder eine sehr gestörte Beziehung zu sich selbst und seiner Umwelt hat, wenn er - wie wir annehmen müssen - wahrnehmungsgestört ist, d.h. die Reize der Umwelt unkoordiniert auf sich einströmen lassen muß?

Ich möchte zwei extreme Haltungen nennen, die autistisch-psychotische Menschen auslösen:

Ein „Sich abwenden und Auf-sich-selbst-Zurückziehen" oder das „Sich-anstecken-lassen", das chaotische Zustände und natürlich auch Angst bei einem selbst hervorrufen kann. Diese spezifische Ausstrahlung autistisch-psychotischer Menschen - läßt man sich von ihr anstecken - erinnert wohl an die Zeit, in der auch wir nicht im Stande waren, Ordnung zu schaffen, die Reize der Umwelt zu koordinieren, Wesentliches von Unwesentlichem zu unterscheiden. Nacktheit, ein Gefühl, ausgeliefert zu sein, ist die Folge. Unglaubliche Angst kann einen überfallen - wenn man die Angst eines psychotischen Menschen unverhüllt zu spüren bekommt und miterlebt.

Musikalisch drückt sich dieser Zustand in chaotisch-beziehungslosem Spiel aus, das oft bis zur drohenden Zerstörung der Instrumente führen kann.

Ich empfinde, je nach Grad der Gestörtheit und nach Entwicklungsstand des Kindes, mit dem ich zu arbeiten beginne, eine sensorische Überflutung und Desintegriertheit, ein Gefühl der Grenzenlosigkeit, verbunden mit dem Gefühl, verschlungen zu werden, oder befinde mich in totaler Isolation, in panischer Angst (z.B. bei plötzlich auftretender Autoaggression) oder habe Angst, selbst angegriffen, zerstört zu werden.

Diese Zustände sind so unangenehm, da sie bis auf den letztgenannten, der Angst, angegriffen zu werden, „objektlos" scheinen; d.h. es fehlt eine Symbolisierungsmöglichkeit, ein Bild, ein Wort und zunächst eben wegen der fehlenden Objektbeziehung natürlich auch die Möglichkeit, ein Instrument als Ausdruck zu verwenden.

Es fehlt der Zwischenraum, der diesen Zustand nicht nur mit-teil-bar, sondern bearbeitbar macht.

In meinen weiteren Ausführungen werde ich mich nun ganz auf den Film und die Arbeit mit Marius beziehen, der in mir ein breites Spektrum gefühlsmäßiger Reaktionen auslöste, die selbstverständlich auch in der Therapie ähnlich gestörter Kinder auftauchten, und die Sie zum Teil auch aus der Arbeit mit anders gestörten Menschen kennen.

Erstes Bild des Films

Was bedeutet es, sich in ein Kind wie Marius einzufühlen?

Wir sehen einen Jungen, der seine Zeit mit dem stundenlangen Laufen im Raum, ein Buch dicht am Gesicht blätternd, verbringt, oder der sich kleine Papierschnipsel zurecht reißt und diese durch seine Finger rieseln läßt.

Ein Mensch, der vermutlich jahrelang keinen Blickkontakt, der den Austausch seelischen Verstehens beinhaltet, erfahren hat. Ein Mensch, der nicht spricht.

Die tiefe Not des Patienten ist uns nur annähernd vorstellbar, und wir kennen Möglichkeiten, sie zu verdrängen. Wir benennen das Krankheitsbild, haben damit einen Begriff, der Distanz zum Patienten schafft. Zu jeder psychischen Erkrankung gibt es dann auch mehr oder weniger physiologisch orientierte Erklärungsmodelle, die uns - so wir den emotionalen Zustand des Patienten gar nicht aushalten -, über diese organisch bedingten Erklärungsmodelle eine weitere Distanzierung erlauben.

Aber diese theoretische Auseinandersetzung schafft noch keinen Kontakt zu unserem Patienten.

Das Nicht-wahrgenommen-werden

Das Auffallendste mit Marius in den ersten Stunden war, so gut wie *nicht wahrgenommen zu werden*, und dies machte mir zu schaffen. Meine Gefühle schwankten zwischen Verwunderung, Unsicherheit und Wut hin und her und führten schließlich zu einer Improvisation, die sich nicht mehr auf Marius, sondern auf meinen Zustand bezog.

Ich machte für mich Musik, improvisierte vor mich hin, ohne ihn

scheinbar zu beachten. Ich fühlte mich dabei einsam, traurig, sinnlos, eben überflüssig, und meine Musik, die ich auf einer Reihe Metallophonstäbe improvisierte, drückte dies aus.
In den ersten Stunden hatte ich immer wieder Musik von Marius ausgehend entwickelt, dessen Bewegungen im Raum zunächst die Grundlage meiner instrumentalen Improvisationen waren, und worauf er als ersten „Kontakt" mit Irritation, Angstzunahme, also Abwehr reagierte. Ich war ihm zu schnell zu nahe getreten und mußte mehr Distanz durch ein „auf-mich-selbst-bezogenes" Spiel schaffen, ohne ihn jedoch fallen zu lassen, ohne ihn emotional „quasi" für sein Verhalten zu bestrafen.

Die Tatsache, *nicht wahrgenommen zu werden,* wo man sich doch so bemüht, alles für seinen Patienten zu tun, sich ganz auf ihn einzustellen, ist und bleibt eine narzißtische Kränkung, die vor allem für den Therapeuten zum Problem wird, der vielleicht selbst in seiner frühen Kindheit zu wenig wahr-genommen wurde und im therapeutischen Kontext nun nach Kontakten sucht, Kontakte für sich, für seine Spiegelung, für seine Selbst-wahrnehmung benötigt. Ein unbewußter innerer Dialog dieses Therapeuten könnte sein:

> „Wenn man schon mich nicht richtig wahrgenommen und verstanden hat, so will ich in meinem Beruf dies mit anderen nachholen. Ich habe mir also zum Ziel gesetzt, andere genau zu beobachten, in mich aufzunehmen in der Hoffnung, sie besser zu verstehen, letztlich aber in der Erwartung, mich besser kennenzulernen und mich selbst zu verstehen, um dadurch vielleicht endlich beziehungsfähiger zu werden."

Diesem Therapeuten wird die geschilderte Methode, sich auf sich selbst zunächst zurückzuziehen, Kontakt nicht zu fordern, sondern nur die Möglichkeit zum Kontakt bereitzuhalten, besonders schwer fallen. Es gilt eine Atmosphäre zu schaffen, die es dem Patienten ermöglicht, aber die ihn nicht zwingt, aus sich herauszutreten.

Kontakt

In der ersten Szene des Filmes - sie ist 4 Monate nach Therapiebeginn aufgenommen - sehen wir Marius, für den ich, um einen derartigen „Zwischenraum" zu schaffen, Kindertanzmusik mitgebracht habe. Ich biete sie vom Tonband an, um die Möglichkeit zu haben, körperlich sicht- und spürbare Kontaktangebote zu machen, die sich zur Musik tänzerisch-spielerisch anbieten. Ich wählte diese Musik aus, weil sie den Bewegungsdrang des Kindes begleiten sollte und weil sie mit Instrumenten gespielt ist, die zum Teil direkt im Raum vorhanden sind, mit denen ich selbst spiele und die für das Kind potentiell spielbar sind. Die Auswahl dargebotener Musik kann ja mit Menschen, die nicht sprechen, nicht diskutiert werden, sondern hier ist der Therapeut auf seine Intuition gestellt und wird vor allem zunächst etwas wählen, was ihm selbst gefällt und ihn in Bezug auf das Kind zu sinnvollen Interventionen inspiriert.

Umspielen, Spiegeln und die genaue Imitation, ja Übertreibung seiner Bewegungen schaffen einen ersten *Kontakt.*

Kontakt, definiert als „Gewahrwerden" eines Reizes von außen („contact" = lateinisch „gemeinsames Berühren", im Film sogar sichtbar durch das vorübergehende Handgeben), ist die Momentaufnahme der Reaktion auf Musik „an sich" oder sogar auf den Menschen, der sich in Verbindung mit dieser Musik im Raum befindet. Dieser Kontakt ist zwar spürbar, aber läßt noch offen, ob und wie lange das Kind die Chance einer möglichen Beziehung nutzen wird, oder ob es sich erneut davor verschließt.

Erste Szene des Filmes

Der ersten Frage, wie kann ich mich für den Patienten mit seiner spezifischen Schwierigkeit und Störung empfindsam machen, folgte natürlich, wie kann ich einen Kontakt herstellen, der für ihn erträglich, annehmbar und positiv erlebbar ist?

Dem Versuch, das Kind „unaufdringlich wahrzunehmen" , um die rechten Mittel zu finden, ihm meine Resonanzfähigkeit mitzuteilen, folgten also Strategien der Annäherung, der Provokation.

Gerade in der Arbeit mit autistischen Kindern ist meine Erfahrung, daß Provokation („provocare" im Sinne von „hervorrufen") ein wichtiges Mittel zur Kontaktaufnahme ist. Der Reiz, den ich setze, darf nicht zu leise, zu „empathisch" sein, er muß ja die unsichtbare Glaswand des Kindes durchdringen, um von ihm wahrgenommen zu werden.

Provokation erfordert eine Idee, eine aktive Haltung des Therapeuten, eine gewisse Risikobereitschaft, die jedoch jederzeit wieder zurückverwandelt werden kann in das „Auf-sich-selbst-Gestelltsein".

Kontakterwartung, Kontaktereignis, Kontaktabbruch

Wir sehen im letzten Bild dieser 1. Szene, wie ich mit offenen Armen den entstandenen Kontakt fortsetzen möchte und wie sich Marius abwendet, den Kontakt abbricht.
Nach der großen inneren Freude, Kontakt gefunden, ja gespürt zu haben, was sich auch in unseren Gesichtern ausdrückt, kommt diese Reaktion sehr unverhofft.

Enttäuschung - bis zum Gefühl, abgelehnt zu werden - ist die Folge. Nur ein Therapeut, der hier nicht traumatisch selbst berührt wird, findet relativ schnell aus der persönlich empfundenen Enttäuschung zu einer therapeutisch sinnvollen Haltung des Akzeptierens, des Aushaltens von Nicht-Kontakt, zurück. Kontakt war da, aber er dauert nicht so lange an, wie ich es mir wünsche (wie ich es brauche, um mich wohl zu fühlen), sondern nur so lange, so lange der Patient sich wohl fühlt, solange er ihn, also mich als einen anderen Menschen, aushält.

Körperliche Berührung

Der weitere Film zeigt einen späteren Ausschnitt derselben Stunde.

Musik - diesmal mittelalterliche Tanzmusik, die eine Klatschstimme beinhaltet - dient als Drittes, als Begleitung und Stimulation, zu der ich mit Hilfe von Klanggesten mit Marius in einen spielerischen Kontakt trete. Klanggesten wie Klatschen und Patschen stellen rhythmisierte und daher geformte Körperberührungen dar, die hörbare Musik spürbar machen. Gerade bei nicht Instrumente spielenden Menschen können sie ein gutes Kontakt- und musikalisches Verständnismittel sein.

Im Hinblick auf die Gegenübertragung möchte ich nun aus dieser und der folgenden Szene den Aspekt der *körperlichen Berührung* näher beleuchten.

Die in der psychotherapeutischen Arbeit mit Erwachsenen symbolisch gemeinten Interventionen, die man meist über die instrumentale Improvisation vermittelt, müssen in der Arbeit mit autistischen Kindern, mit Menschen, die meist noch keine Symbolisierungsfähigkeit zeigen, konkret erfahrbar werden.

Dies bedeutet körperliche Berührung. Einen anderen Menschen körperlich zu berühren, erbringt eine enorme Information über seine Körperlichkeit, sein Körper-Ich, sein „Haut-Ich“ und damit den Grad seiner Beziehungsfähigkeit. (Jeder Händedruck sagt etwas über die Kontaktfähigkeit eines Menschen aus).

In der Musiktherapie ist die hervorragende Möglichkeit gegeben, die große Intimität zweier Menschen, die hier ins Spiel gebracht wird, durch „Musik“ zu distanzieren und damit die entstehende Beziehung zu gestalten, die gebührende, aushaltbare Nähe-Distanz-Regulierung mit Hilfe der Musik vorzunehmen. Improvisierte Musik bietet mehr Nähe, tradierte mehr Distanz; auf die Situation hin erfundene gesungene Texte erzeugen mehr Nähe, als allgemein bekannte Lieder.

Mit all diesen Möglichkeiten spielen zu können, gehört zum Handwerkszeug des Musiktherapeuten.

Immer jedoch, auch wenn wir durch Musik ein hervorragendes Distanzierungsmittel in der Hand haben, wird sich körperliche Berührung auf den Therapeuten höchst persönlich auswirken, und seine eigene Körper- und Berührungserfahrung wachrufen.

Ein körperlich „unterversorgter, unerfahrener“ Therapeut wird hier, wie schon oben beim Kontakt beschrieben, mehr oder weniger unbewußt seine eigenen körperlichen Defizite zu befriedigen suchen und das Kind nicht wirklich halten und tragen können. Er wird das Kind in seiner Körperlichkeit nicht spiegeln können, sondern Gefahr laufen, zu grob, zu vorsichtig oder eben zu eigennützig körperliche Nähe anzubieten.

Psychologisch gilt es quasi die Basis psychotherapeutischen Handelns immer wieder durch musikalische und körperliche Mittel herzustellen, wobei das Resonieren-Können den Kontakt herstellt, das Gestalten-Können - im Sinne einer angemessenen Nähe-Distanz-Regulierung - jedoch erst die Beziehung längerfristig erhalten wird.

Resonanz als Therapiegeschehen muß körperlich spürbar, hörbar und sichtbar werden. Nicht nur seelisch wollen diese Kinder „getragen und gehalten werden“ (im Sinne Winnicotts und Bions „holding and containing“), sondern körperlich spürbar. Auch wenn dies oft ein weiter Weg ist bis das Getragen-werden-wollen „ertragen“ wird, bis das Aushalten sich in Halten und inneren Halt verwandelt. Nicht nur seelisch berührt werden, auch körperlich wollen sie eigentlich berührt werden, auch wenn einige autistische Kinder gerade die körperliche Berührung zunächst nicht aushalten oder sie in einen hineinkriechen wollen, da sie den spannungsgeladenen Zwischenraum, der die Beziehung zweier Menschen ausmacht, noch nicht aushalten (vgl.Tustins Begriff „over-flow“).

Die Kinder vorsichtig und geduldig an diese Erfahrung heranzuführen, ist ein wichtiger Schritt zur *Begegnung*.

Begegnung

Die nächste Szene des Filmes gibt ein Beispiel:

Die Idee, Marius von hinten hochzunehmen und mit ihm auf diese Weise - also ihn tragend - zu tanzen, kam mir spontan in einer Stunde, nicht zuletzt vielleicht aufgrund meiner damaligen intensiveren Auseinandersetzung mit pränataler Sinnesentwicklung - 9 Monate wurden wir getragen, auch autistische Kinder.

Das Anknüpfen an schon gemachte Erfahrungen ist das Wichtigste, um den Boden für eine Begegnung zu bereiten.

Begegnung ist „wirkliches Leben" (Buber 1984) und der therapeutische Dialog zielt auf Begegnung.

Begegnung, wie ich sie mit Marius erlebt habe, ist ein Glücksmoment, nicht planbar und von kurzer Dauer mit umso intensiverer Langzeitwirkung. Die menschliche Begegnung meint den Augenblick, in dem sich zwei Menschen treffen und sich (meist nur für den Bruchteil von Sekunden) füreinander öffnen. Oft ist dieser Moment mit einem „Augen-blick" verbunden, der schnell wieder vorbei sein kann. Durch das Auge scheint man in das Innere des anderen „Ein-blick" zu bekommen, was mit entsprechenden Emotionen einhergeht. Auch wenn in der Arbeit mit autistischen Kindern der Moment der Begegnung so selten und kurzfristig ist, hinterläßt er unausweichliche Spuren.

Der *Blick-Kontakt,* das auffallendste Zeichen der Kontaktfähigkeit oder - wenn er fehlt - der Kontaktstörung, hat viele Qualitäten:

Nicht jeder Blickkontakt ist Beziehung stiftend. Der erste direkte Blick eines autistischen Kindes, wie ich ihn in dieser Szene erlebte, gibt viel Aufschluß über den geistig-emotionalen Zustand des Kindes. Ein emotional zugewandter und vielleicht sogar Freude ausstrahlender Blickkontakt ist das kraftspendendste Ereignis in einer zwischenmenschlichen Beziehung. Ein typisches Kennzeichen der Begegnung ist das Gefühl, das Kind sei unbehindert; Sie können dies im Film auch sehen.

So wertvoll dieses Gefühl, dieses Ereignis einer Begegnung ist, so besteht die Gefahr, daß unsere Erwartungshaltung steigt und wir gerade in der nächsten Stunde einen „Rückfall" erleben.

„Sternstunde-Rückfall" (heißt ein Kapitel meines Buches über Musiktherapie mit autistischen Kindern, Schumacher 1994) - was heißt „Rückfall"? Unsere Erwartung an stetige Weiterentwicklung entspricht nicht dem menschlichen Dasein. Es handelt sich eher um eine Kurve, die ich so zeichnen würde: Einer Vorwärtsbewegung folgt an einem gewissen Punkt ein wieder Zurück-gehen, das jedoch kürzere Zeit andauert und das Zeit und Raum schafft, um sich das Neue wirklich anzueignen, um das neu Erlebte zu verarbeiten. Erst dann ist ein weiterer Vorstoß im Sinne einer Vorwärtsbewegung möglich, die wir dann als Weiterentwicklung erleben werden.

Jegliche pädagogische Haltung, in dem Sinne: letzte Stunde hatten wir die „Begegnung", jetzt kommt die Arbeit an der „Beziehung" - stört die Fähigkeit, auch heute wieder, in dieser nächsten Stunde, den Zustand des Kindes erst in sich aufzunehmen, bevor man seine Vorstellungen von Weiterentwicklung und seine eigenen Erwartungen zuläßt.

Das Kind spürt von weitem unsere Einstellung, unsere unausgesprochenen Forderungen, unsere Wünsche. Hier gilt also besonders das schon oben Gesagte: Wir können immer nur den Boden für eine Entwicklung schaffen durch eine angemessene, d.h. den Zustand, das So-sein des Kindes wahrnehmende und akzeptierende, psychische Haltung, und wir können musikalische Mittel zur Verfügung stellen, die diese Haltung verdeutlichen.

Die musikalischen Mittel, die ich verwende, sind so elementar, daß sie dem Kind selbst als potentielles Ausdrucksmittel dienen könnten; aber ich habe noch lange die Haltung, die sagt: Ich spiele für das Kind und nicht, ich spiele mit dem Kind, bzw. das Kind spielt mit mir, wir spielen zusammen, was natürlich ein therapeutisches Ziel ist. Entwicklung wird potentiell nur möglich sein, wenn wir uns nicht als „Wissende" fühlen und gebärden. Wir kennen nicht im voraus den Weg, den das Kind in einer Stunde gehen wird, sondern wir sollten weiterhin der Begleiter und Herausforderer, der Auswickelnde bleiben, der gerade so aktiv wird, daß er die schlummernden Potentiale des Kindes herauszulocken versteht.

Welcher Therapeut wird hier die meisten Schwierigkeiten haben? Welches Terrain wird hier in uns angesprochen? Hat man mir früher genug Handlungs- und Spielraum gegeben? Hat man mich belehrt oder gewartet, bis ich etwas wissen wollte?

Gerade Lehrer, Musikpädagogen, die Musiktherapeuten werden wollen, berichten immer wieder, wie schwierig und neu *diese* Haltung für sie ist: ein Verhalten zu begleiten, statt es zu leiten, es auf- und wahrzunehmen, statt es zu beurteilen, zu benoten.

Das Einfache ist gut genug

Der Musiktherapeut soll einerseits ein breites Spektrum musikalischen Ausdrucks zur Verfügung haben, um all den verschiedenen Stimmungen und Zuständen des Patienten gerecht zu werden und um dies musikalisch ausdrücken zu können.

Um resonieren zu können, muß er aber andererseits mit den zunächst kaum wahrnehmbaren musikalischen Äußerungen seines Patienten eben nicht nur zurecht kommen, sondern diese ersten kostbaren Äußerungen zu einer Weiterentwicklung stimulieren.

Dritte Szene des Films

So sehen Sie im nächsten Abschnitt dieses Filmes, wie ich die ersten zaghaften und kaum hörbaren *vokalen Äußerungen* durch Bewegen und Singen herauslocke. Meine Mittel sind das Schaukeln im Kegel, einem Platz, den sich Marius am Anfang der Stunde selbst gewählt hat, und eigene stimmliche Angebote im Sinne von Singen bekannter Melodien der früher vom Tonband angebotenen Musik, Imitation des Atmens, Verstärken des Atemgeräusches und schließlich das Nachsingen der ganz hoch gesungenen Melodie, die mich als erste stimmliche Äußerung von Marius auch wegen ihrer Höhe völlig überraschte.

Es ist keine Reduzierung auf Elementares, sondern eine Wertschätzung jeglicher menschlichen Äußerung, die hier förderlich wirkt. Präverbales, Prämelodisches, Prärhythmisches, wie es Gertrud Orff (1974) beschrieben hat, ist nicht weniger als Verbales, Rhythmisches und Melodisches, sondern ist die dem Zu- und Entwicklungsstand des Kindes entsprechende musikalische Äußerung. Auf diese in einer sie fördernden Weise einzugehen, ihr im oben beschriebenen Sinne vorbehaltlos zu begegnen, ist entscheidend.

Eine mögliche Störung im Resonieren der musikalischen Äußerungen des Patienten tritt m.E. dann auf, wenn der Musiktherapeut, der lieber Musiker geworden wäre, die Äußerung des Patienten dazu verwendet, sich selbst musikalisch in Szene zu setzen. Sowohl in der Wahl des Instrumentes, wie vor allem auch durch die Spielweise, wird diese Haltung deutlich werden. Auch leises, scheinbar stützendes Spiel kann durch eine entsprechende Mimik, eine gelangweilte oder zu fordernde Haltung oder - für den Patienten noch schwerer zu durchschauen - eine herablassende Haltung des Therapeuten, der notgedrungen seine musikalischen Fertigkeiten zurückhält, verraten. Diese, dem Therapeuten nicht bewußten Einstellungen, drücken sich eben nicht nur in seiner Spielweise, sondern in all den körperlichen Signalen aus, die damit verbunden sind, und wirken entsprechend auf den Patienten. Doch zurück zum Film:

Nur wenn Sie ganz genau hinhören, werden Sie die eigenen Impulse des Kindes, die ich aufnehme und verstärke, wahrnehmen können.

Eine musikalische Äußerung wahrnehmen, vorsichtig begleiten, ohne sie zu stören, ein Motiv zu halten, tragfähig zu machen, dem Patienten sein Spiel bewußt machen, um ihn schließlich zu neuen Motiven, zu einer veränderten Spielweise anzuregen und damit zur Erweiterung seiner Ausdrucksmöglichkeiten beizutragen, bestimmen das Vorgehen des Therapeuten.

Die 4. Szene des Films zeigt den ersten Umgang, ja im wahrsten Sinne des Wortes: das erste Berühren und Begreifen der Seiten eines Monochords und eines Bordunpsalters, die unterschiedlich gestimmt waren, so daß ich mit meiner Stimme eine begleitende und stützende Funktion übernehme. Zunächst Marius auf einer großen Doppelfelltrommel provozierend, versinge ich seinen aktiv gezeigten Unmut über meine Provokation mit dem Text: „Lieber nicht!" Aufgrund unserer jetzt schon sichereren Beziehung ist meine Suche nach einer gemeinsamen Spielmöglichkeit von Neugierde begleitet. Auch wenn er mir sozusagen zunächst keine Chance gibt, ist er doch viel aktiver und leichter zu verstehen, er gibt viel mehr Laute von sich und faßt mir sogar auf die Stirn, um sein Bedürfnis, ich möge doch jetzt nicht spielen, mitzuteilen. Das heißt, er nimmt mich als Person wahr. Damit eröffnet er eine größere Möglichkeit, ihn besser zu verstehen, und macht Beziehung spürbar.

Stereotypie

Ich möchte *die 5. und letzte Szene des Films* erläutern und damit mit meinen Ausführungen schließen: Als Thema, das mich in der Gegenübertragung beschäftigt, nehme ich die Stereotypie, die scheinbar gleichbleibende Wiederholung heraus: Marius kommt mit seinen Papierschnipseln in die Stunde. Er schaut zum Kameramann, er wirkt aufgeräumt, er hat etwas vor; eine innere Motivation ist spürbar, eine Entwicklung nach vorne sichtbar.

Seine hohen stimmlichen Äußerungen auf den Metallophonstäben aufnehmen, den Rhythmus seiner Beine integrieren, sind der Ausgangspunkt meiner Improvisation. Jetzt ist sein Selbstgefühl so weit gewachsen, daß er diese Nähe erträgt, selbstverständlich annimmt, ja genießt.

Er hat ein Ritual entwickelt, das er noch viele Stunden aufrechterhalten wird. Erst improvisiere ich - ausgehend von seinen stimmlichen und bewegungsmäßigen Äußerungen; diese Musik wird aufgenommen, rückgespult und beim Anhören will Marius in der Hängematte geschaukelt werden, wobei er lautiert und mit seinen Händen Kontakt und - wie sich später zeigt - eine eigene differenzierte Handsprache entwickelt.

Dieses immer wiederkehrende Ritual, das monatelang von Marius inszeniert wurde, schien, wenn man es von außen betrachtet, kaum Entwicklungen zu beinhalten. Es war nötig, diesen Ablauf nicht durch Provokationen durch zu große Abweichungen zu irritieren. Marius brauchte sichtlich dieses Wieder-holen, diese Sicherheit, die ihm immerhin für diese Zeit half, sein stereotypes Trieseln oder Bücherblättern zu unterbrechen und zu vergessen.

Das Aushalten von Wiederholung, die immer droht, zur stereotypen Handlung zu werden, verlangt vom Therapeuten ein hohes Maß an Akzeptanz und innerer Flexibilität.

Die Stereotypie einzubauen in Improvisationen und ihr dadurch einen Sinn zu verleihen, ist eine wichtige Methode, von ihr ausgehend minimale Variationen zu bilden, und schützt einen selbst vor der „Gefahr“, stereotyp und damit leblos zu werden.

Eine Stereotypie miterleben löst Gefühle innerer Leere, Langeweile bis Verzweiflung über die Unveränderbarkeit seelisch-körperlicher Zustände aus.

Therapeuten, die wegen zu großer eigener Zwänge die ständige Veränderung durch „freie“ Improvisation brauchen, werden hier Resonanzschwierigkeiten haben.

Die Stereotypie demonstriert und appelliert an unsere eigenen unveränderbaren Charakterzüge, die jeder in sich trägt und die er nur mehr oder weniger geschickt zu kompensieren versteht.

Therapeutisch sinnvoll ist auch hier das Akzeptieren und sinnvolle Einbauen des „Symptoms" Stereotypie, um Kontakt und Beziehung zu schaffen.

Beziehung

Beziehung braucht Zeit. Sie ist das Ergebnis von Kontakt und Begegnung. Beziehung muß - je länger sie andauert - gestaltet werden. In jeder neuen Situation gestaltet sie sich nach den Nähe-Distanz-Bedürfnissen der beteiligten Personen. Solange Beziehung besteht, hört diese Arbeit des Gestaltens nicht auf. Wird sie nicht mehr gestaltet, so entsteht entweder eine Art Symbiose (Verschmelzung - zu wenig Distanz) oder die Beziehung löst sich auf (Beziehungsabbruch - zu viel Distanz). Das Angebot zu großer Nähe, wie aber auch Gefühllosigkeit, Gleichgültigkeit und die „double-bind" („Beziehungsfalle", „affektiv-kognitive Zwickmühle" Bateson 1956) Beziehung sind die häufigsten Gefahren in der therapeutischen Arbeit.

Ist eine zwischenmenschliche Beziehung zu einem autistischen Kind entstanden, so ist die Basis weiterer Entwicklungsmöglichkeiten geschaffen, was natürlich alle Schwierigkeiten des menschlichen Daseins und Zusammenlebens beinhaltet.

Es braucht unendliche Geduld, das Wiederkehrende, das sich scheinbar kaum Verändernde, auszuhalten. Der Lupenblick und das Hörrohr, die Akzeptanz des menschlichen Individuums, das Tempo der Entwicklung in einer Art Zeitlupe anzunehmen, sind entscheidende Voraussetzungen für unsere Arbeit.

Es gilt durch kleine Abweichungen Spielräume zu schaffen, die auch die eigenen Bedürfnisse, die eigene Person immer mehr einbringen, so daß „Beziehung" und nicht mehr „Isolation" oder „Verwendet-werden" als Gefühl nach den Stunden in uns zurückbleibt. Erst dann hat sich Beziehung eingestellt, hat sich Zwischenmenschliches entwickelt; erst hier beginnt wirkliches Leben.

Literatur

Allerdings, I., Becker, S. (1989): Zusammenfassung der Diskussion der 4. Fachtagung des Vereins für Psychoanalytische Sozialarbeit e. V. Rottenburg. In: psychosozial 39, Schwerpunktthema: Psychose und Extremtraumatisierung Teil II, herausgegeben von Hellmut Becker und Aloys Leber. 12. Jhg. (Psychosozial-Verlag).

Anzieu, D. (1991): Das Haut-Ich. Frankfurt 1995 (Suhrkamp).

Bateson, G. u.a. (1956): Auf dem Weg zu einer Schizophrenie-Theorie. In: Habermas, J. u.a. (1969): Schizophrenie und Familie. Frankfurt (Suhrkamp).

Buber,M. (1984): Das dialogische Prinzip, Heidelberg (Lambert Schneider).

Orff, G. (1974): Die Orff-Musiktherapie. München (Kindler).

Schumacher, K. (1990): Musiktherapie als menschliche Begegnung. In: Der Kinderarzt, 22. Jhg.

Schumacher, K. (1993): Kontakt - Begegnung - Beziehung. Zum Umgang mit Gegenübertragungssphänomenen in der musiktherapeutischen Arbeit mit schwer kontakt- und beziehungsgestörten Menschen. In: Einblicke, Zeitschrift des Deutschen Berufsverbandes der Musiktherapeuten e.V., Heft 5.

Schumacher, K. (1994): Musiktherapie mit autistischen Kindern; Musik-, Bewegungs- und Sprachspiele zur Integration gestörter Sinneswahrnehmung, in der Reihe „Praxis der Musiktherapie“, Bd. 12. Stuttgart (Fischer).

Tustin, F. (1990): Psychological Birth and Psychological Catastrophe. In: Grostein, J.:Do I dare disturb the universe? Memorial to W. R. Bion, Karnac BkS UK.

Extremtraumatisierte Jugendliche. Brüchige Identitäten als Überlebensform im nachdiktatorialen gesellschaftlichen Kontext

David Becker und Margarita Diaz

Chile ist ein friedliches Land. Einst berühmt ob des gescheiterten Versuchs, einen friedlichen Weg zum Sozialismus zu finden, und lange Zeit in den Schlagzeilen aufgrund der blutigen Geschichte der nachfolgenden 17jährigen Militärdiktatur, ist es heute nur noch von geringem Interesse. Bestenfalls hören wir von Chile als dem Land, in dem Erich Honecker gestorben ist, und von Zeit zu Zeit lobt irgendwer Chile als Beispiel moderner Wirtschaftsentwicklung. Die Arbeitslosenzahlen sind niedrig, etwa 3%, das jährliche Wachstum des Bruttosozialprodukts liegt nicht unter 5%, die politischen Verhältnisse sind stabil. Wie gesagt, Chile ist ein friedliches Land.

Weniger bekannt ist, daß der ehemalige Diktator nach wie vor oberster General der Streitkräfte ist, daß die demokratisch gewählte Regierung nur begrenzte Machtbefugnisse hat und kein Gesetz ohne die Mithilfe der politischen Rechte des Landes verabschiedet werden kann, sowie daß ein Drittel der Bevölkerung in Armut lebt, und zwar marginal zum Wirtschaftskreislauf, also vom Entwicklungsprozeß ausgeschlossen bleibt und für diesen überflüssig ist.

Im Lateinamerikanischen Institut für Menschenrechte und psychische Gesundheit (ILAS) arbeiten wir psychotherapeutisch mit den Opfern der politischen Verfolgung in Chile, führen nationale und regionale Forschungsprojekte durch und sind im Bereich der Fortbildung und Supervision tätig. Wir haben verschiedentlich über unsere Arbeit geschrieben und berichtet, so auch 1988 auf einer Tagung des Vereins für Psychoanalytische Sozialarbeit e.V. Wir haben damals zwei Dinge in den Vordergrund unserer Überlegungen gestellt:

1. Extremtraumatisierung als Begriff, der die persönliche Zerstörung der Opfer begreift, aber auch der sozialpolitischen, der gesellschaftlichen Dimension des Schadens gerecht wird, also nicht Opfer einer falschen medizinischen oder psychiatrischen Nosologie ist.
2. „*Vinculo comprometido*" als Beschreibung des speziellen Bindungsgeschehens zwischen Therapeut und Patient, wobei die Nichtneutralität des Therapeuten die Grundlage für ein produktives Übertragungserleben bildet.

Trotz der Schrecklichkeiten, über die wir berichteten, trotz der Vorsicht, mit der wir Behandlungsperspektiven und -erfolge einschätzten, konnte man unseren gesamten Überlegungen einen gewissen, alles überlagernden Optimismus entnehmen. Zwar war Furchtbares passiert, aber wir waren die richtigen Therapeuten am richtigen Ort mit den angemessenen Konzepten. Zwar wußten wir, daß eine wirkliche Wiedergutmachung von den gesellschaftlichen Prozessen abhing, aber irgendwie glaubten wir doch, in unseren Therapien unseren Patienten einen Raum anbieten zu können, in dem Heilung möglich war, trotz der Macht der Militärs, trotz der sich anbahnenden Nur-Halbdemokratie, trotz der allgegenwärtigen Verleugnung und Angst. Heilung war zwar auch damals schon für uns ein relativer Begriff, der bezogen auf unsere Patienten weniger die Aufhebung des Leids als die Überwindung von Spaltungsprozessen und das Ermöglichen psychischer und sozialer Integration bedeutete, aber affektiv waren wir doch von unserer therapeutischen Allmacht überzeugt.

Heute, sechs Jahre später, sehen wir die Dinge etwas anders. Vielleicht haben wir einen Teil unserer Allmacht verloren, obwohl wir diese nach wie vor als notwendiges Teilelement für die Arbeit mit schwersttraumatisierten Patienten erkennen. Vielleicht sind wir einfach pessimistischer geworden, haben uns die tristen politischen Realitäten der Nachdiktatur eingeholt. Unsere Patienten sind heute in mancher Hinsicht noch marginaler als sie das während der Diktatur waren. Trotz mancher Behandlungserfolge haben sich auch viele Symptomatiken als chronisch erwiesen, und wir behandeln heute eine große Anzahl von Jugendlichen, deren Eltern verfolgt wurden, mit extremen präpsychotischen und psychotischen Krankheitsbildern. Der Psychoanalytiker Hans Keilson, dessen Theorie über sequentielle Traumatisierung für unsere Arbeit von großer Bedeutung ist, sagte mir auf einem Kongreß über Trauma im vergangenen Jahr in Hamburg, ich solle mir keine Sorgen über die fehlende Gesundung unserer Patienten machen. Die Berichte über Behandlungserfolge bei sozialpolitischen Traumatisierungsprozessen aus der ganzen Welt, ganz egal, ob es um Folter oder Holocaust ginge, seien sowieso alle erlogen. Eigentlich könne man in dieser Arbeit nur sinnhaft über die Schwierigkeiten, nicht aber über die Gesundung berichten. Anders ausgedrückt geht es in der Behandlung von Extremtraumatisierten vielleicht nicht um Krank- oder Gesundsein, sondern vielmehr um die Frage, wieviel Begegnung ist möglich, wie sehr kann das schwarze Loch, das intrapsychisch der Abdruck des Traumatisierungsprozesses ist, zum bewußten Bestandteil eines sozialen Beziehungsgeschehens werden.

Wenn wir heute hier schon im Titel unseres Vortrages komplizierte Verhältnisse andeuten, auf brüchige Identitäten, Überlebensformen und den nachdiktatorischen Kontext hinweisen, dann mit dem Ziel, so direkt wie möglich über die Schwierigkeiten unserer therapeutischen Arbeit nachzudenken, und zwar in drei Schritten:

Zunächst möchten wir einige kritische Gedanken zum Identitätsbegriff entwickeln. Als nächstes möchten wir dann eine Fallskizze vorstellen, die nicht nur das Krank- sondern auch das Anderssein eines unserer Patienten beschreibt, und schließlich möchten wir direkt auf die Probleme im Übertragungsgeschehen zwischen Therapeut und Patient eingehen.

Zur Frage der Identität

Wenn man mit extremtraumatisierten Personen arbeitet, dann lautet die entscheidende Frage weniger „woran leidet diese Person?", sondern vielmehr „wer ist diese Person?" Erst recht, wenn wir uns auf Jugendliche beziehen, die Kinder von Verfolgten sind, liegt es nahe, nach der Identität zu fragen. Das Erste, was uns allen zu diesem Thema einfällt, ist der Gedanke, „jemand zu sein" und räumlich und zeitlich „jemand zu bleiben" (Grinberg). Wir alle beziehen uns auf uns selbst als „ich". Wir nehmen uns als identifizierbare Personen wahr, mit Vor- und Nachnamen. Wer wir sind und was wir machen, gibt uns eine Identität, die uns von anderen Individuen differenziert, ganz gleich, wie ähnlich sie uns sind. Wir nehmen uns auch als Teil einer Gesellschaft wahr, obwohl die Wahrnehmung dieser Teilhabe für jeden von uns verschieden sein kann.

Obwohl wir also eine Identität besitzen, die wir als eigene wahrnehmen und die uns von allen anderen unterscheidet, leben wir auch in sozialen Beziehungen, die uns einen, besitzen wir gemeinsame Bezüge, welche uns als Angehörige einer menschlichen Gemeinschaft definieren. In der psychologischen Literatur zum Thema Identität ist das Schwergewicht immer auf den Prozeß gelegt worden, durch den wir dazu kommen, uns als getrennte, unabhängige und von den anderen zu differenzierende Personen zu fühlen. Das verbindende Element der Identität ist dabei weitgehend als zweitrangig wahrgenommen worden. Der Prozeß, durch den wir zum mehr oder weniger bewußten Teil einer menschlichen Gemeinschaft oder eines Kollektivs werden, ist immer dem Ziel, uns zu trennen und uns von den anderen abzugrenzen, untergeordnet worden.

Die Schwierigkeiten des soziologistischen und psychologistischen Reduktionismus zeigen sich besonders deutlich im Bereich der Theorien zur Identitätsbildung. Die Mehrheit dieser Theorien behandelt Identität als statisches, psychologisches Konzept, welche eine interne Organisation beschreibt, die zu erreichen ist. Ein gutes Beispiel hierfür sind die Theorien Eriksons, die die Gegensätzlichkeit von Individuum und Gesellschaft zur Voraussetzung haben. Für ihn geht es darum, daß das Individuum sich in der Gesellschaft integriert, es lernt, eine bestimmte Rolle adäquat wahrzunehmen und gleichzeitig eine gewisse Autonomie zu entwickeln. Für Erikson ist z.B. Teil einer gesunden, erwachsenen Identität die ökonomische Unabhängigkeit. Ökonomie wird so psychologische Kategorie, und wir könnten mit Erikson meinen, daß die Bevölkerung der sogenannten Dritten Welt ob ihrer ökonomischen Abhängigkeit unter Identitätsmangel leide. So absurd dies auf den ersten Blick scheinen mag, ist trotzdem etwas Wahres an dieser Betrachtungsweise. Denn wer würde bestreiten, daß die ökonomische Abhängigkeit ein wichtiger Bestandteil der Identität ist? Der Fehler liegt also nicht in dem, was Erikson beschreibt, sondern wie und was er versteht. Seine Hauptfehler liegen in der Verwechslung von psychologischen und sozialen Kategorien, der unhinterfragten Gegenüberstellung von Individuum und Gesellschaft und dem statisch definierten Identitätsbegriff. In diesem Sinne beschreibt Erikson das Identitätsideal der totalitären Ideologie der entwickelten kapitalistischen Gesellschaften, welche den Objektcharakter des sich selbst entfremdeten Subjekts verleugnen muß. Im Widerspruch hierzu meinen wir, daß das Wort „Identität“ eine bestimmte soziale Beziehung beschreibt. Unserer Ansicht nach ist Identität, vom Subjekt aus gesehen, wie sich dieses in Bezug auf seine Umwelt wahrnimmt und wahrnehmen kann, während ausgehend von den sozialen Beziehungen Identität die Art und Weise der sozialen Eingliederung des Subjekts in spezifische gesellschaftliche Verhältnisse bedeutet. Selbstverständlich ist diese Identität determiniert durch interne und externe Faktoren, durch die biologische, psychologische und soziale Entwicklung. Aber dieses ändert nichts an unserer Verpflichtung, Konzepte wie Autonomie und Totalität so weit als möglich zu relativieren und Identität immer nur im Rahmen spezifischer sozialer und kultureller Kontexte zu definieren. Anders ausgedrückt muß Identität als ein Prozeß verstanden werden, der soziale Beziehungen und ihre Wahrnehmung beschreibt. Wer es auf sich nimmt, Identität in diesem Sinne diskutieren zu wollen, kann dabei natürlich nicht die objektiv gegebene Spaltung zwischen Subjekt und gesellschaftlichem Prozeß überwinden, aber man kann sie zumindest reflektieren.

Die Jugendlichen, über die wir hier berichten möchten, gehören objektiv zur Gruppe der Chilenen, die Opfer der politischen Unterdrückung geworden sind, mit all der Zerstörung, dem Leid und dem sozialen Stigma, das dies bedeutet. Sie gehören zu einer Gruppe, deren Identität definiert ist durch die Beziehung zum Tod und durch die soziale Marginalisierung. Sie sind weiterhin geprägt von dem immer wieder gescheiterten Versuch, eine andere Identität aufzubauen, in der sie die Kategorie Opfer und die soziale Marginalisierung zurücklassen können. In ihrer eigenen Wahrnehmung fühlen sie sich keiner Gruppe zugehörig, der Gruppe der Opfer nicht, weil, wer ist schon gerne Opfer, der Gruppe der Täter nicht, ausgehend von der gelebten Erfahrung, und der Gruppe der Nichtbetroffenen nicht, ausgehend von der Unmöglichkeit, mit anderen die unzähligen traumatisierenden Erfahrungen zu teilen.

Die primäre Bezugsgruppe, in der die Sozialisation dieser Jugendlichen stattfindet, ist die Familie. Diese Familie als Beziehungssystem ist durch die politische Unterdrückung direkt betroffen worden. Einmal mehr begegnen wir der Zerstörung, dem Tod und dem Trauma als grundlegendem Bestandteil der Identitätsbildung. Die Eltern dieser Kinder hatten ein politisches Projekt, das das gesamte Leben der Familie bestimmt hat. Dieses Projekt ist gescheitert. Die Jugendlichen haben ihre Eltern von klein auf als eine ambivalente Mischung aus idealisierten Kämpfern und verletzlichen Opfern wahrgenommen. Die Welt der inneren Objekte ist also geprägt von diesen Erfahrungen.

Schon die generationale Einbindung dieser Jugendlichen stellt ein Problem dar. In dem Sinne, daß sie die Unterdrückung und Verfolgung direkt miterlebt haben, sind sie die erste Generation. In dem Sinne, daß in ihrem eigenen Bewußtsein und in dem der Eltern diese letzteren die eigentlichen Opfer der Diktatur waren, sind sie zweite Generation (vgl. Diaz und Becker 1992).

Wie nun bereits aus dem Begriff der Extremtraumatisierung hervorgeht, handelt es sich nicht nur um individuelle psychische Traumatisierungsprozesse, sondern immer auch um traumatisierende und traumatisierte soziale Verhältnisse. Das Trauma ist nicht nur die individuelle, mehr oder minder verheilte (vernarbte) Wunde (Balint), sondern immer auch die existierende Verleugnung, die Marginalität, die Verhältnisse, indem ein Teil der Gesellschaft sich als zukunftsorientierte Sieger einer glorreichen ökonomischen Zukunft darstellt, und ein anderer Teil, diejenigen, die Opfer der Diktatur waren, als die ewig Gestrigen erscheinen, die nicht verzeihen und nicht vergessen können und dementsprechend stören.

Wie schon gesagt, ist das zentrale Element der Identitätsbildung dieser Jugendlichen der traumatische Prozeß. Sie drücken mehr als irgendein anderer Teil der chilenischen Gesellschaft den individuellen und sozialen Konflikt aus, der charakteristisch ist für den gesellschaftlichen Prozeß in Chile heute: die Notwendigkeit, eine traumatische Vergangenheit zu überwinden, die Unmöglichkeit, eine Zukunft ohne Vergangenheit aufzubauen und die zwangsweise Verwirrung der Gegenwart. Die Jugendlichen sind so gefangen in zwei gegensätzlichen, sich wechselseitig ausschließenden Anforderungen: Wenn sie versuchen, typische Jugendliche von heute zu sein, die Welt der Verfolgten, der Marginalen hinter sich zu lassen, verlieren sie ihre historische Familienzugehörigkeit und verletzen unhinterfragbare Loyalitäten. Wenn sie umgekehrt versuchen, das Erbe ihrer Geschichte auf sich zu nehmen, ihren Eltern gegenüber loyal zu bleiben, dann können sie das nur tun, indem sie neuerdings sozial-marginal werden und retraumatisierende Bezüge herstellen. Weder die Familie noch die Gesellschaft erleichtert es, diese Dynamik wenigstens wahrzunehmen.

Die familiären Delegationen und Anforderungen sind allerdings in sich selbst auch widersprüchlich. Die Kinder der Opfer sollen den heldenhaften Vater oder die heldenhafte Mutter verehren, sie sollen das Opfer der Eltern anerkennen und geschehenes Unrecht wiedergutmachen. Gleichzeitig aber soll die erlittene Zerstörung in ihnen keine Spuren hinterlassen; sie sollen erfolgreich und musterhaft sein, selbst keinen Schaden leiden und dementsprechend allmächtig in der Lage sein, die gesellschaftliche Zerstörung intrafamiliär auszugleichen. Intrapsychisch gesehen sind diese Delegationen gelebte Erfahrungen, die die Struktur der Kinder seit ihrer frühesten Lebenszeit bestimmen. Die Entwicklung der Objektbeziehungen, die nach und nach das Gefühl „Ich bin" erlauben, fand im Rahmen des traumatischen Prozesses statt. Wo im Sinne Winnicotts genügend Schutz hätte vorhanden sein müssen, um Omnipotenz phantasieren zu können und die Welt der Objekte zu entdecken, mußte statt dessen vorzeitig Verantwortung und reale Macht über die Umwelt übernommen werden, um der wahrgenommenen und zum Teil auch durch die Realität bestätigten Zerstörung der Eltern bzw. der mütterlichen Funktion zu begegnen. In der individuellen Entwicklung erweist sich also der soziale Traumatisierungsprozeß als die Erfahrung absoluter Ohnmacht als Grundlage der primären Sozialisation mit der dazugehörigen Entfaltung von rigiden Abwehrstrukturen, die Winnicott als „falsches Selbst" bezeichnet hat.

Der Jugendliche ist schließlich intrapsychisch, familiär und sozial auf eine Art und Weise determiniert, in der das verbindende Element einzig die wechselseitigen, aber auch in sich selbst widersprüchlichen Anforderungen sind, in denen der Betroffene wie in einer Falle gefangen ist. Während ein Verlust nach dem anderen zu verkraften ist, gewinnt die kumulative Traumatisierung Gestalt.

In unserer Gesellschaft nimmt die Familie in der Regel eine Vermittlerposition ein, um das Kind entsprechend der herrschenden Ideologie gesellschaftsreif zu machen. Im Falle psychosozialer Traumatisierungsprozesse ergibt sich andersartig ein Prozeß, in dem zunächst die Familie im Rahmen der sozialen Machtverhältnisse zerstört wird, während im nachhinein, bezogen auf das Kind, eine Art Dreieck sich herausbildet, wo Familie und Gesellschaft sich widersprechende Forderungen an das Kind richten. Dieses hat die Zerstörung primär erfahren und befindet sich nunmehr in einem Konflikt, in dem die symptomfreie und im Sinne der Gesellschaft angemessene Anpassung Ausdruck des endgültigen Identitätsverlustes wäre. Umgekehrt ist die traumatisierte Identität, die sich nur aus Bruchstücken zusammensetzt und möglicherweise ein schweres pathologisches Erscheinungsbild hat, die einzig authentische. Im Sinne der Sozialverhältnisse ist sie auch ein vollständigerer Ausdruck des Subjektseins in eben diesen Verhältnissen, als es der symptomfreie, unpolitische, angepaßte, vergangenheitslose und marktgerechte Jugendliche wäre.

In der therapeutischen Arbeit stehen wir also vor einem großen Dilemma:

1. Therapie ist nicht der soziale Ort, der den Schaden reparieren kann.
2. Unsere Patienten sind unglücklich und brauchen Hilfe.
3. Ihre Symptomatik ist im individuellen Sinne Krankheit und im sozialen Sinne Ausdruck kranker Verhältnisse, manchmal sogar Widerstand gegen diese.

Wir müssen uns also fragen, wie wir die Grenzen der therapeutischen Arbeit angemessen berücksichtigen und wie es uns gelingen kann, dem traumatischen Zerstörungsprozeß unserer Patienten zu begegnen und dementsprechend ihr Leid zu verringern, während wir gleichzeitig ihr Anderssein anerkennen und als gesunden sozialen Widerstand werten.

Fallskizze

Wir möchten nun über Claudia berichten, deren Geschichte einzigartig ist, die aber gleichzeitig beispielhaft steht für viele ähnliche Geschichten anderer Jugendlicher.

Claudia ist eine 19jährige Jugendliche, die bei ILAS 1990 um Hilfe nachsucht. Nach einem 12jährigen Exil lebt sie seit einem Jahr wieder in Chile. Sie fühlt sich unsicher und frustriert, weil sie nichts von dem, was sie gedacht und geträumt hat, in Chile gefunden hat, weder Familie noch Heimat, weder Schutz noch Zugehörigkeit. Sie hat Schwierigkeiten im Studium, hat für sie unverständliche Angstanfälle bei Prüfungen. Inzwischen ist die Angst so groß geworden, daß sie sich nicht einmal mehr traut, die Gebäude der Universität zu betreten. Sie hat außerdem häufig Durchfall und eine Allergie mit so starkem Juckreiz, daß sie nicht aufhören kann, sich zu kratzen und dementsprechend Wunden am ganzen Körper hat.

Beim Putsch 1973 war Claudia 2 1/2 Jahre alt. Der Vater trennte sich von der Mutter, ging in den Untergrund, wurde verhaftet, ging dann ins Exil und hat bis heute alle weiteren Kontakte zu Claudia und ihrer Mutter aktiv vermieden. Auch die Mutter beteiligt sich am politischen Kampf und lebt längere Zeit mit Claudia unter angenommenem Namen mit einem anderen Mann zusammen, mit dem sie so tut, als ob sie eine normale Familie wären, bei dem es sich aber nur um einen politischen Genossen handelt. Schließlich wird die Mutter 1975 verhaftet, und Claudia kommt zu den Großeltern. Zwei Jahre später, also 1977, konnte die

Mutter die Haft gegen das Exil austauschen und ging mit Claudia ins Ausland. Nach wiederum knapp 2 Jahren beschließt sie, wieder illegal nach Chile zurückzukehren und läßt Claudia bei Pflegeeltern (Vater) in Kuba. Der Pflegevater heiratet 1983 und Claudia kommt zu einer anderen Pflegefamilie. Auch dort kann sie nur bis 1985 bleiben, als sie dann beschließt, zu einer Tante zu ziehen, die in Argentinien wohnt. 1988 beteiligt sich diese Tante an illegalen politischen Aktivitäten und kommt in Haft. 1989 kommt Claudia nach Chile zurück, wo sie ihre Muter wiederfindet, die inzwischen legal mit einem neuen Mann und neuen Kindern lebt.

Claudia hat große Schwierigkeiten gehabt, sich in Chile einzuleben und Beziehungen zu Gleichaltrigen aufzubauen. Sie fühlt sich anders, empfindet, daß sie ihre Geschichte niemandem erzählen kann, weil niemand sie verstehen würde. Sie versucht, ihren kubanischen Akzent zu verheimlichen und erzählt auf Fragen, sie hätte lange Jahre in Venezuela gelebt. Immer wieder versucht sie, sich anzupassen, aber sie fühlt sich im Nachteil. „Ich versuche nicht aufzufallen, so als ob ich durchsichtig wäre. Ich spreche nur über Studieninhalte und über die Probleme der Anderen. Allen direkten Fragen nach meiner Person gehe ich aus dem Wege. Es ist mir peinlich und es macht mir Angst, wenn ich mir vorstelle, zu erklären, was mit meinem Vater ist, daß er mich nie hat sehen wollen, warum ich in Kuba war und wie es kommt, daß meine Muter eine zweite Familie hat, zu der ich nicht gehöre". Claudia kümmert sich um andere, sie organisiert Aktivitäten und Feste an der Universität. Sie ist in der Lage, auf die Probleme und Ängste anderer einzugehen und sich um sie zu kümmern. Aber da sie diese Haltung nicht andauernd aufrechterhalten kann, fühlt sie sich zwischendurch auch traurig, depressiv und zurückgezogen, ohne Kraft, weiterzukämpfen, bis sie dann nach ein paar Tagen die alte Rolle wieder aufnimmt.

Man kann sagen, daß Claudia in ihren Beziehungen die traumatische Geschichte des Ausgeschlossenseins, des niemandem Zugehörens wiederholt. Im Sinne des „falschen Selbst" wird sie zur Mutter der verlassenen Kinder, in die sie ihr eigenes Verlassensein projiziert. Wenn ihre Bedürftigkeit dann plötzlich doch durchbricht, fühlt sie sich schuldig und verantwortlich für entstehende Konflikte und Trennungen, so wie sie wohl auch den Verlust der Eltern, der Pflegeeltern und der Tante, kompensatorisch die eigene Ohmacht verleugnend, schuldhaft erlebt hat.

Die therapeutische Arbeit mit Claudia gestaltet sich schwierig. Von vorgesehenen zwei Therapiestunden wöchentlich nimmt sie lange Zeit bestenfalls die Hälfte wahr. Manchmal verschwindet sie für Wochen, insbesondere wenn es ihr schlecht geht. Immer wieder muß die Therapeutin sie anrufen, um den Kontakt aufrechtzuerhalten. Nach einem Jahr der Behandlung sagt Claudia eines Tages zur Therapeutin: „Als ich am Anfang in die Stunde zu Dir kam und Dir meine Geschichte erzählte, von meinem Vater sprach, von meinen Ängsten, von Kuba, aber vor allem, wenn ich in einer Stunde weinen mußte, konnte ich hinterher gar nicht aushalten, daß Du so viel über mich wußtest. Ich hätte mir gewünscht, daß das ganze Haus verschwindet und die Straßen und die Häuser der Nachbarschaft und auch die Bäckerei, an der ich nach der Stunde immer vorbeigehe und Lust kriege, mir Gebäck zu kaufen. Ich wünschte mir, daß nichts von all dem wirklich wäre. Ich fühle mich beschämt und dumm. Wenn jemand mir so etwas erzählen würde, wie ich Dir, würde ich denken, die ist nichts wert, der geht es sehr schlecht, die ist für nichts nützlich."

In vielen Therapiestunden mit Claudia geht es weniger um bestimmtes Material als darum, wie wir uns überhaupt aufeinander beziehen können. Oft schweigt sie lange und betrachtet sehr detailliert die Gegenstände im Raum, so als ob sie zunächst sicherstellen müßte, daß der Therapieraum, unser Ort, existiert, und daß die Therapeutin da ist. Erst wenn sie sich dessen sicher geworden ist, kann sie anfangen zu reden.

Nach etwa 1 1/2 Jahren Therapie erzählt Claudia zum ersten Mal von Träumen. Sie erinnert sich, als Kind immer geträumt zu haben, in endlose Abgründe zu fallen. Diese Träume hat sie jetzt wieder. Sie fühlt große Angst. In einer Stunde berichtet Claudia, daß sie nicht nur vom Fallen träumt, sondern auch real des öfteren hinfiele. Früher sei sie immer sofort aufgestanden, aber jetzt bliebe sie manchmal ein Weilchen liegen. Die Therapeutin bestätigt ihr positiv, daß sie beide jetzt dieses fallende Mädchen sich gestatten können, wahrzunehmen. Auch der Traum vom Fallen ändert sich nun: Claudia fällt unendlich lange, aber im Unterschied zu früher, wo sie nie den Boden erreichte, fällt sie jetzt ins Wasser. Sie geht unter und schießt dann wieder an die Oberfläche und über diese hinaus. Sie schwimmt zu einem nahegelegenen Felsen. Sie setzt sich auf den Felsen und fühlt überrascht etwas in ihrer Hosentasche. Sie findet Glasperlen, die ihr ihre Mutter geschenkt hat, als sie sich trennen mußten. Diese Perlen waren das einzige, was sie von der Mutter über die ganze Zeit der Trennung und des Exils hinweg aufbewahrt hat. Dieser Besitz, den sie jetzt im Traum aus der Tasche zieht, ist erstaunlicherweise trocken.

Nach 3 1/2 Jahren Therapie ist Claudia immer noch überzeugt davon, daß sie nie ganz zu den anderen gehören kann. Nachdem sie früher immer nur kurze, vorübergehende Begegnungen hatte, bei denen sie sicher sein konnte, daß sich keine langfristigen Perspektiven ergaben, ist es ihr inzwischen gelungen, eine stabile Partnerschaft aufzubauen. Allerdings macht ihr die Nähe zu ihrem Freund immer noch Angst. Je mehr sie sich von ihm geliebt und beschützt fühlt, desto mehr muß sie vor ihm vorübergehend fliehen, fühlt sie sich erneut verwirrt und hilflos. Wenn sie über ihre Zukunft nachdenkt, kann sie sich nicht vorstellen, in Chile zu leben und hat große Zweifel, ob Beziehungen überhaupt lange dauern können. Sie versucht bewußt, keine Pläne zu machen, weil sie fest glaubt, daß je mehr man plant, je mehr man sich ein Zukunftsprojekt wirklich vorstellt, desto mehr geht es mit Sicherheit schief.

Vor kurzem war Claudia alleine in einer Ausstellung über Bolivien. Sie erzählt, daß man sie zuerst nicht einlassen wollte, weil sie keine Einladung hatte, daß es ihr dann nach einer längeren Diskussion aber doch gelungen sei, ihre Rechte geltend zu machen. In der Ausstellung unterhielt sie sich mit unbekannten Personen, Diplomaten und Vertretern internationaler Organisationen. Zwar fühlte sie sich fremd, aber auch stolz, allein zu sein, und gleichzeitig selbstsicher. Dann erzählt sie der Therapeutin, wie beeindruckt sie vom bolivianischen Vizepräsidenten war, der auf dieser Ausstellung einen Vortrag hielt. „Man konnte sofort sehen, daß er aymara (indianischer Volksstamm) ist. Er sprach so ernsthaft und ruhig. Er hat mich wahnsinnig beeindruckt, dieser Mann. Man merkte genau, daß er viele Dinge, die ihm die Diplomaten erzählten, nicht wußte oder nicht verstand. Aber er erkannte das einfach an und bat um Erklärungen. Er gehört zu einer Minderheit, die Spanisch mit Akzent spricht, und gleichzeitig ist er aber so sicher. Als ich die Ausstellung verließ, habe ich mich so wohl gefühlt. Dieser Mann war so wichtig für mich, daß ich beschlossen habe, meinen eigenen Akzent nicht mehr zu verleugnen, und daß ich nicht mehr so tun werde, als ob ich nicht aus Kuba käme".

Es fällt nicht schwer, über manche Aspekte der Entwicklung von Claudia froh zu sein. Sie verfügt offensichtlich trotz aller Brüche inzwischen über eine Objektkonstanz. Sie fällt, aber sie fällt ins Wasser und taucht aus diesem auf. Sie hat trotz aller Schwierigkeiten eine Partnerschaft. Und die leicht idealisierte Identifikation mit dem bolivianischen Vizepräsidenten teilt sie mit vielen anderen, u.a. der Mehrzahl der Therapeuten vom ILAS. Auf der anderen Seite aber bleibt Claudia in vieler Hinsicht eine gestörte, sehr verletzliche junge Frau. Zwar sind die psychosomatischen Symptome abgeklungen, aber ihr soziales Verhalten bleibt geprägt von einem gewissen nirgendwo, bzw. überall zu Hause zu sein.

Die therapeutische Arbeit mit ihr ist nicht gradlinig verlaufen und ist geprägt von Unterbrechungen und vielen Momenten der Verzweiflung. Auch der Identifikation mit dem bolivianischen Vizepräsidenten wichen ein paar Wochen später wieder Gefühle der Verwirrung und Unsicherheit. Vor allem in ihrer Partnerschaft kommt es wieder zu Schwierigkeiten, weil sie die sexuelle Nähe nur begrenzt aushält, denn ihre Angst, sich aufzulösen, ist zu groß. Ihr Freund kann dies manchmal verstehen; er erlebt es aber auch oft als affektive Zurückweisung. So kommt es dann zu Streitigkeiten und Mißverständnissen. Dieser Freund von Claudia war übrigens selbst lange Jahre im Exil und ist das einzige Kind von getrennt lebenden Eltern.

Übertragung und Gegenübertragung im therapeutischen Prozeß

Balint folgend glauben wir, daß ein wichtiger Teil des therapeutischen Prozesses mit unseren Patienten sich auf der Ebene der Grundstörung abspielt. In diesem Kontext ist der Therapeut Teil des primären Objekts des Patienten, was, wie Balint sagt, ein spezielles Behandlungsklima voraussetzt, um den Patienten zu halten und zu begleiten. Von den primären Objekten wird keine andere Aktion als die Tatsache verlangt, verfügbar und benutzbar zu sein. Es ist in diesem Sinne, daß Kinston und Cohen analog vom Aufbau einer primären Beziehung (primary relationship) reden. In dieser Art der Beziehung besteht der Therapeut weder auf rigiden Grenzen noch darauf, als vom Patient getrenntes Objekt betrachtet zu werden. Der Therapeut ist bereit, anwesend zu sein, sich benutzen zu lassen, und zeigt sich in der Lage, die Aggressionen zu überleben. Der Weg zu einem authentischen Selbst, um mit Khan zu sprechen, geht über eine Beziehung, in der der Patient seine innere Welt erkennen kann und in seiner Einzigartigkeit anerkannt wird. Es ist über diese Anerkennung, daß ein Stück Trauer für das Loch in der psychischen Struktur aufgrund des Traumas möglich wird.

Es ist außerordentlich wichtig, in diesem Prozeß zu unterscheiden zwischen den Momenten, wo Übertragungen interpretiert werden können und denen, wo es um die Annahme von Grundbedürfnissen geht. Nur nachdem über lange Zeit hinweg dieses Halten im Sinne Winnicotts stattgefunden hat, kann der Patient beginnen, zu symbolisieren, Wege zum Ausdruck für seine primitiven Ängste und Verwirrungen zu finden. Die Symbolisierung erlaubt es, Kontinuität in der Geschichte der Patienten herzustellen, erlaubt es nach und nach, innerhalb der Fragmente Identität zu finden, die erlebte Leere mit Sinn zu füllen und sich selbst in der Vergangenheit und Gegenwart wiederzuerkennen.

Kontinuität wird dabei nicht durch die Überwindung, sondern im Gegenteil durch die Anerkennung der Bruchhaftigkeit der gelebten Erfahrung hergestellt. Und das, was wir früher leicht idealisierend *„vinculo comprometido"* genannt haben, erweist sich in der Verknüpfung mit Balint und Winnicott als therapeutische Grundhaltung, die weniger mit einer simplen politischen Übereinstimmung zu tun hat, als vielmehr mit einer Bindungsform, in der „Holding" und „Handling" im Vordergrund stehen und die über Winnicott und Balint hinausgehend in der Lage ist, die sozialpolitische Determiniertheit der Bedürfnisstrukturen wahrzunehmen.

Im therapeutischen Prozeß geht es immer wieder darum, die traumatischen Situationen durchzuleben, Leben und Tod zu verbinden und zu binden, den Schmerz und die Wut der Jugendlichen zu überleben, was letztendlich die Entwicklung realer Objektbeziehungen bedeuten kann und die Differenzierung von dem, was Winnicott die subjektiven Objekte genannt hat. Was dann an authentischen Objektbeziehungen zustande kommt, kann nicht harmonisch und problemlos werden, und gerade deshalb stellt es einen Entwicklungsfortschritt dar, wenn die Beziehungswelt die internen Brüche zu reflektieren beginnt.

Sich als primäres Objekt benutzen lassen, heißt in der Therapie, daß der Therapeut selbst das Verlassenwerden, die Todesphantasien, die Ohnmacht und die Angst in sich zulassen und überleben muß. Es bedeutet auch, auf vorzeitige Deutungen zu verzichten, die nicht dem Patienten nutzen, sondern nur den Schwierigkeiten des Therapeuten entsprechen, so viel Angst und Schmerz auszuhalten. Solche verfrühten Deutungen bedeuten im Sinne der Gegenübertragung eine Wiederholung der Geschichte, in der die traumatische Angst durch falsche Selbststrukturen bewältigt werden mußte. Halten heißt in diesem Zusammenhang auch, die Bindung während der zahlreichen Unterbrechungen zum Patienten aufrechtzuerhalten, passiv als Raum im Kopf des Therapeuten, manchmal auch aktiv durch einen Anruf oder Indikationen bezüglich der konkreten Realität.

Eine weitere Gegenübertragungsschwierigkeit kann in dem Wunsch des Therapeuten bestehen, sich in die gute Mutter zu verwandeln, zu versuchen, dem Jugendlichen primäre Liebe zu geben, anstatt sich als primäres Objekt anzubieten, das mit primärer Liebe und primärem Haß besetzt werden kann. Die gute Mutter dient der gemeinsamen Aufrechterhaltung der Abspaltungsprozesse, die die Zerstörung, das Auseinanderfallen und den Tod ins Außen projektiv verlagern.

In der Gegenübertragung muß auch Raum sein für den Haß auf den Patienten aufgrund der Gefühle von Entwertung, Angst und Frustration, mit denen dieser uns konfrontiert. Es geht selbstverständlich nicht darum, diesen Haß auszuhandeln, weil dies nur die vom Patienten angenommene generelle Verletzlichkeit der Objekte bestätigen würde. Umgekehrt kann aber auch der Patient nie gesunden Haß in sich zulassen, wenn wir selbst nicht in der Lage sind, einen solchen zu empfinden. Wir erinnern in diesem Zusammenhang an Winnicotts Aufsatz „Haß in der Gegenübertragung". Diesem kommt bei extremtraumatisierten Patienten besondere Bedeutung zu, da die Eltern ja real Folter und Tod durch die Diktatur erlitten haben, dementsprechend also Aggression von frühester Kindheit an als pervertierte Machtausübung erfahren worden ist.

Der therapeutische Prozeß spiegelt über Jahre hinweg den endlosen Konflikt zwischen dem Auftauchen brüchiger Identitätsfragmente und dem Verteidigen allmächtiger Abwehrstrukturen im Sinne des falschen Selbst. Im Laufe der Therapie wird der Therapeut in gewissem Sinne zum individuellen und sozialen Gedächtnis des Jugendlichen. Gelebte und erinnerte, immer wieder unterbrochene Geschichte wird zum zentralen Mittel sich so nach und nach einstellender Kontinuität. Dabei rückt dann immer mehr die Fähigkeit des Therapeuten in den Mittelpunkt, nicht nur die Fortschritte des Patienten anzuerkennen, sondern auch dessen und vor allem die eigene Ohnmacht zuzulassen.

Nun gilt aber, daß - wie bereits zu Anfang gesagt - ein gehöriges Maß an Omnipotenz notwendig ist, um sich überhaupt zu trauen, mit solchen Patienten zu arbeiten. Hinzu kommt, daß vom institutionellen Rahmen her gesehen wir einen Raum darstellen, der gerade wegen seiner sozialpolitischen Bedeutung von diesen Patienten aufgesucht wird, obwohl sie ihre Krankheit nicht unmittelbar mit dem Problem der politischen Verfolgung in Bezug setzen, zumindest nicht zu Anfang der Behandlung. Man könnte sagen, daß wir institutionell und sicher auch in der persönlichen Phantasie genau die Brücke darstellen, die der gesellschaftliche Prozeß verleugnet und zu verhindern sucht. In diesem Sinne laufen wir Gefahr, uns für einen sozialen Ort zu halten, der wir nicht sind, sozusagen teilzunehmen an der Verwirrung zwischen sozialen und psychischen Prozessen. Aus dieser Sichtlage heraus ist es für uns selbstverständlich leichter, die Grenzen und Fehler im gesellschaftlichen Prozeß wahrzunehmen als unsere eigenen. Zusammen mit unseren Patienten haben wir eine Bindung aufgebaut, in der das Trauma hat auftauchen können; wir haben Fragmente verknüpft, uns auf Leben und Tod bezogen, aber den Horror haben wir nicht verschwinden machen können. Dieser taucht immer wieder auf, wenn die angebliche Vergangenheit sich als Gegenwart erweist. Und obwohl es uns schwer fällt, müssen wir dann auch im Sinne einer positiven Wertschätzung der Widersprüche, die unsere Patienten zu den herrschenden Verhältnissen ausdrücken, zusammen mit Ferenczi auf folgendes hinweisen:

> „Schließlich muß auch eingestanden werden, daß unser Helfen-können, ja auch Helfen-wollen, beschränkt ist, d.h. der Patient muß langsam einsehen, daß ihm von außen allein nicht geholfen werden kann, daß er also den verfügbaren Rest des eigenen Willens mobilisieren muß. Am Ende muß sogar ehrlich gestanden werden, daß ohne die Eigenhilfe unser Bemühen nutzlos sein kann. Die Frage bleibt offen, ob es nicht Fälle gibt, bei denen die Wiedervereinigung des traumatisch abgespaltenen Komplexes so unerträglich ist, daß sie noch nicht völlig zustande kommt, und der Patient mit neurotischen Eigenheiten zum Teil behaftet bleibt, oder gar tiefer in das Nichtsein oder Nichtseinwollen versinkt" (Ferenczi 1932, S. 82).

Und an anderer Stelle sagt Ferenczi, daß wir möglicherweise auch folgendes akzeptieren müssen:

> „Ein Stück der psychischen Persönlichkeit, gewisse seelische Qualitäten wie Hoffnung, Liebe im allgemeinen oder in Bezug auf gewisse Dinge, wurden von der Erschütterung so vollkommen zerschmettert, daß sie unheilbar, richtiger, vollkommen getötet betrachtet werden müssen. Die Heilung dieses Stückes kann also keine Restitutio in integrum sein, sondern nur eine Versöhnung mit einem Manko" (Ferenczi, ebd., S. 113f.).

Literatur

Ferenczi, S. (1932): Ohne Sympathie keine Heilung. Das klinische Tagebuch von 1932. Frankfurt 1988 (Fischer).

Von den Schwierigkeiten mit der Übertragungsliebe - Ist nicht „Heilen durch die Liebe“ Helfen?

Eine Kritik der psychoanalytischen Sozialarbeit in den USA*

Thomas Federn

„Die *Deminutiv-Welt.* - Der Umstand, daß alles Schwache und Hilfsbedürftige zu Herzen spricht, bringt die Gewohnheit mit sich, daß wir alles, was uns zu Herzen spricht, mit Verkleinerungs- und Abschwächungsworten bezeichnen, - also, für unsere Empfindungen, schwach und hilfsbedürftig *machen* (Friedrich Nietzsche, Menschliches, Allzumenschliches I und II, S. 406).

„Ein wackerer Mann bildete sich einmal ein, die Menschen ertränken nur deshalb im Wasser, weil sie vom *Gedanken der Schwere* besessen wären. Schlügen sie sich diese Vorstellung aus dem Kopfe, etwa indem sie dieselbe für eine abergläubige, für eine religiöse Vorstellung erklärten, so seien sie über alle Wassersgefahr erhaben. Sein Leben lang bekämpfte er die Illusion der Schwere, von deren schädlichen Folgen jede Statistik ihm neue und zahlreiche Beweise lieferte. Der wackre Mann war der Typus der neuen deutschen revolutionären Philosophen“ (Karl Marx und Friedrich Engels, Die deutsche Ideologie, S. 14).

Es steht fest, daß es heutzutage in den Vereinigten Staaten von Amerika sehr viele psychoanalytische Sozialarbeiter (social worker psychoanalysts) gibt**. Die spezifische Art psychotherapeutischer Aktivität, die den Namen psychoanalytische Sozialarbeit wirklich verdiente, existiert jedoch nicht. Dies war nicht immer so. Von den späten Zwanziger Jahren bis zu den frühen Achziger Jahren versuchten psychoanalytisch orientierte psychiatrische Sozialarbeiter einzelnen Men-

* Aus dem Amerikanischen übersetzt von Theresa M. Bullinger Berlin, Oktober 94

** Die wörtliche Übersetzung von „social worker psychoanalysts“ wäre „Sozialarbeitspsychoanalytiker“. Wir haben den uns vertrauten Begriff „psychoanalytischer Sozialarbeiter“ eingesetzt, obwohl dies hier wieder etwas anderes bedeutet als gegenwärtig in den Vereinigten Staaten.

schen eine Art psychoanalytischer Psychotherapie zu geben, die aus einer Reihe von Gründen, worunter die Geldfrage der häufigste Grund war, nicht psychoanalysiert werden konnten. Die Existenz dieser psychoanalytischen Sozialarbeiter war in einem gewissem Maße, wenn nicht zum größten Teil, auf die Tatsache zurückzuführen, daß die offizielle Organisation der amerikanischen Psychoanalyse, die American Psychoanalytic Association, jedem, der nicht Arzt war und als solcher die Psychoanalyse praktizierte, aufs Feindlichste begegnete. Um Ihnen einen Eindruck davon zu vermitteln, wie heftig diese Opposition der sogenannten „Laien-Analyse" gegenüber war, möchte ich Ihnen hier zwei Beispiele aus der Reihe von vielen nennen: nämlich die Erfahrungen, die zum einen Theodor Reik und zum anderen Sigfried Bernfeld gemacht haben:

Als Theodor Reik in den Vereinigten Staaten ankam, nachdem er Europa verlassen hatte, um den Nazis zu entkommen, war es für das psychoanalytische Establishment in New York City äußerst irritierend, daß Reik keinen Arzttitel führte, umso mehr, als diese Institution sich aktiv darum bemühte, die Ausübung der Psychoanalyse zu einer medizinischen Subspezialität zu machen; Reik wurde sogar eine Lehrtätigkeit an der Universität angeboten, wenn er im Gegenzug dazu bereit wäre, eine Verzichtserklärung zu unterschreiben, niemals Psychoanalyse zu praktizieren. Darüber hinaus soll ihm sogar gesagt worden sein, daß, wenn er sie unterschriebe, er sogar weiterhin als Psychoanalytiker arbeiten könne, vorausgesetzt, er tue dies „mit Diskretion". So viel ich weiß ist dagegen nie ein Versuch gemacht worden, Sigfried Bernfeld deshalb, weil er kein Arzt war, an der Ausübung der Psychoanalyse zu hindern, aber es wurde ihm aus eben diesem Grund nie gestattet, ein aktives Mitglied der San Francisco Psychoanalytic Society zu werden, obwohl er beim Aufbau dieser Gesellschaft eine ausschlaggebende und zentrale Schlüsselrolle spielte. Wegen der absoluten Kontrolle, die die ärztlichen Analytiker über die organisierte Psychoanalyse in den Vereinigten Staaten ausübten, mußten die amerikanischen Sozialarbeiter, die psychoanalytisch-therapeutisch arbeiten wollten, ihre Berufsausübung dahingehend einschränken, daß sie eine modifizierte psychoanalytische Therapie nur in einer sozialen Institution oder in einer ambulant behandelnden Institution für psychisch Kranke ausüben konnten, und zwar auch dann nur, wenn sie über ihr Tun relatives Stillschweigen bewahrten.

Erst die wachsende Popularität anderer psychotherapeutischer Behandlungsmodalitäten, zuerst der Gruppen- und später der Familientherapie, sowie das zunehmende Interesse der amerikanischen Psychiater an medikamentöser Behandlung im Gegensatz zur psychotherapeutischen Behandlung von Geisteskrankheiten, das dazu führte, daß viele, wenn nicht die meisten Psychiater die psychotherapeutische Behandlung ganz aufgaben, ermöglichte es den Sozialarbeitern, schließlich das Monopol der Mediziner, Psychoanalyse zu praktizieren, zu brechen. Mit Beginn der Achziger Jahre begannen dann die amerikanischen Sozialarbeiter ihre Rechte durchzusetzen, vollqualifizierte psychoanalytisch praktizierende Sozialarbeiter zu sein. Zu diesem Zeitpunkt wurde dann auch das *Comitee of Psychoanalysis* gegründet, und zwar im Rahmen der *National Federation of the Societies of Clinical Social Work* (Nationaler Verband der Gesellschaften für klinische Sozialarbeit); dieser ist einer der größten Berufsorganisationen der Sozialarbeiter in den USA. Ich bin der Ansicht, daß in Amerika heutzutage mehr praktizierende Psychoanalytiker aus dem Sozialarbeiterberuf kommen, denn aus irgendeinem jener Berufszweige, die sich mit Geisteskrankheiten befassen, also aus der Psychiatrie, der Psychologie oder aus psychiatrischen Pflegeberufen.

Leider unterliegen die amerikanischen Sozialarbeiter unserer Zeit demselben grundlegenden Irrtum über die Grundessenz psychoanalytischer Aktivität wie ihre ärztlichen Vorgänger früherer Generationen. Heute wie damals versteht man unter einer psychoanalytischen Tätigkeit nämlich eine, die sich auf die Behandlung jener Patienten beschränkt, die willens sind, sich auf einen wenigstens drei Mal wöchentlichen Behandlungstermin einzulassen und die bereit und dazu in der Lage sind, sich auf die analytische Couch zu legen und einen Analytiker zu haben, der hinter ihnen sitzt, also außerhalb ihres Gesichtskreises. Psychoanalytische Sozialarbeiter sind natürlich dazu bereit, Patienten auf andere Weise zu behandeln, z.B. daß ihre Patienten ihnen im Stuhl gegenübersitzen, und dies auch nur zwei Mal, ja sogar nur ein Mal pro Woche, oder wenn sie die Technik der Gruppen- oder Familientherapie anwenden. Wenn diese Sozialarbeiter jedoch so arbeiten, dann tendieren sie normalerweise dazu, darin eine psychotherapeutische Therapie zu sehen, die ihrer Natur nach nicht eine psychoanalytische ist. Was noch wichtiger ist: die psychotherapeutische Arbeit mit den wirtschaftlich und sozial Benachteiligten (von denen es in Amerika leider sehr viele gibt), gilt normalerweise als von der eigentlichen psychoanalytischen Arbeit verschieden. Wenn psychoanalytische Sozialarbeiter mit dieser Sorte Patient arbeiten, dann ist ihre berufliche Identität meistens die eines Sozialarbeiters und nicht die eines Psychoanalytikers.

Besteht man auf einer Erklärung für diesen Sachverhalt, dann werden sich viele, wenn nicht die meisten amerikanischen psychoanalytischen Sozialarbeiter auf den Gründer der Psychoanalyse, Sigmund Freud, berufen. Dessen Konzeptualisierung der Natur der psychoanalytischen Behandlung mit ihrer Betonung, das Unbewußte durch das Medium der Interpretation der freien - verbalen wie handelnden - Assoziationen des Patienten bewußt zu machen, wird als unumgänglich einschränkend auf ihre Anwendbarkeit bei der Allgemeinheit angesehen. Freud wird oft, wenn nicht sogar immer, als Wissenschaftler dargestellt, dessen Hauptinteresse das der psychologischen Forschung war, und für den die therapeutische Wirksamkeit oft, wenn nicht überhaupt, nur ein Hintergedanke war. Hätte er nicht zufällig ein psychotherapeutisches Verfahren entwickelt, das ganz unähnlich dem des suggestiven Verfahrens der Hypnose „sich um die Genese der krankhaften Symptome und den psychischen Zusammenhang der pathogenen Idee bekümmert, deren Wegschaffung ihr Ziel ist" (1905a, S. 112), wäre er sogar noch weniger an therapeutischer Effizienz interessiert gewesen, als er es ohnehin schon war. Nach seiner eigenen Charakterisierung wurde Freud hauptsächlich deshalb ein Therapeut, weil ihm dies, indem er es wurde, die besten Möglichkeiten gab, die Natur des menschlichen Denkens und Fühlens zu erforschen.

Andererseits enthüllen uns Freuds eigene Schriften über die psychoanalytische Technik eine ganz andere Persönlichkeit, nämlich einen Menschen, der nicht nur sehr um therapeutische Effizienz bemüht ist, sondern der - im Gegensatz zu allzu vielen amerikanischen psychoanalytischen Sozialarbeitern - außerordentlich stark daran interessiert ist, die psychoanalytische Therapie möglichst vielen Patientengruppierungen verfügbar zu machen. Einige von ihnen sind vielleicht schon mit Freuds Kommentar vertraut, der gegen Ende von „Die Frage der Laienanalyse" steht und wo er seiner (leider so gut wie nicht realisierten) Hoffnung Ausdruck gibt, daß die amerikanischen Sozialarbeiter „eine neue Art von Heilsarmee" werden mögen, die die Psychoanalyse verwenden, um dem amerikanischen Volk eine „Weltliche Seelsorge" zu bringen (1926e, S. 340). Es dürfte an dieser Stelle interessieren darauf hinzuweisen, daß in dem eigentlich ausgezeichneten „Namens- und Sachregister" der Sigmund Freud Studienausgabe eine Eintragung des Begriffs „Sozialarbeiter" fehlt, was meiner Ansicht nach eine ziemlich rätselhafte Fehlleistung ist, geht man davon aus, daß ein Substantiv in einer Fremdsprache von dem Hersteller eines Inhaltsverzeichnisses schwerlich übersehen werden konnte.

Freuds Wunsch, die psychoanalytische Behandlung der allgemeinen Öffentlichkeit zugänglich machen, wird sogar noch deutlicher, wenn man die Schlußparagraphen seiner „Wege der psychoanalytischen Therapie" heranzieht. Die Bedeutung und das Gewicht dessen, was er schreibt, werden sogar noch größer, wenn man sich erinnert, daß, wie die „editorische Vorbemerkung" in der Studienausgabe betont, „sie Freuds letzte rein technische Arbeit vor jenen beiden Schriften ist, die er gegen Ende seines Lebens veröffentlichte" (1919a, S. 240). Eigentlich bin ich versucht, Ihnen ganz einfach Freuds Text vorzulesen, dessen Inhalt ich mit meinen eigenen Worten nicht besser wiedergeben könnte, ganz abgesehen davon, daß auch Freuds Stil dem meinen überlegen ist. Indem ich mit meinem Vortrag fortfahre, finde ich mich in einer Position ähnlich der des Psychoanalytikers wieder, welcher vor der Wiener Psychoanalytischen Gesellschaft bei seinem Vortrag über Shakespeare damit begann, daß er sich dafür entschuldigte, so viele Bard- (= Shakespeare-) Zitate zu bringen. „Das wäre sicherlich der beste Teil Ihres Vortrages" war darauf Freuds witzige Antwort. Aus einer Reihe von Gründen, nicht zuletzt meiner begrenzten Redezeit, möchte ich hier trotzdem versuchen, Ihnen eine Zusammenfassung der Freudschen Argumente zu geben, die sowohl akkurat wie vollständig ist:

Freud beginnt mit dem Bedauern, daß ganz allgemein - das heißt im Jahre 1918 - die therapeutische Wirksamkeit der Psychoanalyse keineswegs groß ist. Er vergleicht die kleine Zahl an Psychoanalytikern, von denen sich jede(r) nur einigen wenigen Patienten widmen kann, mit dem enormen Ausmaß an existierendem neurotischen Elend und schließt damit, daß die Anstrengungen dieser Analytiker kaum ins Gewicht fallen. Aber selbst wenn es mehr Analytiker gäbe, sind darüber hinaus die Kosten für eine analytische Behandlung dergestalt, daß nur die privilegierten Klassen die materiellen Ressourcen hätten, sich eine solche leisten zu können, wenn sie es wollten. „Für die breiten Volksschichten" dagegen, „die ungeheuer schwer unter den Neurosen leiden, können wir derzeit nichts tun" (1919a, S. 248).

An dieser Stelle möchte ich meine Zitate der Freudschen Argumente unterbrechen, um zwei Kommentare zu machen: Zum einen den, daß der Begriff des sogenannten „einfachen Mannes", der ebenfalls Kandidat für eine psychoanalytische Behandlung sein darf, meiner Ansicht nach eine positive Veränderung in Freuds Gedankengängen bringt. Früher nämlich war Freud kaum gewillt, sich mit der Idee, die ich persönlich für verfehlt halte, zu befassen, daß „derjenige weniger leicht der Neurose verfällt, der durch die Not des Lebens zu harter Arbeit gezwungen ist" (1913c, S. 192). Außerdem glaubte Freud, daß die neurotischen Symptome der sozial und wirtschaftlich Benachteiligten für diese in ihrem extrem schweren materiellen Überlebenskampf eigentlich von so großem Vorteil sind, als daß es für diese Menschen überhaupt sinnvoll gewesen wäre, zu versuchen, sich durch eine Analyse von diesen Symptomen zu befreien. Trotzdem war Freud immerhin bereit zuzugeben, daß man „doch gelegentlich wertvolle und ohne ihre Schuld hilflose Menschen findet, bei denen die *unentgeltliche* Behandlung nicht auf die angeführten Hindernisse stößt und schöne Erfolge erzielt" (ebenda, S. 193). Ich habe mir gestattet, das Adjektiv „unentgeltlich" zu betonen, obwohl Freud selbst dies nicht für nötig hielt: Es bestand das allgemeine Mißverständnis, daß Freud gegen eine unentgeltliche Behandlung seiner Patienten war, weil, behandelte er gratis, dadurch die Behandlung fruchtlos würde. Jetzt, sechs Jahre danach, hat Freud seine Meinung bezüglich dieser wichtigen Frage geändert: „Die breiten Volksschichten" sollten endgültig davon profitieren, analysiert zu werden. Leider ist ihnen der Nutzen einer Analyse aus zwei Gründen verwehrt: zum einen ist die Zahl der verfügbaren und praktizierenden Analytiker für diese Aufgabe total inadäquat, zum zweiten muß, da diese Leute nicht für ihre Analyse selbst bezahlen können, ein anderer Weg gefunden werden, um ihre Analytiker für ihre Behandlung zu entlohnen. Leider ist bis heute kein anderer Weg gefunden worden. Fest steht, daß Freud sich ob der Tatsache Sorge machte, daß andere als „die wohlhabenden Oberschichten der Gesellschaft" nicht analysiert werden. Und dies führt mich zu meinem zweiten Kommentar: Ich darf Sie bitten, diese Gedanken Freuds mit einer Unterhaltung zu vergleichen, die ich vor noch gar nicht so langer Zeit mit einer amerikanischen analytischen Sozialarbeiterin hatte: In einer Diskussion darüber, wie diffizil die Überwachung und mehr noch die Entscheidung seitens kostenbewußter Krankenkassen über die Dauer der Behandlung von Patienten und dadurch die Bestimmung der Praxis der psychoanalytischen Psychotherapie sei, war ihr Hauptkommentar der, daß, so weit es sie selbst beträfe, sie glücklicherweise Patienten habe, die aus eigener Tasche für ihre Behandlung bezahlen können. Gleichzeitig aber versicherte sie, daß ihre Behandlungsweise nie negativ durch eine übereifrige Überprüfung durch eine Krankenkasse beeinflußt würde! Bei einem Vergleich einer solchen Einstellung mit derjenigen Freuds frappiert uns der Unterschied zwischen psychoanalytischer Sozialarbeit, die paradoxerweise von einem Mann veranschaulicht wird, der nicht einmal Sozialarbeiter war, und einer psychoanalytischen Sozialarbeiterin, deren Einstellung sich in keiner Weise von der eines ärztlichen oder psychologischen Psychoanalytikers unterscheidet. Aber nun wollen wir zu Freuds Argumenten zurückkehren.

Zuerst bittet er uns, einmal davon auszugehen, daß die Zahl der für die Bewältigung dieser Aufgabe benötigten Analytiker irgendwie zustande käme; dann beschreibt er die Patientengruppierungen, die von „der Behandlung von größeren Menschenmassen" profitieren werden. Dazu zählen zuerst die Mitglieder der Armee, die, wie er meint, dasselbe Recht auf „seelische Hilfeleistung" haben wie auf „lebensrettende chirurgische". Danach kommen „die Männer, die sich sonst dem Trunk ergeben würden" und darauf „die Frauen, die unter der Last der Entsagungen zusammenzubrechen drohen" und schließlich „die Kinder, denen nur die Wahl zwischen Verwilderung und Neurose bevorsteht". Wieder einmal beweist Freud damit, daß die „allgemein akzeptierte Meinung" falsch ist, die behauptet, daß er gegen die Analyse von Patienten ist, die nicht für ihre eigene Behandlung bezahlen können; vielmehr sagt Freud explizit, daß „diese Behandlungen unentgeltliche sein werden".

Die Leser, die sich auf die Information anderer über Freuds Ideen zur Natur der Psychoanalyse verlassen haben, erwartet nun eine große Überraschung: Freud fährt nämlich fort, indem er die eminent vernünftige Behauptung aufstellt, daß die psychoanalytische Technik *verändert* werden müsse, um die Psychoanalyse für alle diese neuen Patienten, die nun von den Analytikern behandelt werden sollen, so brauchbar als möglich zu gestalten. Den Grundstock für diesen Begriff der (um Sandor Ferenzci zu zitieren) „Elastizität" der psychoanalytischen Technik hat er bereits an früherer Stelle in seiner Schrift (S. 247) gelegt, indem er sagt, daß das, was heute als die „klassische Technik" bezeichnet wird, nur für die Behandlung von Hysterien angebracht ist. Bereits Phobien machen eine veränderte Technik erforderlich, nämlich daß die Analytiker ihren Einfluß auf diese Art Patienten gebrauchen sollen, um sie dazu zu motivieren, sich der phobischen Situation zu stellen und gegen ihre sehr verständliche Tendenz, vor ihr zu fliehen, nach bestem Vermögen anzukämpfen. Zumindest in dieser Schrift scheint Freud kein Anhänger der analytischen Neutralität zu sein, als welcher er nach der „allgemein akzeptierten Meinung" portraitiert wurde. Ernste Fälle von Zwangsneurosen machen es erforderlich, daß die Analytiker abwarten, bis die Behandlung als solche ein Zwang für den Patienten wird und daß dieser Zwang in der Behandlung dann dazu eingesetzt wird, um die zwanghafte Haltung, wegen welcher der Patient in Behandlung ist, zu unterdrücken („und dann mit diesem Gegenzwang den Krankheitszwang gewaltsam zu unterdrücken", S. 248). Im Falle seines wahrscheinlich berühmtesten Patienten, des „Wolfmannes", machte Freud dies so, indem er seinem Patienten mitteilte, er würde dessen Behandlung zum Ende des kommenden Jahres einseitig beenden, gleichgültig wie wenig Fortschritte der Patient während dieses Jahres machen würde. Sicherlich interessiert es Sie zu hören, daß Freud bereits im Jahre 1910 darüber spekulierte, ob es die Analyse von Personen, die an wenigstens einer Form der Zwangsneurose leiden, erforderlich machte, daß die „Instinkttriebe", mit denen sie in Konflikt stehen, während des Verlaufes ihrer Behandlung bis zu einem gewissen Grad befriedigt werden (1910d, S. 127). In derselben Richtung schreibt Freud in dem hier besprochenen Aufsatz weiterhin, daß man den Patienten sich mittels der Übertragung einen gewissen Umfang an Ersatzbefriedigung verschaffen lassen muß, und zwar *in jeder Analyse* je nach der Natur des Falles und der Besonderheiten des Patienten, der damit den Weg, wie man dies macht, bestimmt (1919a, S. 245).

Welcher Art ist nun Freuds Vorschlag einer Veränderung der psychoanalytischen Technik, mit welcher die Massen denselben Nutzen wie die privilegierten Gruppen ziehen können? Zuvörderst muß die psychoanalytische Theorie so einfach und eindeutig als möglich ausgedrückt werden. M.E. war dies leider eine Aufgabe, bei welcher Freuds Nachfolger mit ihrer Neigung, so viele verschiedene Persönlichkeitstheorien zu schaffen, völlig versagt haben. Zweitens müssen die Psychoanalytiker Schritte unternehmen, um die materielle Lage ihrer benachteiligten Patienten zu verbessern, weil es diesen Patienten sonst an dem nötigen Anreiz fehlt, ihre Neurosen zu bekämpfen. Freud spekuliert, daß in vielen Fällen - er verwendete das Adverb „oft" - die Psychoanalyse eines benachteiligten Patienten nur dann erfolgreich verlaufen wird, wenn der Analytiker „die seelische Hilfeleistung mit materieller Unterstützung nach Art des Kaisers Josef verbinden kann" (S. 249). Sofern Sie sich in der österreichischen Geschichte so wenig auskennen wie ich, sei hier gesagt, daß Kaiser Josef II. das Österreichisch-Ungarische Kaiserreich von 1741 bis 1790 regierte. Wegen seiner unkonventionellen philantropischen Aktivitäten kursierten viele Legenden über seine ungewöhnliche Freigebigkeit. Wieder einmal muß ich meine Darlegung von Freuds Argumenten unterbrechen, um hier einen Kommentar einzuflechten: In den Vereinigten Staaten gilt es als narrensicherer Beweis, ob ein Sozialarbeiter psychoanalytisch orientiert arbeitet oder nicht, indem man das Ausmaß seiner oder ihrer Bereitschaft festlegt, mit dem er oder sie sich dafür einsetzt, die sozialen oder materiellen Bedürfnisse ihrer benachteiligten Patienten zu reduzieren. Bedauerlicherweise ist es so, daß je größer die Bereitschaft dazu ist, desto weniger wahrscheinlich es ist, daß der fragliche Sozialarbeiter psychoanalytisch orientiert ist. Dies erinnert an eine Aussage Freuds, wonach seine Schüler sehr viel freudianischer eingestellt seien als er selbst. Wäre er nicht Freud, so wäre sogar er von der psychoanalytischen Bewegung ausgeschlossen worden!

Die letzte und bei weitem wichtigste Veränderung der psychoanalytischen Technik, die Freud für nötig erachtete, damit die Analytiker eine „Psychotherapie fürs Volk" entwickeln können, ist, „das reine Gold der Analyse reichlich mit dem Kupfer der direkten Suggestion zu legieren" (S. 249). Während der ganzen Geschichte der Psychoanalyse tendierten ihre Erneuerer sowohl im Hinblick auf Theorie wie auf Technik dahin, an eine neue Analytikergeneration den Appell zu richten, das Wissen und die Erkenntnisse der alten Generation zu übertreffen. Die Verteidiger des psychoanalytischen status quo dagegen tendierten ihrerseits sowohl im Hinblick auf Theorie wie auf Technik dazu, sich auf den Fortbestand der Gültigkeit der Theorien und des technischen Verfahrens von Freud selbst zu berufen. Wie soll man dann Freuds Aussage verstehen, daß (nach unserem heutigen Sprachgebrauch) „die Massenwerdung unserer Therapie" (S.249) substantielle und bedeutende Abweichungen von der klassischen Technik erforderlich macht?

Ein Ansatz, der unter revisionistischen Historikern der Psychoanalyse heute sehr gebräuchlich ist, ist der, Freuds Texte zu „entkonstruieren" (auseinanderzunehmen), indem man nach seinen „unwissenschaftlichen Gründen" forscht (ein besseres Wort fällt mir dazu nicht ein), warum er schrieb, was er schrieb. Die deutsche Sprache hat ein weitaus besseres Wort für die Motivation, die dieser Ansatz aufdecken will, nämlich das Wort „unsachlich". Der amerikanische Psychoanalytiker K.R. Eissler sagte einmal zu mir im persönlichen Gespräch, daß heutzutage niemand die *Traumdeutung* liest, um die Natur der Träume zu verstehen. Dieses große und wunderbare Buch wird vielmehr gelesen, um Einsichten in die verborgenen Winkel und Nischen von Freuds Persönlichkeit zu entdecken. Auf ähnliche Weise könnte man versuchen zu verstehen, was in meinen Augen Freuds beträchtliche Flexibilität im Hinblick darauf angeht, wie nun eigentlich eine akzeptable psychoanalytische Technik unter dem Gesichtspunkt einiger persönlicher, sozialer oder sogar ökonomischer Motive von Freud selbst aussieht. Ich selbst will aber ganz anders vorgehen. Ich schließe mich schlicht und einfach Freud an, der seinen Aufsatz mit der Behauptung beendet, daß egal wie viel psychoanalytische Technik verändert werden muß, um die Psychoanalyse den Massen zugänglich zu machen, „ihre wirksamsten und wichtigsten Bestandteile gewiß die bleiben werden, die von der strengen, der tendenzlosen Psychoanalyse entlehnt worden sind“ (S. 249). Freud spricht so, weil sein Verständnis der Natur der psychoanalytischen Behandlung oder, um es anders zu sagen, sein Verständnis davon, „wie die Heilung durch die Analyse zustande kommt“ (1937c, S. 362), es dem Psychoanalytiker möglich macht, die Techniken der Suggestion und sogar der Hypnose anzuwenden, und trotzdem immer noch Psychoanalyse auszuüben. Eines steht fest: Freuds Verständnis dessen, was eine psychoanalytische Behandlung ist, wird von amerikanischen psychoanalytischen Sozialarbeitern nicht geteilt. Deshalb will ich den Rest meines Referates damit verbringen, darüber zu sprechen, was heute nach Freuds Verständnis von der Natur der psychoanalytischen Therapie noch aktuell ist.

Unter den amerikanischen psychoanalytischen Sozialarbeitern wird die Psychotherapie, die Freud entwickelte, ausübte und über die er schrieb, unweigerlich konzeptualisiert damit, das Unbewußte bewußt zu machen, indem die verbalen und verhaltensspezifischen Interaktionen des Patienten (die Übertragung), insbesondere letztere, interpretiert werden. Freud selbst benützte diese Charakterisierung der Analyse oft. Jedoch bedarf es definitiv mehr an Vervollständigung und Ausarbeitung, wenn man die tatsächliche Natur der analytischen Therapie adäquat beschreiben will. Zuerst und vor allem ist es notwendig zu spezifizieren, *wie* es geschieht, daß das Unbewußte des Patienten bewußt wird. Schon hier unterscheiden sich Freud und die amerikanischen psychoanalytischen Sozialarbeiter in ihrem Verständnis dessen, was eine analytische Therapie ausmacht. Anders als die amerikanischen psychoanalytischen Sozialarbeiter ist es Freud sehr wichtig, daß der Therapeut nicht *zwei* sehr unterschiedliche psychologische Phänomene verwechselt:

1. Das Verständnis des Therapeuten dessen, was den eigentlichen Inhalt des Unbewußten des Patienten ausmacht. Dies beruht auf sorgfältigster

Aufmerksamkeit und danach auf der Reflexion der Mitteilungen des Patienten während der therapeutischen Sitzungen; und
2. die Integration des Unbewußten des Patienten oder der Patientin in die vorbewußte Persönlichkeit zumindest bis zu dem Grad, daß dieser Patient beginnen kann, sein oder ihr Leben in einer, zumindest, relativ positiven Weise zu führen.

Freud selbst beschrieb dies so: „Unser Wissen um das Unbewußte ist nicht gleichwertig mit seinem Wissen; wenn wir ihm unser Wissen mitteilen, so hat er es nicht *anstelle* seines Unbewußten, sondern neben demselben, und es ist sehr wenig geändert. Wir müssen uns vielmehr dieses Unbewußte topisch vorstellen, müssen es in seiner Erinnerung dort aufsuchen, wo es durch eine Verdrängung zustande gekommen ist (1916-1917, S. 420). Anders als die nordamerikanischen Ich-Psychologen, für die die vorbewußte Persönlichkeit, oder - um den allgemeineren Begriff zu verwenden - das „Ich" eine wissenschaftliche Abstraktion ist, die konzipiert und entwickelt ist, um wissenschaftliche Daten zu organisieren und dadurch zu „erklären", erachtet Freud selbst das, was er das „Vorbewußte" oder „das Ich" nennt, als die in Wirklichkeit existierende Einheit der psychologischen Erfahrungen eines Individuums (z.B. „die große Einheit, die wir sein Ich heißen", 1919a). Je größer die Zahl an Erfahrungen ist, die zu dieser Einheit gehören, desto besser ist das Individuum dazu in der Lage, seine oder ihre Handlungen zu kontrollieren und zu steuern, und desto eher (wenigstens nach Freuds Ansicht) wird er oder sie ein, zumindest, relativ positives und produktives Leben führen.

Meine eigene berufliche Erfahrung mit meinen amerikanischen Kollegen ist folgende: Wenn sie psychoanalytisch arbeiten, d.h. wenn sie davon sprechen, wie sie mit Psychoanalyse umgehen, entgeht ihnen dabei diese ausschlaggebende Unterscheidung ständig. Für sie ist der wichtigste Aspekt der analytischen Therapie der, korrekt zu interpretieren oder, um es genauer zu formulieren, eine Reihe korrekter Interpretationen zu geben. Allzu viele amerikanische psychoanalytische Sozialarbeiter tendieren dazu, einen Fortschritt in der psychoanalytischen Technik in Gestalt einer Veränderung des *Inhaltes* der dem Patienten mitgeteilten Interpretationen zu sehen. Zuerst gab es die von Freud selbst entdeckten Es-Interpretationen, dann kamen die von Anna Freud und ihren Schülern entdeckten Ich-Interpretationen und schließlich kam die Fülle der präödipalen Interpretationen, wie sie von den verschiedenen Schulen der nachfreudschen Psychoanalyse entdeckt wurden (die englische Schule, die Objektbeziehungstheorie, Ich-Psychologie etc.). Es ist noch nicht so lange her, daß ich sogar von etwas hörte, das eine postödipale, prälatente Interpretation genannt wurde.

Freud war sich des ausschlaggebenden und ungeheuren Unterschieds zwischen der Mitteilung der Information vom Seelenleben des Patienten durch den Analytiker an den Patienten und der eigentlichen Integration des Unbewußten des Patienten in seine oder ihre vorbewußte Persönlichkeit voll bewußt; deshalb hat er im Unterschied zu allzu vielen amerikanischen analytischen Sozialarbeitern die Bedeutung der Rolle, die die Interpretationen in der Analyse spielen, *nicht über*bewertet. Formuliert ein Analytiker eine Interpretation, so tut er damit nichts anderes, als ein Programm zu erstellen, entlang welchem der Patient und der Analytiker fortan zusammen arbeiten. Wir wollen uns nun Freuds eigenen technischen Schriften zuwenden, um festzustellen, welcher Natur dieses Programm, diese Tagesordnung ist.

Um den Prozeß der Integration des Unbewußten des Patienten mit seiner oder ihrer vorbewußten Persönlichkeit zu initiieren, vertritt Freud die Auffassung, daß des Patienten Widerstände interpretiert werden müssen. Es ist „der Widerstand“, der das Hindernis zur Integration des Unbewußten des Patienten mit seinem oder ihrem vorbewußten Ich darstellt. „Diese Verdrängung ist zu beseitigen, dann kann sich der Ersatz des Unbewußten durch Bewußtes glatt vollziehen. Wie hebt man nun eine solche Verdrängung auf? Unsere Aufgabe tritt hier in eine zweite Phase. Zuerst das Aufsuchen der Verdrängung, dann die Beseitigung des Widerstandes, welcher diese Verdrängung aufrechthält“ (1916-1917, S. 420).

Im Gegensatz zu der „allgemein akzeptierten Meinung“ darüber, wie Freuds Konzeptualisierung der Natur der psychoanalytischen Therapie sich entwickelte und veränderte, hatte er schon 1903 beschlossen, daß die analytische Aufmerksamkeit und Aktivität sich auf die Widerstände des Patienten konzentrieren sollten, das Unbewußte bewußt werden zu lassen: „Es handle sich darum, das Unbewußte dem Bewußtsein zugänglich zu machen, was durch Überwindung der Widerstände geschieht“ (1904, S. 105). Im Jahre 1905 charakterisierte er dann die Psychoanalyse als „eine ... *Nacherziehung zur Überwindung* innerer *Widerstände*“ (1905a, S. 118). 1910 schließlich beschrieb er die Veränderung seines Ansatzes zur Neurosenbehandlung wie folgt: „Zur Zeit der kathartischen Kur setzten wir uns die Aufklärung der Symptome zum Ziel, dann wandten wir uns von den Symptomen ab und setzten die Aufdeckung der 'Komplexe' - nach dem unentbehrlich gewordenen Wort von Jung - als Ziel an die Stelle; jetzt richten wir aber die Arbeit direkt auf die Auffindung und Überwindung der 'Widerstände' und vertrauen mit Recht darauf, daß die Komplexe sich mühelos ergeben werden, sowie die Widerstände erkannt und beseitigt sind" (1910d, S. 126). Er stellt die Sache in seinem Aufsatz über Technik vom Jahre 1914 kurz und bündig wie folgt dar: „Der Arzt deckt die dem Kranken unbekannten Widerstände auf: sind diese erst bewältigt, so erzählt der Kranke oft ohne Mühe die vergessenen Situationen und Zusammenhänge" (1914g, S. 207).

Es ist eindeutig, daß Freud danach die analytische Aufgabe als diejenige erachtet, dem Patienten zu helfen, seine oder ihre Widerstände zu überwinden, um das Unbewußte besser mit seiner oder ihrer vorbewußten Persönlichkeit zu integrieren. Als erster Schritt dabei gilt, dem Patienten bewußt zu machen, *daß* es diese Widerstände in ihm oder ihr gibt. Im Gegensatz allzu vieler sogenannter „orthodoxer" Analytiker sieht Freud diese Widerstände nicht als Hindernis für die Kur des Patienten und für die damit einhergehende Demonstration der Fähigkeit des Analytikers, korrekt zu interpretieren. Widerstände haben einen tiefen Grund für ihr Vorhandensein - fehlerhafte Konfliktauflösung. Weil sie wegen einer Vielzahl von Gründen unfähig sind, während ihrer emotionalen Entwicklung vom Kind zum Erwachsenen genügend zu integrieren, zu sublimieren, zu neutralisieren oder, um den Jungschen Terminus zu verwenden, ihre kindlichen Wünsche, d.h. ihre emotionalen Wünsche und Bedürfnisse zu transformieren, werden die Individuen gezwungen, diese Wünsche und Bedürfnisse so gut wie nur möglich mittels des Gebrauchs einer Vielfalt von Verteidigungsmechanismen unter Kontrolle zu halten. Es ist nur allzu verständlich, daß es Personen, die sich einer psychoanalytischen Behandlung unterziehen, nicht erneut riskieren wollen, darin zu versagen, emotional zu wachsen, nachdem ihnen emotionales Wachstum schon einmal mißlungen war. Das was sie dazu motiviert, Hilfe beim Analytiker zu suchen, ist die negative Auswirkung der Verteidigungsmechanismen auf ihr tagtägliches Leben, die anstelle emotionalen Wachstums eingesetzt werden. In „Die endliche und die unendliche Analyse" zitiert Freud Goethes Faust, um eine sehr passende Charakterisierung dieser Situation zu geben: „'Vernunft wird Unsinn, Wohltat Plage'" (1937c, S. 378).

Um Freuds Verständnis davon, wie Psychoanalyse praktiziert werden soll, zu begreifen, darf man nie vergessen, daß man während der analytischen Behandlung immer nicht nur einer Art, sondern zwei verschiedenen Arten von Widerständen begegnet. Bei dem einen handelt es sich um den wohlbekannten Widerstand, den Freud gegen Ende seines Lebens als „Widerstände gegen die Bewußtmachung der Es-Inhalte“ bezeichnete. Der andere Widerstand ist weniger bekannt, jedoch ebenso bedeutsam und wurde von Freud - im Gegensatz zum ersten - als „Widerstand gegen die Aufdeckung von Widerständen“ bezeichnet (1937c, S. 379). Freud soll einmal gesagt haben, daß wenn ein Mann und eine Frau sich lieben, dabei wenigstens vier Personen gegenwärtig sind: nämlich die beiden Liebenden selbst und die gegengeschlechtlichen Elternfiguren eines jeden Liebenden. Ähnlich sind, wenn man der Einfachheit halber den Analytiker ausschließt, immer wenigstens drei Personen während einer analytischen Sitzung anwesend: Zuerst ist da das Kind, das gewisse emotionale Wünsche und Bedürfnisse hat. Zweitens ist da das Kind, das gezwungen ist zu versuchen, diese Wünsche und Bedürfnisse so gut es kann zu kontrollieren, und zwar durch „weniger stabile“ Abwehrmechanismen, weil diese Wünsche und Bedürfnisse nicht erfolgreich genug sublimiert, neutralisiert oder transformiert worden sind und folglich zur Ursache emotionaler Konflikte wurden. Schließlich ist noch der Erwachsene anwesend, der versucht, sein oder ihr Leben so produktiv und positiv wie möglich zu leben. Nach Freud ist die Aufgabe des Analytikers nicht beschränkt allein darauf, die zweite „Persönlichkeit“ des Patienten zu motivieren, seine oder ihre alten Kontrollgepflogenheiten, Wünsche und Bedürfnisse aufzugeben, die in ihrer ursprünglichen Form essentiell unkontrollierbar sind. Der Analytiker muß vielmehr die dritte „Persönlichkeit“ des Patienten motivieren, nämlich die Persönlichkeit des Erwachsenen, der in der Gegenwart und in der Zukunft zu leben versucht. Die zweite Persönlichkeit muß dazu motiviert werden, mit der Tatsache fertig zu werden, gleichgültig ob ihm diese „zweite“ Persönlichkeit paßt oder nicht, gleichgültig wie sehr sie sie zu verleugnen versucht, es auch die „erste“ Persönlichkeit ist, die gewisse emotionale Wünsche und Bedürfnisse hat. Die optimale Lösung für die erwachsene „Persönlichkeit“ ist es, die zweite “Persönlichkeit“ zuerst dazu zu motivieren, die Existenz der ersten „Persönlichkeit“ zu akzeptieren und sich dann Hilfe von der erwachsenen „Persönlichkeit“ zu holen, damit sie zusammen einen Weg zur Befriedigung der Wünsche und Bedürfnisse der ersten “Persönlichkeit“ finden, die mit der Art, in welcher die „Persönlichkeit“ des Erwachsenen zu leben beliebt, kompatibel ist. 1915-1916 beschrieb

Freud diesen Prozeß wie folgt: „Es ist uns gelungen, den alten Verdrängungskonflikt wieder aufzufrischen, den damals erledigten Prozeß zur Revision zu bringen“ (1916-1917, S. 421). 1937 charakterisierte er dies so: „Die Analyse aber läßt das gereifte und erstarkte Ich eine Revision dieser alten Verdrängungen vornehmen; einige werden abgetragen, andere anerkannt, aber aus soliderem Material neu aufgebaut“ (1937c, S. 368).

Denkt man darüber nach, was ich soeben behauptet habe, stellt sich die Schlüsselfrage, *wie* erreicht der Analytiker zumindest eine anteilige Vereinigung dieser drei Aspekte der Persönlichkeit des Patienten, die ich als die erwachsene „Persönlichkeit“, die zweite “Persönlichkeit“ und die erste “Persönlichkeit“ bezeichnet habe, und die von Freud natürlich das *vorbewußte Ich*, das *unbewußte Ich* und natürlich das berühmte *Es* genannt würden. Wir sind jetzt an dem ausschlaggebenden Punkt meiner Kritik angekommen, wie die amerikanischen psychoanalytischen Sozialarbeiter die Psychoanalyse praktizieren. Eigentlich ist alles, was ich Ihnen bislang vorgetragen habe, nur gesagt worden, um Ihnen das zu sagen, was ich jetzt ausführe:

Schon ganz zu Beginn seiner Karriere als Psychotherapeut begriff Freud die entscheidende Rolle, die die emotionale Verbundenheit des Patienten mit dem Therapeuten spielt, damit es zu einem positiven therapeutischen Ergebnis kommen kann. Bereits in „Zur Psychotherapie der Hysterie“, und zwar im letzten Kapitel von „Studien über Hysterie“ (dem Buch, das er zusammen mit Josef Breuer schrieb) stellt Freud die folgende Behauptung auf: „Man braucht die volle Einwilligung, die volle Aufmerksamkeit der Kranken, vor allem aber ihr Zutrauen, da die Analyse regelmäßig auf die intimsten und geheimstgehaltenen psychischen Vorgänge führt. Ein guter Teil der Kranken, die für solche Behandlung geeignet wären, entzieht sich dem Arzte, sobald ihnen die Ahnung aufdämmert, nach welcher Richtung sich dessen Forschung bewegen wird. Für diese ist der Arzt ein Fremder geblieben. Bei anderen, die sich entschlossen haben, sich dem Arzte zu überliefern und ihm ein Vertrauen einzuräumen, wie es sonst nur freiwillig gewährt, aber nie gefordert wird, bei diesen anderen, sage ich, ist es kaum zu vermeiden, daß nicht die persönliche Beziehung zum Arzte sich wenigstens eine Zeitlang ungebührlich in den Vordergrund drängt; ja, es scheint, als ob eine solche Einwirkung des Arztes die Bedingung sei, unter welcher die Lösung des Problems allein gestattet ist (1895d, Teil IV, S. 59-60).

Die Bedeutung von Freuds Worten ist unmißverständlich. Überträgt man sie in die Sprache des Psychoanalytikers, heißt dies, daß es unmöglich ist, eine erfolgreiche Psychoanalyse durchzuführen, ohne daß der Patient zuerst eine positive Übertragung auf den Analytiker entwickelt und sie dann beibehält. „Aber Sie zitieren von etwas, das Freud schrieb, ehe er die Psychoanalyse entwickelt hat“, wird ein „orthodoxer“ Analytiker entgegnen. Ein solcher „orthodoxer“ Analytiker wird dann darauf verweisen, daß einer der wichtigsten, wenn nicht der allerwichtigste Unterschied zwischen der kathartischen Methode und einer korrekten Psychoanalyse als solcher folgender ist: Wenn die erstere die positive Übertragung des Patienten einsetzt, um den Patienten zu motivieren, unbewußte Erinnerungen wiederzuerleben, nachdem diese abgespalten und dadurch vom Rest der Persönlichkeit des Patienten isoliert worden waren, verwendet die Psychoanalyse die Interpretationen, die zunehmend anspruchsvoller und komplizierter werden. (Letzteres wird eingerichtet für immer anspruchsvollere und kompliziertere Ausbildungsmethoden, damit Psychoanalytiker befähigt werden, entsprechend aufzutreten). In der Tat ist die Psychoanalyse in den letzten Jahren zu einer solch anspruchsvollen Wissenschaft geworden, daß sie begonnen hat, ihre eigenen Behauptungen von der Natur der Psyche ihrer Patienten derselben rigorosen Überprüfung zu unterwerfen, wie der logische Positivismus sich die Naturwissenschaften unterwarf. Im Gegensatz zur kathartischen Kur unterwirft darüber hinaus die Psychoanalyse selbst noch die Übertragung mit all ihren Manifestationen dem Interpretieren, wonach die Kur des Patienten keinesfalls auf „subjektive Faktoren“ wie des Patienten persönlicher Zuneigung zum Therapeuten zurückzuführen sei. Kurz gesagt: die kathartische Methode ist eine irrationale Methode der psychotherapeutischen Behandlung, die zurückgeht auf den deutschen Hang zur Romantik, weil sie schlußendlich auf der emotionalen Bindung des Patienten an den Therapeuten beruht. Die Psychoanalyse dagegen ist eine rationale Methode der Psychotherapie, die sich auf die wissenschaftliche Methode stützt. Ihre Wirksamkeit beruht auf der Fähigkeit eines Analytikers, dem Patienten genaue Interpretationen vom Inhalt seiner Psyche (des Patienten) zu geben. Gerade dieses Beharren von „orthodoxen“ Analytikern darauf, eine korrekte Interpretation sei die Grundlage aller genuiner psychoanalytischer Therapie, die verantwortlich für die neuerliche Entwicklung einer Vielfalt sogenannter nachfreudscher Psychologien innerhalb der Psychoanalyse ist (- die auffallendste davon ist die Psychologie des Selbst in den USA -), betont die Bedeutung der Rolle, die die

Versorgung mit emotionaler Unterstützung im psychotherapeutischen Prozeß spielt.

Wir wollen uns nun anschauen, ob Freud der „orthodoxen" analytischen Begriffsbildung von der Natur der psychoanalytischen Therapie zustimmt, die er ja selbst entwickelt hat. Um dies zu tun, schlage ich vor, daß wir uns nun eine der letzten Dinge, die Freud je über die psychoanalytische Technik schrieb, zusammen ansehen, nämlich das 6. Kapitel, das zufälligerweise denselben Titel trägt: Es handelt sich nämlich um das Kapitel „Die psychoanalytische Technik" aus seinem posthum veröffentlichten „Abriß der Psychoanalyse", einer Arbeit, die ich jedem, der an der Entwicklung eines umfassenden Verständnisses von Freuds eigenen Ideen über die Theorie und Praxis der Psychoanalyse interessiert ist, nicht warm genug empfehlen kann. Gegen Ende dieses Kapitels zählt Freud die Faktoren „auf der Seite des Patienten" auf, die die analytische Aufgabe erfolgversprechend machen. Zuerst gibt es das, was er „einige rationelle Momente" wie „das durch sein Leiden motivierte Bedürfnis nach Genesung" nennt, sowie das Interesse des Patienten an seinem oder ihrem eigenen Unbewußten, „das wir bei ihm wecken konnten". Dann führt Freud den Faktor an, der für die Vervollständigung einer guten analytischen Arbeit weit wichtiger ist, indem er die „weit stärkeren Kräfte der 'positiven Übertragung', mit der er (der Patient, Anm. d.Übers.) uns entgegenkommt" hervorhebt (1940a, S. 420). Einige Seiten vorher beschreibt Freud es so: „Solange sie (die Übertragung) positiv ist, leistet sie uns die besten Dienste. Sie verändert die ganze analytische Situation, drängt die rationelle Absicht, gesund und leidensfrei zu werden, zur Seite. An ihre Stelle tritt die Absicht, dem Analytiker zu gefallen, seinen Beifall, seine Liebe zu gewinnen. Sie wird die eigentliche Triebfeder der Mitarbeit des Patienten, das schwache Ich wird stark, unter ihrem Einfluß bringt er Leistungen zustande, die ihm sonst unmöglich wären, stellt seine Symptome ein, wird anscheinend gesund, nur dem Analytiker zuliebe" (S. 414).

Daß Freud also ein ganz anderes Verständnis von der Natur der psychoanalytischen Behandlung hat als viele, wenn nicht die meisten „orthodoxen" Analytiker, steht also eindeutig fest; für letztere ist ja nur eine korrekte Interpretation ausschlaggebend. Die richtige Deutung der Widerstände eines Patienten oder, um es genauer zu sagen, eine Reihe solcher Deutungen, wird keineswegs die Integration des Unbewußten mit des Patienten vorbewußter Persönlichkeit herbeiführen, worauf die Psychoanalyse abzielt. Ohne die Motivation der positiven Übertragung wird die erwachsene „Persönlichkeit“ des Patienten nicht versuchen, seine oder ihre zweite “Persönlichkeit“ in sein oder ihr eigenes emotionales Leben zu integrieren. Ohne die Zufriedenheit, die die positive Übertragung der erwachsenen „Persönlichkeit“ des Patienten vermittelt, wird sie niemals die Motivation besitzen, die sie braucht, um des Patienten zweite “Persönlichkeit“ bei seinen Anstrengungen zu begleiten, die emotionalen Wünsche und Bedürfnisse seiner oder ihrer ersten “Persönlichkeit“ zu kontrollieren und zu steuern. In der Tat ist es so: Freuds Betonung auf der therapeutischen Effizienz als einer irrationalen und emotionalen Quelle stellt ihn an die Seite der nachfreudianschen psychoanalytischen Schulen, die ebenfalls die entscheidende Rolle, die die unterstützende Natur der Patienten-Therapeuten-Beziehung im therapeutischen Prozeß spielt, betonen.

Für den Fall, daß Sie nun denken, die zwei Freud-Texte, die ich Ihnen hier vorgestellt habe, seien isolierte Zufälle oder daß ich sie aus ihrem Zusammenhang herausgenommen hätte, möchte ich Sie versichern, daß die von diesen Texten veranschaulichten Ideen über die Natur der psychoanalytischen Therapie ein durchgängiges Thema darstellen, das *alle* technischen Schriften Freuds begleitet. Der Vollständigkeit halber bitte ich Sie, Ihnen einen weiteren Text zitieren zu dürfen, nämlich aus „Zur Einleitung der Behandlung“, der nur einer der vielen ist, die ich hätte auswählen können: „Die zur Überwindung der Widerstände erforderten Affektgrößen stellt sie (die Psychoanalyse) durch die Mobilmachung der Energien bei, welche für die Übertragung bereitliegen; ... den letzteren Namen (die Psychoanalyse) verdient die Behandlung nur dann, wenn die Übertragung ihre Intensität zur Überwindung der Widerstände verwendet hat“ (1913c, S. 202-3).

Für Freud ist die psychoanalytische Therapie alles, nur nicht die blutlose und wertfreie Aktivität, die allzu viele „orthodoxen“ Analytiker vertreten. Die Aufgabe des Analytikers ist es, die positive Übertragung des Patienten dafür einzusetzen, um ihn oder sie zu motivieren, seine/ihre emotionalen Widerstände zu beseitigen, die das vorbewußte Ich des Patienten daran hindern, das Unbewußte in seine eigene emotionale Aktivität zu integrieren. Trotz aller Dementi des Gegenteils seitens der „orthodoxen“ Analytiker gilt: Das, was die Psychoanalyse von den suggestiven Therapien trennt, die heutzutage in den USA so populär sind, ist nicht, daß letztere die positive Übertragung benützen, um ihre therapeutischen

Ziele zu erreichen, erstere aber nicht. Es ist vielmehr der *Gebrauch,* der von der positiven Übertragung gemacht wird, nachdem sie einmal mobilisiert ist. Im Falle der suggestiven Therapien wird die positive Übertragung eingesetzt, um den Patienten zu motivieren, seine problematischen Verhaltensweisen einzustellen. Bei der Psychoanalyse dagegen wird die positive Übertragung eingesetzt, um die emotionalen Widerstände des Patienten zu überwinden mit dem Ziel einer besser integrierten Persönlichkeitsstruktur.

Für den Analytiker, der seinem Patienten bei der Überwindung seiner oder ihrer emotionalen Widerstände helfen will, gibt es gewiß auch kognitive und intellektuelle Aspekte, die ich wegen meines Bestrebens, den Kern meiner Aussagen hervorzuheben, vielleicht vernachlässigt habe. In dem Abschnitt, aus dem ich soeben zitiert habe, schreibt Freud: „Durch die rechtzeitigen Mitteilungen zeigt sie (die Psychoanalyse) dem Kranken die Wege, auf welche er diese Energien leiten soll“ (1913c, S. 202). Etwas weiter hinten in demselben Abschnitt charakterisiert Freud diese Aktivität des Analytikers als „Unterweisung (durch Mitteilung)“ (S. 203). Für Freud steht eindeutig fest, daß das Aufrechterhalten der positiven Übertragung die wichtigste und schwierigste Aufgabe des Analytikers ist, damit der Patient weiterhin dazu motiviert bleibt, sich auf den schwierigen und zuweilen recht schmerzhaften Weg der Persönlichkeitsintegration einzulassen. Gerade zum Zwecke der Erhaltung der Übertragung gibt es die als Übertragungsinterpretation bezeichnete Aktivität, die ich an dieser Stelle aus Zeitgründen nicht weiter diskutieren kann. Wenn, um Freuds eigene Analogie zu gebrauchen, ein Patient, der sich einer Psychoanalyse unterzieht, einer Person gleicht, die Zug fährt, dann ist der wichtigste Anteil des Analytikers der, daß der Patient als Erstes den richtigen Zug nimmt und dann - und das ist noch wichtiger - in ihm so lange weiterfährt bis die gewünschte Zielstation erreicht ist. Wie gewöhnlich beschreibt uns Freud selbst dies am besten: „Jeder Anfänger in der Psychoanalyse bangt wohl zuerst vor den Schwierigkeiten, welche ihm die Deutung der Einfälle des Patienten und die Aufgabe der Reproduktion des Verdrängten bereiten werden. Es steht ihm aber bevor, diese Schwierigkeiten bald gering einzuschätzen und dafür die Überzeugung einzutauschen, daß die einzigen wirklich ernsthaften Schwierigkeiten bei der Handhabung der Übertragung anzutreffen sind“ (1915a, S. 219).

Freud war sich der Tatsache wohl bewußt, daß es der Patient oder die Patientin selbst sind, die das emotional schmerzhafte Bewältigen seiner oder ihrer emotionalen Widerstände gegen die Existenz der unbewußten Teile seiner oder ihrer Persönlichkeit bewerkstelligen müssen, damit diese Teile so gut wie nur möglich mit seiner oder ihrer vorbewußten Persönlichkeit integriert werden können. Des weiteren bemühte er sich sehr, seine Analytiker-Kollegen an diese extrem wichtige Tatsache zu erinnern. In der Tat ist der einzige Zweck von Freuds berühmter Identifizierung des Analytikers mit „einer Spiegelplatte“, die nichts reflektiert, das nicht zuvor vor ihn hingestellt wurde, der, den Versuch von Analytikern zu entmutigen, die Widerstände ihrer Patienten dadurch zu überwinden, daß sie die Existenz von abgesplitterten unbewußten Erfahrungen innerhalb ihrer Persönlichkeitsstrukturen akzeptieren, indem sie ihren Patienten ihre eigenen psychischen Konflikte und Probleme enthüllen. Wenn ein Patient unfähig ist, zu einem bestimmten Zeitpunkt des Behandlungsprozesses seinen Widerstand aufzugeben, dann deshalb, weil zu diesem speziellen Zeitpunkt die Genugtuung, die sich der Patient aus der positiven Übertragung holt, weniger groß ist als der emotionale Schmerz, der entsteht, wenn des Patienten vorbewußte „Persönlichkeit“ gezwungen wird, die Existenz der zweiten “Persönlichkeit“ zu erfahren, und/oder diese zweite “Persönlichkeit“ gezwungen ist, die Existenz der ersten “Persönlichkeit“ zu erfahren. In solchen Augenblicken kann ein Analytiker nur tun, was ein kompetenter Armeekommandierender nach einem Sturm auf einen feindlichen Stützpunkt tun würde, wenn ihm klar wird, daß seine Truppen nicht die militärische Stärke zur Erreichung ihres Zieles haben - nämlich sich zurückzuziehen und zu warten, bis die Umstände für eine weitere Offensive günstiger zu sein scheinen. Freud glaubt, daß es in der Therapie wie im Krieg ist: „Gott ist hier wieder einmal mit den stärkeren Bataillonen“ (1940a, Kapitel VI, S. 420).

Freud hält die Eigenanalyse in Gegenwart des Patienten für eine Verletzung eines der wichtigsten Prinzipien des analytischen Vertrages: „Das Eindringen unbewußter Elemente“ darf „ein gewisses Ausmaß“ nicht überschreiten (1940a, Kapitel VI, S. 418). Fehlt dem Patienten zu einer gewissen Zeit des psychotherapeutischen Prozesses die emotionale Stärke, um seine oder ihre emotionalen Widerstände gegen die weitere Integration des Unbewußten in seine oder ihre vorbewußte Persönlichkeit zu bewältigen, dann gibt es hier nichts, das zu diesem Zeitpunkt getan werden könnte, um den Patienten dahingehend zu beeinflussen. Der Versuch, den Patienten zu zwingen, zu manipulieren oder sogar zu verführen, sich an einem Tun zu beteiligen, das seiner oder ihrer augenblicklichen emotionalen Situation entgegensteht, wird den Patienten nicht nur traumatisieren, sondern die positive Übertragung auch vorübergehend und in manchen Fällen sogar permanent schädigen, ohne die es für die Zukunft keine therapeutische Veränderung gibt. Freuds Sorge um die therapeutische Zielstrebigkeit, die in einem seiner vielen Briefe an Jung so eloquent zum Ausdruck kommt : - „nur nicht heilen wollen“ - (Freud 1929, S. 224), gründet auf seinem Verständnis von der tiefwurzelnden Bedeutung, die die positive Übertragung in der analytischen Therapie hat. Leider ist dieser Satz wie der von der „Spiegelplatte“-Analogie mißinterpretiert worden, um die Konzeptualisierung der psychoanalytischen Behandlung als einen therapeutischen Prozeß zu rechtfertigen, der im wesentlichen seiner Natur nach kognitiv und intellektuell ist, indem das, was während ihm vorgeht, sich auf den Analytiker konzentriert, der dem Patienten diejenigen Interpretationen gibt, die korrekt das widerspiegeln, was in der Psyche des Patienten vor sich geht. Stellen Sie sich vor, wie verschieden die Praxis der Psychoanalyse heute wäre, wenn die Analytiker die analytische Therapie so verstünden wie Freud selbst sie versteht, nämlich als die Entwicklung und Erhaltung der positiven Übertragung des Patienten zu dem Zwecke, den Patienten zu befähigen, das Unbewußte in seine vorbewußte Persönlichkeit zu integrieren.

Auf dem Wege einer unbewußten „Identifikation mit dem Aggressor“, den ärztlichen Analytikern, die in den USA die organisierte Psychoanalyse nun so viele Jahre lang beherrscht haben, sehen nun die amerikanischen psychoanalytischen Sozialarbeiter die Psychoanalyse irrtümlicherweise als eine Therapie an, die auf eine bestimmte Form beschränkt ist, nämlich mit mehreren wöchentlichen Sitzungen, bei denen der Patient auf der analytischen Coach liegt, mit einem bestimmten Patiententypus dessen soziale und wirtschaftliche Verhältnisse und dessen relative emotionale Stabilität ihn oder sie dazu befähigt, eine Form von Psychotherapie zu wünschen, zu schätzen und sich leisten zu können, die sich darauf konzentriert, ihn oder sie mit Informationen mittels Interpretationen dahingehend zu versorgen, wie seine oder ihre Persönlichkeit funktioniert. Freud selbst jedoch, weil er die Psychoanalyse so versteht, wie ich versucht habe, sie Ihnen zu schildern, muß die Praxis der Analyse nicht auf eine eingeschränkte Patientengruppe beschränken. Denn für ihn sind die Interpretationen des Analytikers lediglich eine der möglichen Formen, des Patienten Aufmerksamkeit und Anstrengungen anzuleiten; Freud hat nichts dagegen einzuwenden, diese besondere Art der Anleitung durch andere Formen, wie z.B. durch Suggestion, ja sogar Hypnose, zu ersetzen, sollte die psychische Situation des Patienten dies erforderlich machen. Es ist meiner Ansicht nach sogar möglich, Freuds positive Übertragung der analytischen Therapie in der Behandlung psychotischer Patienten anzuwenden. Die Frage, warum Freud seinerseits glaubte, daß dies nicht gehe, ist eine komplizierte Frage, die sowohl die psychoanalytische Theorie wie die Geschichte der Psychoanalyse betrifft, und deshalb an dieser Stelle nicht beantwortet werden kann. Da Freud ein anderes Verständnis davon hat, was eine psychoanalytische Therapie ist, als die amerikanischen psychoanalytischen Sozialarbeiter, muß er nicht immer neue psychologische Theorien entwickeln und die Praxis der Psychotherapie in eine analytische, postanalytische und nicht-analytische gabeln, wie dies so viele meiner amerikanischen Kollegen jetzt tun. Und was unter dem Gesichtspunkt dieses Kongresses noch wichtiger ist: Würden die amerikanischen psychoanalytischen Sozialarbeiter Freuds Konzeptualisierung der analytischen Therapie übernehmen, würden sie niemals mit dem Dilemma konfrontiert werden, zwischen „helfen“ und „heilen“ wählen zu müssen, denn die Art des „Heilens“, die Freuds Intention ist, und die er in einem Brief an Jung mit einer „Heilung durch Liebe“ charakterisierte (1909, S. 13), kann nur mit der aktiven Mitarbeit und Unterstützung durch den Patienten realisiert werden.

Literatur

Freud, S. (1975): Studienausgabe Band I-IX, S. Fischer-Verlag, Frankfurt 1975.
Freud, S. (1895d): Studien über Hysterie.
Freud, S. (1905a): Über Psychotherapie.
Freud, S. (1910d): Die zukünftigen Chancen der psychoanalytischen Therapie.
Freud, S. (1913c): Zur Einleitung der Behandlung.
Freud, S. (1914d): Zur Geschichte der psychoanalytischen Bewegung.
Freud, S. (1915a): Bemerkungen über die Übertragungsliebe.
Freud, S. (1919a): Wege der psychoanalytischen Therapie.
Freud, S. (1926e): Die Frage der Laienanalyse.
Freud, S. (1930a): Das Unbehagen in der Kultur.
Freud, S. (1937c): Die endliche und unendliche Analyse.
Freud, S. (1940a): Abriß der Psychoanalyse.
Freud, S. (1909): Briefwechsel Freud S. - C. G. Jung, Fischer-Verlag, Frankfurt 1974.
Nietzsche, F.: Menschliches, Allzumenschliches I und II, Frankfurt.
Marx, K., Engels, F.: Die deutsche Ideologie. Leipzig.

Psychoanalytische Sozialarbeit in Berlin - kummulativ traumatisierte Kinder und Jugendliche im Heim

Andrea Hermann und Viktor-René Rathje*

Unsere Arbeit findet im Heim Berner Straße statt. Das Kinderheim Berner Straße wechselt zum Januar 1995 in die Trägerschaft des Vereins für Psychoanalytische Sozialarbeit Berlin und Brandenburg e.V. Die Gruppe der Mitarbeiter wird seit August 1993 durch psychoanalytisch-sozialtherapeutisch reflektierende Institutionenberatung durch den Verein für Psychoanalytische Sozialarbeit Berlin und Brandenburg e.V. unterstützt.

Alle Mitarbeiter im Heim Berner Straße betreiben zwar keine Spezialistentätigkeit, sind aber involviert in eine äußerst anstrengende Form der - im Sprachgebrauch der Jugendämter sogenannten - Regelförderung schwerst kontakt- und beziehungsgestörter Kinder. Sie nehmen nicht nur begleitende Funktionen im Haus, sondern nehmen vielfältige begleitende und koordinierende Funktionen außerhalb des Hauses wahr und müssen individualisierend in der Lage sein, sich auf das jeweilige Kind bzw. den jeweiligen Jugendlichen einzustellen, an wechselnden sozialen Orten ihr Leid zu artikulieren und nach Lösungen zu suchen. Einerseits fördern jede Hauptbezugsperson und alle Nebenbezugspersonen ein Kind bzw. Jugendlichen darin, die Katastrophen seines Lebens im Heim so weit neu aufzulegen, daß sie innerhalb und außerhalb des Heimes einer anderen Erledigung zugeführt werden können als dies der Fall war zum Zeitpunkt seiner Aufnahme im Heim. Außerdem versuchen die Mitarbeiter ständig

*Der vorliegende Text entstand in Teilen in Kooperation mit Ute Leischel und Petra Möhrke

neu, alle individualisierenden Betreuungen in einem Gesamtrahmen systematisch zu verallgemeinern; es geht hier um nichts Geringeres als jeder individualisierenden Betreuung einen gruppalen Halt zu geben - auch und gerade unter der Voraussetzung komplexer Veränderungen in den kulturspezifischen Variationen der sozialen Orte außerhalb des Heimes und deren Vernetzung im Heim.

Deshalb sind für die Arbeit in der Berner Straße Mitarbeiter ausgewählt worden, die über eine persönlichkeitsspezifische Sensibilität, Stabilität und Leidensfähigkeit im Sinne dessen, was die Psychoanalyse Objektkonstanz nennt, verfügen. Die Einfühlung in die seelischen Prozesse ich-strukturell gestörter Kinder und Jugendlicher, insbesondere solcher, bei denen Probleme der Trauer und Entwurzelung im Vordergrund stehen, erzeugen oft erhebliche Krisen beim einzelnen Betreuer sowie im gesamten Team, die von dem einzelnen Betreuer eine sehr flexible Anpassungsfähigkeit an wechselnde Ich-Zustände der Kinder erfordern.

Je deutlicher wir den Inhalt unserer Erziehungsarbeit erkennen, desto wichtiger wird die persönliche Beziehungsfähigkeit zwischen den uns anvertrauten Kindern/Jugendlichen und uns. Dabei spielt hinein, daß wir immer wieder neu kreative Gelegenheiten schaffen müssen für sensible Beziehungen der Jugendlichen untereinander, insbesondere als peergroup, und uns Mitarbeitern miteinander. Je vertrauter und wohler sich die Kinder/Jugendlichen bei uns fühlen, um so mehr werden sie vom Alp ihrer Erinnerungen eingeholt und übertragen ihre Verletzungen und Traumatisierungen auf uns. Das bedeutet, daß unsere Arbeit mit den Kindern zwangsläufig immer auch Retraumatisierungen hervorbringt, was sich sowohl in aggressiven als auch in tief depressiven Zuständen der Kinder und Jugendlichen äußert, die sie und ihre Betreuer zu überleben haben. Besonders belastend sind die tief depressiven Zustände, die die Trauerarbeit der Kinder und Jugendlichen hervorbringen.

Alle Mitarbeiter haben in unterschiedlichen Variationen, die sie mit den Kindern und Jugendlichen gemeinsam erschließen, Ziehmütter- und Ziehväter-Funktionen. In der alltäglichen Arbeit spielt die Konstruktion einer Vater-Instanz als schützende Schale der Mutter-Kind-Beziehung - vermittelt über wichtige Nebenbezugspersonen - eine wesentliche Rolle. Von hier aus erschließen sich zunehmend komplexer werdende Kommunikationsprozesse. In günstigen Fällen treffen sich dann Mutter, Vater und Kind in einem Neubeginn, bei dem nicht nur das Kind ein Stück neue Kindheit, der Jugendliche ein Stück neue Jugend, sondern auch die Eltern eine neue glückliche Elternschaft gewinnen. Wenn die wirklichen Eltern nicht vorhanden sind, werden die Betreuer als reale Elternfiguren außerordentlich wichtig; existieren Elternteile oder Ersatz-Elternfiguren wie ältere Brüder, Cousins, Onkel oder auch entfernte Verwandte, kommt dem Betreuer eine wichtige Übersetzungsfunktion zwischen Kind bzw. Jugendlichen, Mutter, Vater oder Cousin zu, in der der Betreuer Hilfs-Ich für Kind und Eltern bzw. Verwandte wird und mit beiden die Bedingungen einer gelingenden Aussöhnungsarbeit schafft. Wir sprechen von Hilfs-Ich-Funktionen, weil unsere ganze Arbeit mit den uns anvertrauten Kindern und Jugendlichen, auch wenn ihre Betreuung sehr lange geht, immer berücksichtigt, daß die Abhängigkeit vom Betreuer eines Tages aufhört bzw. diese überflüssig wird und werden muß, denn die Kinder und Jugendlichen in der Berner Straße sollen diesen Ort nur so kurz wie möglich und so lang wie nötig gebrauchen, ehe sie z.B. an einer dann immer länger werdenden Leine der Loyalität ambulant weiterbetreut oder auch irgendwann nicht mehr betreut werden, weil sie erwachsen und unabhängig werden.

Gegenwärtig leben in unserer Einrichtung 10 Kinder und Jugendliche im Alter von 10-17 Jahren aus verschiedenen Ethnien mit verschiedenen Weltreligionen; ihre Herkunftsländer sind Berlin, Ost und West, Angola und Sri Lanka. Zwei Fallgeschichten sollen unsere Arbeit im Heim verdeutlichen.

Peter

Seit Oktober 1993 lebt der 1980 geborene Peter in unserer Einrichtung. Der damals 13jährige Junge wurde aus einem Westberliner Kindernotdienst bei uns aufgenommen.

Peter ist das jüngste von drei Kindern der Mutter. Zwei ältere Brüder stammen aus erster Ehe und befinden sich seit 1982 bzw. 1992 auf Wunsch der Mutter in Heim- bzw. Familienpflege. Sein Vater, englischer Herkunft, lebt seit 1980 in Berlin mit Peters Mutter zusammen. Beide Elternteile hatten sich zuvor aus einer bestehenden Ehe gelöst. Im Haushalt der Eltern lebte zum Zeitpunkt der Aufnahme im Heim noch der 21jährige Sohn des Vaters aus erster Ehe. Vom Sommer 1991 bis Ende 1993 lebte außerdem die jüngere Schwester von Peters Mutter und deren damals 5jährige Tochter im Haushalt.

Die Beziehung zwischen Peters Mutter und seinem Vater wird von der Mutter als seit Jahren mit ungelösten Partnerproblemen belastet beschrieben. So hatte Peters Mutter zuletzt vor seiner Geburt 1980 einen Selbstmordversuch unternommen, da sie fürchtete, von ihrem Lebensgefährten nicht geliebt und verlassen zu werden.

Es gelang Peters Vater nicht, zu den Kindern aus erster Ehe der Mutter eine tragfähige Beziehung zu entwickeln. Er lehnte sie offen ab, behandelte sie ablehnend bzw. ungehemmt aggressiv. Das führte zu deutlichen Auffälligkeiten und der Ausstoßung beider Kinder mit völligem Beziehungsabbruch.

Peters Mutter hat sich in diesen Konfliktsituationen jedes Mal gegen die Kinder und für ihren Partner entschieden; sie verdient seit vielen Jahren den Lebensunterhalt der Familie. Peters Vater hatte kurzfristig mal Arbeit, war aber in den letzten 12 Jahren überwiegend arbeitslos oder in Umschulungsmaßnahmen. Er fühlt sich in der Rolle des „Hausmannes" sehr unwohl, wobei er die Mutter bei der Hausarbeit nur mäßig entlastet.

Peter ist das einzige gemeinsame Kind aus dieser Beziehung. Wie schon angedeutet, gab es in den letzten Jahren ständige Veränderungen in der Zusammensetzung der Familie. Noch Anfang 1992 wohnten 8 Personen in einer 3-Zimmerwohnung zusammen.

Zu Peters Entwicklung läßt sich folgendes berichten:

Nach Darstellung der Mutter wurde Peter im 8. Schwangerschaftsmonat geboren und mußte noch 6 Wochen lang in den Brutkasten. In der frühkindlichen Entwicklung fielen gehäuft Infekte der oberen Luftwege und Ohrvereiterungen aufgrund von Polypen auf, die operativ entfernt wurden. Später hatte er weitere Infekte (Pfeiffersches Drüsenfieber und Magen-Darm-Infekte). Peter besuchte ab Anfang 1985 eine Kindertagesstätte und wechselte aufgrund eines Konfliktes zwischen Eltern und Erziehern Anfang 1986 in eine andere Kindertagesstätte, die er dann bis zur Einschulung besuchte.

Die in der Familie immer wieder auftretenden Krisen (materielle Krisen, Partnerschaftskrisen, Unterbringung der Kinder) führten zu einer hohen psychischen Belastung Peters. So berichtet die Familienfürsorge aus der Zeit seiner Kindergartenzeit und Einschulung von massiven unkontrollierten gewalttätigen Auseinandersetzungen zwischen den Eltern, begleitet von Ein- und Ausschließen der Kinder. So wurde Peter beispielsweise nachts vom betrunkenen Vater aus dem Schlaf gerissen, mit dem Kopf gegen Bettpfosten und Wand geschlagen, bzw. auch im

Winter - nur mit dem Schlafanzug bekleidet - aus der Wohnung ausgesperrt.

Peter wird weiter als trauriges, depressives Kind beschrieben, das nur sehr eingeschränkt in seiner Kleinkindphase spielte. Er soll viel alleingelassen worden sein. Entlastungen gab es nur für kurze Zeit, z.B. wenn sein Vater kurzzeitig arbeitete, bzw. nach der Unterbringung seines ältesten Bruders. Peters Mutter fühlte sich entlastet und hatte mehr Zeit, sich um die beiden jüngeren Kinder zu kümmern, die in dieser Zeit auch Entwicklungsfortschritte machten.

Bereits 1985 fiel im Kindergarten auf, daß Peter Spielzeug einsteckte und nicht verstehen konnte, daß er es wiederhergeben mußte. Er zeigte außerdem deutliche Schwierigkeiten in der Kontaktaufnahme zu Gleichaltrigen, wirkte sehr zurückgezogen. Es fiel ihm schwer, sich durchzusetzen; er wird als ängstlich und schreckhaft beschrieben.

Peter untersuchte in fremder Umgebung Türen und deren Schlösser mit besonderer Aufmerksamkeit. Abweichungen von Regeln führten zu Erschrecken und ängstlichem Verhalten. Bis zur Einschulung machte Peter ins Bett. Laut Bericht der Familienfürsorge wurde Peter bis vor ca. 8 Jahren nur in Nebensätzen erwähnt. Erst nach Unterbringung des 2. Bruders rückte Peter in den Vordergrund der Aufmerksamkeit.

Aus einem Schulbericht Anfang 1992 läßt sich folgendes zusammenfassen: Im Leistungsbereich sei er eher unauffällig, er besuchte die 7. Realschulklasse. Er verhalte sich einerseits überangepaßt und ängstlich, andererseits gebe es Überreaktionen wie aggressive Durchbrüche, Verweigerung, Diebstähle. In der Schule berichtet Peter von drakonischen Strafen der Eltern bei Schulversagen.

Nach mehrmaligen Aufenthalten im Frauenhaus mit der Mutter meldete sich Peter erstmalig im September 1992 beim Kindernotdienst. Er suchte Schutz in einer akuten Konfliktsituation, in der er die Mißhandlung durch die Eltern fürchtete. Hintergrund war, daß Peter seit ca. 3 Jahren immer massiver die Eltern und Fremde beklaute. Es kam bis Herbst 1993 zu insgesamt 4 Aufenthalten im Kindernotdienst nach erneuten Diebstählen und schweren körperlichen Mißhandlungen durch die Eltern, z.B. Schlägen mit einer Hundekette.

Die Mutter nahm seit Anfang 1992 fortlaufend Antidepressiva ein.

Peter selbst war auch im Kindernotdienst nur unzureichend geschützt. So kam es bei seinem letzten Aufenthalt zu einer weiteren massiven Grenzverletzung durch den Vater, der betrunken Türen und Fenster eintrat und durch sein gewalttätiges Auftreten die Mitarbeiter zu paralysieren schien. Dadurch kam es weder zur Einschaltung der Polizei, noch zu anderen Hilfsmaßnahmen.

Die Mutter dagegen zeigte sich sehr ambivalent, sprach immer wieder von Trennungsgedanken, ohne sich dazu entschließen zu können. Sie selbst entschuldigte sich immer wieder bei Peter für die massiven Mißhandlungen, die sie dennoch auch selbst weiter vollzog.

Im Oktober 1993 konnten sich die Eltern schließlich zur Heimunterbringung Peters entschließen mit der Möglichkeit der therapeutischen Aufarbeitung seiner Probleme. Seit Oktober 1993 lebt Peter nun in unserer Einrichtung.

Ursprünglich war geplant, Peter gemeinsam mit einem 12jährigen Jungen ein Zimmer teilen zu lassen. Nach 2 Tagen stand jedoch fest, daß Peter nicht in der Lage war, mit einem anderen im selben Raum auszukommen. Dieser Anspruch war viel zu hoch, gemessen an dem, wozu er tatsächlich in der Lage war. Er versuchte mit dominantem und autoritärem Verhalten, mit dem er seine tiefe Hilflosigkeit abwehrte, seine Interessen und Vorstellungen z.B. zur gemeinsamen Zimmergestaltung radikal durchzusetzen. Da ihm dies nicht gelang, versuchte er sich mit körperlicher Gewalt gegenüber anderen Kindern/Jugendlichen zu behaupten. Er übertrug auf diese Weise auf die anderen Kinder die Erfahrung seines Lebens, daß ihm andere immer seinen Ort nehmen oder er selber keinen wirklichen Ort besitzen kann.

Nachdem Peter in ein Einzelzimmer umgezogen war, fing er an, sich mit den Alltagsstrukturen im Haus auseinanderzusetzen. Auffällig war z.B., daß Peter sich nicht auf die gemeinsame Essenssituation einlassen konnte, sondern während der Mahlzeiten stocksteif dasaß und gleichzeitig unruhig hin- und herrutschte. Er zeigte sich extrem unsicher, auch nur die kleinsten Tischgespräche zu führen; er konnte die selbst geschmierten Brote nicht essen, nur die von uns Erwachsenen gereichte Nahrung. Wesentliche Teilbereiche der Alltagsbewältigung beherrschte er nicht, wie z.B. regelmäßige Körperpflege oder selbstbestimmtes Ankleiden.

Peter war während der ersten sechs Monate seines Aufenthaltes nicht in der Lage, den Alltag in Zeitabschnitte zu strukturieren; er verfügte über keinerlei Ordnungssinn für sein Zimmer und das Haus. Er sammelte und nahm Gegenstände aus allen Zimmern, einschließlich der Werkstatt, des Büros und der Küche, und hortete sie. Als gekonntes Klauen konnten wir dies jedoch nicht sehen. Seine Diebereien stellten eher dar, daß er das, was er für sich braucht, klauen muß, weil es ihm offenbar nicht zusteht. Peter war ständig mit Feuer und Kokeln zugange. Diese Neigung wurde von uns als Ausdruck einer sehr großen psychischen Einsamkeit gelesen, die besonders deutlich machte, warum dieser Junge zum damaligen Zeitpunkt noch nicht allein sein konnte, ohne sich vollkommen einsam zu fühlen, warum er noch nicht allein sein konnte in Gegenwart von anderen, warum er auch nicht allein sein konnte, ohne andere, deren innere Gegenwart ihm erhalten blieb. Zum damaligen Zeitpunkt konnte er eigentlich immer nur alles verlieren und von einer Ungewißheit zur nächsten taumeln. Nacht für Nacht lief er von tiefer Unruhe getrieben durchs ganze Haus. Erst in den frühen Morgenstunden schlief er erschöpft für wenige Stunden ein, um beim geringsten Geräusch wieder hochzuschrecken.

Von Anfang an war klar, daß Peter ein starker Raucher ist. Er sammelte aus Mülleimern oder von der Straße Zigarettenstummel oder klaute Zigaretten bzw. Geld von anderen Jugendlichen, um sich mit Zigaretten versorgen zu können. Er drückte die Zigaretten bevorzugt auf dem Holznachttisch oder dem Teppichboden aus. Sein Kokeln und das ständige Herumhantieren mit Elektrogeräten versetzten uns in permanente Angst, ihn über kurz oder lang mit Hilfe der Feuerwehr retten zu müssen.

Die Begegnungen von Peter und seiner Hauptbezugsperson, Herrn Rathje, standen demnach im ersten halben Jahr unter ständiger Spannung. Permanent stand das Gefühl im Vordergrund, ihn immerzu im Auge haben zu müssen, um notfalls sofort reagieren zu können, damit ihm oder anderen nichts passiert.

In dieser Zeit wurde er von seinem ehemaligen Zimmergenossen sehr häufig körperlich attackiert, so daß seiner Bezugsperson eine ganz wesentliche Schutzfunktion zukam.

Inzwischen gelingt es ihm mehr und mehr, die Verbindlichkeiten des Gruppenalltags wahrzunehmen. Auf kleinste Veränderungen reagiert er jedoch noch immer mit Verunsicherung, die ihren Ausdruck in starker Unruhe und Beharren bzw. Schwierigkeiten, sich auf Neues einzustellen, findet. Dies steht im direkten Zusammenhang damit, daß Peter noch über keinerlei Sicherheit im Umgang mit anderen Menschen verfügt, noch überhaupt keinen sicheren Bezug sich selbst gegenüber hat. So mußte mit ihm sukzessive, angepaßt an seine Möglichkeiten, ein für ihn durchschaubarer Tagesablauf gestaltet werden, der für ihn nachvollziehbar war und der Peters Unfähigkeit, Wünsche und Bedürfnisse aufzuschieben, Rechnung trägt. Das Entscheidende bei dieser Gestaltung ist die Begleitung Peters durch eine Person, die einerseits Hilfs-Ich-Funktionen ausübt, an die er sich andererseits anlehnen kann, wann immer er sich selbst nicht erträgt.

Peters Haltlosigkeit zeigt sich nicht zuletzt in dem von ihm verbreiteten Chaos u.a. in seinem Zimmer. Die mit bzw. für ihn gestaltete Ordnung kann von ihm nur wenige Stunden aufrechterhalten werden, obwohl er das Chaos als unerträglich empfindet. Durch die intensive Begleitung und ein stetes Einüben und Wiederholen von haltgebender Ordnung hat Peter begonnen, die mit ihm gestaltete Ordnung seines direkten Lebensbereiches anzuerkennen und über begrenzte Zeiträume einzuhalten.

Dabei ist für Peter die reale Anwesenheit einer Bezugsperson, die ihm kontinuierlich bei der Bewältigung sämtlicher Belange des Alltags zur Verfügung steht, noch durch nichts anderes ersetzbar. Er ist gerade dabei, regressiv eine sehr abhängige Beziehung zu uns zu entwickeln, wobei zu bemerken ist, daß er noch große Schwierigkeiten hat, wenn ihm diese Person nicht direkt zur Verfügung steht. In dieser Situation reagiert er sehr unruhig und affektlabil. Durch die Bereitstellung eines Verbindungsobjektes (Pullover) ist er zwischenzeitlich in der Lage, kurze Abwesenheiten der Bezugspersonen ertragen zu können, ohne seine Sachen zu zerstören bzw. sofort Opfer oder Täter innerhalb körperlicher und/oder verbaler Auseinandersetzungen zu werden. Zum einen werten wir dies als Ausdruck seiner inneren Einsamkeit, seiner Unfähigkeit, mit sich alleine sein zu können, zum anderen kann dies als Abwehr seiner tiefen Hilflosigkeit im Umgang mit anderen gelesen werden, die ihren Ausdruck in derart destruktivem Verhalten findet, eine für ihn durch seine Familiengeschichte bekannte Form des Miteinander-Umgehens.

Seit Juni diesen Jahres lebt ein neuer Junge in der Kinderheimgruppe. Für Peter entstanden dadurch vielschichtige Verunsicherungen, die enger Begleitung und Aufarbeitung bedürfen. In seinem Erleben stellt die Aufnahme des jüngeren Kindes eine massive Bedrohung dar, den Ort, den er gerade dabei ist, in Besitz zu nehmen, wieder zu verlieren. Dies stellt eine Wiederholung seiner bisherigen Erfahrung, über keinen sicheren Ort verfügen zu können, dar. Darüber hinaus reagiert er ausgesprochen ambivalent auf die zerstörerischen Ausdrucksformen des neuen Kindes. Er wacht eifersüchtig über die verbindliche Gleichbehandlung durch die Erzieher bzw. Wiedergutmachung des Zerstörten. Bricht er gerade noch weinend zusammen und fühlt sich für alles, was dieser Junge kaputt macht, verantwortlich, hat er im nächsten Moment Mühe und große Angst, über seine mörderische Wut die Kontrolle zu verlieren. Er überträgt damit die gewalttätigen Erfahrungen seines Lebens und die Angst, an allem schuld zu sein, bei gleichzeitig mörderischer Wut auf den Vater, der auch heute noch seine Illusion einer heilen Familie immer wieder zerstört.

Für die intensiv parallel laufende Beratung der Eltern steht eine besondere Situation: Nachdem die Eltern zunächst zu keinerlei Gesprächen bereit waren und sich auch Peter gegenüber als unzuverlässig gezeigt hatten, fuhr Peter Anfang April spontan in die Gartenlaube seiner Eltern, um sein Fahrrad zu holen. Als er nicht zurückkehrte und sich auch die Eltern nicht meldeten, machten wir uns auf die Suche nach ihm.

Ich (Andrea Hermann) fand ihn schließlich in der Gartenlaube gemeinsam mit den Eltern, seiner Tante und Cousine beim Kaffeetrinken. Er wirkte ausgesprochen angespannt; die Mutter weinte ebenfalls und sprach davon, daß sie sehr froh sei, daß Peter nun wieder bei ihnen leben wolle; sie hätte es doch nie ertragen, daß er weggehen wollte und schließlich auch wegging. Auf meinen Einwurf, daß Peters Weggang von zuhause ja Gründe hatte, traute sie sich zu sagen: „Ja, und es hat sich zuhause nichts geändert". Peters Vater schob daraufhin die Hemdärmel hoch und sprang aggressiv brüllend auf. Als ich ebenfalls die Ärmel hochschob und mit ausgestrecktem Zeigefinger ihn scharf anwies, gefälligst sitzen zu bleiben, fiel er sofort zurück und wirkte wie ein Luftballon, dem die Luft entwichen ist. Die Mutter und Peter hörten sofort auf zu weinen, richteten sich auf und begannen zu erzählen, daß sie schon alles geregelt hätten, damit Peter zuhause bleiben könne. Auch der Vater begann nun über seine früheren Gewalttätigkeiten zu sprechen, sie zu bagatellisieren und Peter immer wieder zu versichern, daß nun alles gut werde. Nur fürchte er jetzt, daß ich Peter mitnehmen würde und ihn spätestens nach ein paar Kilometern vom Gegenteil überzeugen würde. Ich erklärte ihm, daß ich nicht vorhabe, auf der anderen Seite an Peter zu zerren und somit seine völlige Bewegungsunfähigkeit zu unterstützen. Nichts desto trotz äußerte ich unverblümt meine Zweifel an dem plötzlichen Gesinnungswandel der Eltern, ließ sie daraufhin irritiert zurück mit dem Hinweis darauf, daß ich sie am kommenden Tag im Heim erwarte, um zu klären, wie der weitere Verbleib von Peter verbindlich und verantwortlich geklärt werden kann. Sie kamen tatsächlich und hatten sich gemeinsam entschieden, daß Peter nun doch im Heim bleiben solle.

Es ist uns zwischenzeitlich gelungen, die Eltern zu regelmäßigen Beratungsgesprächen zu motivieren, innerhalb derer die unbedingte Notwendigkeit von Verbindlichkeit und Zuverlässigkeit Peter gegenüber besprochen wird. Seit diesem Akt relativer Abgrenzung zeigt sich Peters Vater uns gegenüber als überangepaßt, verständig und um Reflexion bemüht, wobei er nach wie vor offensichtlich Mühe hat, aggressive Affekte zu kontrollieren. Peters Mutter hingegen gewinnt zusehends an Sicherheit und schafft es in unserer Anwesenheit immer häufiger, mit Peter über ihre und seine reale Bedrohung durch den gewalttätigen Vater zu sprechen.

Peter hat begonnen, über haltgebende Erfahrungen mit uns Identifikationen zu entwickeln, die er unabhängig von der realen Präsenz seiner Bezugsperson noch nicht aufrechterhalten kann. Diese Erhaltung und die wachsende Transformation seiner Identifikationsprozesse mit uns in einen geschützten inneren Besitz ist Gegenstand unserer weiteren Arbeit.

Maria

Unserer Erkenntnis nach ist jedes der uns anvertrauten Kinder und Jugendlichen nicht nur Opfer seiner Umstände, sondern hat sich diese Umstände so angeeignet, daß sie auch über Zugänge zur Rolle des Täters verfügen. Das gilt in unterschiedlicher, aber vergleichbarer Weise für diejenigen Kinder, die nie eine gute innere Umwelt erfahren haben, und deshalb heute bei uns im Heim sind, und ebenso für diejenigen Kinder und Jugendlichen, die zunächst eine gute innere Umwelt haben aufbauen können und dann als Folge schwerer, traumatischer Erfahrungen in eine Störung gezwungen worden sind, die die Suche nach einer fördernden Umwelt und einer damit verbundenen Sinngebung des Lebens gleichermaßen erforderlich macht. Damit Gut und Böse überhaupt unterschieden werden können, kommt es darauf an, daß solche Unterscheidungen auch auf den verschiedensten Ebenen des Alltags so gut vorgelebt werden, daß sie allmählich als verläßliche Moral erkannt und verinnerlicht werden können. Wir können nicht den Grad an sozialer Reife voraussetzen, der den Kindern offiziell unterstellt wird, wenn sie zunächst einmal auf der Basis von sehr wenig Information vorgestellt werden und im unvertrauten Umfeld verschlossen wirken, so daß über lange Zeit unklar ist, was ihnen alles fehlt.

Die Einübung verläßlicher Moralen, d.h. die Verinnerlichung schützender, im Unterschied zu verfolgenden Über-Ich-Strukturen bis hin zu demokratischem Verhalten führt aber bei Kindern und Jugendlichen, die so etwas erstmalig - oder nachdem es ihnen kaputt gemacht worden ist - neu erleben müssen, dazu, daß sie sich nicht unmittelbar wohler fühlen, sondern daß sie aufgrund der erfahrenen Entbehrungen und Verwundungen in der Vergangenheit Halt und Bergung als Angebote erfahren, die sie zunächst massiv verunsichern und die ihnen Schmerzen bereiten. Von daher hat das gesamte Team immer wieder viel Mißtrauen und aggressive Abwehr ertragen müssen zu Zeiten, in denen es sich sehr viel Mühe gegeben hat, den Kindern und Jugendlichen etwas Gutes anzubieten. Schützende Über-Ich-Funktionen korrespondieren im pädagogischen Alltag haltgebenden Grenzsetzungen, die sich unterscheiden von Grenzsetzungen sadistischer Art. Haltgeben bekundet das Interesse an der Person, die dem jeweiligen Mitarbeiter nicht gleichgültig ist, weshalb er etwas auch dann von ihr verlangt, wenn dies schmerzvoll ist.

Vor zwei Wochen fragt mich Maria, ein 16jähriges angolanisches Mädchen, ob die unzähligen Narben an ihren Beinen entfernt werden können. Die physischen Wunden dieses Mädchens sind schon vernarbt; die sichtbaren Zeichen können durch eine langwierige Behandlung gemildert werden. Aber können wir ihr helfen, psychische Verletzungen zu ertragen, mit ihnen zu leben?

Um Helfen zu können, bedarf es der Begegnung. Wieviel an Begegnung kann das Mädchen ertragen?

Maria, angolanische Staatsangehörige, gehört der Bevölkerungsgruppe der Kikongo an. Marias Eltern waren in den 70er Jahren aus dem Exil in Zaire nach Angola zurückgekehrt. Sie gehörten zu der Gruppe der 3 - 4 Millionen Angolaner, die einst nach Zaire ausgewandert waren, jedoch nie dort eingebürgert wurden. Die nach der Unabhängigkeit zurückgekehrten Kikongo wurden allerdings von der ansässigen Bevölkerung nicht mehr als Angolaner anerkannt. Für die Pogrome der letzten Jahre gegen die Kikongo sind vor allem Regierungsmitglieder der MPLA, die den Kimbundu angehören, verantwortlich.

Nach der Zurückweisung der Wahlen in Angola am 29./30. September 1992 durch den Führer der UNITA kam es in der Folge zu teils geplanten, teils spontanen Ausschreitungen gegenüber Mitgliedern der UNITA, die sich Ende Oktober bis Mitte November zu Pogromen gegenüber den Kikongo ausweiteten (vgl. Jeune Afrique, Nr. 1678 vom 10.3. 1993).

Aus der derzeitigen Lage in Angola muß geschlußfolgert werden, daß offensichtlich in diesem Land keine übergreifende staatliche Ordnung besteht. Die UNO rechnet mit drei Millionen Toten, wenn der Krieg nicht bald beendet wird (vgl. Focus vom 25.10.1993). Hierfür gibt es aber gegenwärtig wenig Hoffnung, da ein Waffenstillstandsabkommen ohne vorhergehende politische Übereinkunft zwischen der MPLA-Regierung und der UNITA und damit eine Beendigung des Blutvergießens kaum denkbar erscheint (vgl. Mitteldeutsche Zeitung vom 9.12.1993). Die Lage bleibt katastrophal (vgl. Süddeutsche Zeitung vom 10.6.1994 und FAZ vom 6.4.1994).

Die Kikongo in Luanda und anderen Städten Angolas zählen zu den Hauptrisikogruppen politischer und ethnischer Verfolgung. Nach verläßlichen Quellen wurden allein in Luanda zwischen 5000 und 8000 Menschen auf zum Teil bestialische Weise ermordet und in Massengräbern verscharrt. Opfer dieser Angriffe waren unterschiedslos Männer, Frauen und Kinder.

Von Mitarbeitern des Deutschen Caritasverbandes wurde wiederholt bestätigt, daß in Angola, speziell in Luanda, eine hohe Gefahr für Leib und Leben jener Personen, die sich als Kikongo zu erkennen geben, besteht (vgl. die Stellungnahme des Deutschen Caritasverbandes vom 20.1.1994 und die Erklärung des UNITA-Repräsentanten Ernesto Joaquim Mulato, Bon, vom 26.1.1994).

Maria wurde 1978 in Luanda/Angola geboren. Ihre jüngere Schwester, 1981 geboren, verstarb 1985 an Erkrankungen, wovon Maria Malaria in Erinnerung blieb. Marias Vater, 1949 geboren, verlor seine Mutter schon als Säugling. Sie wurde im Zusammenhang von Kriegsgefechten auf der Straße erschossen. Er wurde daraufhin bis zum 12. Lebensjahr in einem Heim betreut. Marias Mutter, 1958 geboren, verlor ihre Mutter im Alter von 5 Jahren im Krieg.

Zur Familie gehörten weiterhin Onkel und Tante mütterlicherseits sowie die jüngere Cousine, die seit dem Tod von Marias Schwester in Marias Elternhaus lebte. Der Vater ihrer Cousine gehörte dem Militär der UNITA an und wurde 1992 ermordet. Die Mutter ihrer Cousine verstarb ebenfalls in den Kriegswirren. Marias Vater wurde aufgrund der Familienzusammenhänge ebenfalls verdächtigt, der UNITA anzugehören, und wurde 1992 auf der Straße getötet, die Mutter Ende 1992 schwer verletzt.

Dazu Maria: „Eines Tages wollte mein Vater weggehen; vielleicht wollte er einkaufen. Der Rest der Familie blieb zu Hause. Dann kam eine Nachbarin angelaufen, weinte und erklärte meiner Mutter, daß mein Vater getötet worden sei. Wir suchten dann nach der Leiche meines Vaters, fanden sie aber nicht. Überall lagen Tote herum. Es handelte sich um Kikongo, die von Kimbundo-Nachbarn getötet worden waren. Mir selbst ist es passiert, daß ich auf einen Toten trat, als ich das Haus verlassen wollte."

Maria suchte ihren Vater auf den Friedhöfen von Luanda und fand ihn schließlich im Leichenschauhaus. Da es keinen Platz auf den Friedhöfen gab, begrub sie ihn eigenhändig im Garten ihres Hauses. Maria, ihre Mutter und Cousine lebten weiterhin im Haus.

Ihr Vater, von Beruf Ingenieur einer Ölgesellschaft (- er bereiste beruflich Deutschland, die Schweiz und Frankreich -) hatte wegen des Krieges viele Vorräte angelegt, von deren Verkauf die Restfamilie nun lebte.

Ende 1992 wurde Marias Mutter von Kimbundos bei der Rückkehr vom Markt angeschossen, so daß ihr beide Beine amputiert werden mußten.

Maria lebte nun allein mit der jüngeren Cousine im Haus in der ständigen Angst, weiteren Übergriffen ausgesetzt zu sein. Sie wurde in dieser Zeit häufig in der Schule, bzw. von Nachbarn überfallen und heftig geschlagen. Aus Angst übernachteten die beiden Kinder häufig bei der Mutter im Krankenhaus.

Die beiden allein lebenden Minderjährigen erfuhren, wie das Leben in der Wohnung der Eltern immer unmöglicher wurde; sie erlebten zunächst die mehrfache Plünderung der Wohnung und dann die Vertreibung aus dem Elternhaus. Die Mutter hatte noch im Krankenhaus Maria dringend geraten, zu fliehen, da sie selbst sich außerstande sah, Maria weiter zu schützen. Sie vertraute Maria und ihre Cousine einem entfernten Bekannten der Familie an, von dem sie wußte, daß er auch fliehen mußte. Dieser Bekannte begleitete Maria im Januar 1993 nach Moskau und Kiew, wo sie sich zunächst 6 Monate durchschlagen konnte, ehe sie nach Berlin weiterreiste. In Kiew verlor sie im Zuge einer Plünderung die letzten konkreten Andenken an ihre Mutter; sie besitzt heute an konkreten Gegenständen von ihrer Familie, von ihrer Mutter insbesondere, nur noch eine portugiesische Bibel und die Armbanduhr der Mutter.

Heute verstehen wir von Marias Geschichte soviel:

Als Maria ca. 7 Jahre alt war, ist ihre jüngere Schwester an einer Krankheit verstorben. Maria hat wiederholte Suizidversuche ihrer Mutter in ihrer Kindheit miterlebt. Sie kann diese Erfahrungen detailliert erinnern und hat erst im September 1994 begonnen, mit uns über sie zu sprechen. Naheliegend ist, daß sie der Überforderung ausgeliefert war, als Kind die Sorge für die Mutter zu tragen. Der Vater war aufgrund seines

Berufes als Ingenieur häufig auf Auslandsreisen und damit abwesend. Nach dem Tod der kleinen Schwester ist im folgenden Jahr die jüngere Cousine Marias in die Familie aufgenommen worden, deren Eltern im Krieg ermordert wurden. Das durchgehende Thema in der Familie war die Flucht, die Verfolgung und die Ermordung Familienangehöriger im eigenen Heimatland. Maria stellte, als sie 1993 nach Berlin kam, einen Antrag auf Asyl als minderjährige unbegleitete Ausländerin und lebte, bevor sie im Oktober 1993 zu uns kam, in einem Asylantenheim. Der Bekannte, der Maria und ihre Cousine nach Berlin begleitet hatte, stellte beide hier vor der Polizeiwache ab, wo sie sich alleine meldeten, und floh; er hat die Mädchen also sofort verlassen. Sein Aufenthalt ist unbekannt.

Als Maria im Oktober 1993 zu uns kam, wirkte sie atmosphärisch sehr verzagt, d.h. zurückhaltend. Ihr und uns fehlte eine gemeinsame Sprache, so daß wir uns nur sehr primitiv verständigen konnten. Maria spricht Portugiesisch, Französisch und portugiesisch Kongo. Ein Kind unserer Gruppe, das auch aus Angola stammt, machte einen differenzierter werdenden Dialog mit Maria möglich, nachdem die beiden Mädchen sich angefreundet hatten. Dieses Mädchen half Maria sehr bei der Bewältigung des Alltages in unserem Haus, aber auch außerhalb in der Stadt.

Von Maria geht etwas sehr Majestätisches aus; das hat in der Vergangenheit andere Kinder dazu veranlaßt, sich zeitweilig zu fühlen, als ob sie ihr wie Sklaven dienen müßten. Andererseits vermag sie aber auch andere Leute, die Kinder in der Gruppe, indirekt und direkt dazu zu bringen, ihr mit besonderer Hilfsbereitschaft zu begegnen. Sie teilte von Anfang an ein Zimmer mit einem tamilischen 15jährigen Mädchen aus Sri Lanka, deren kriegstraumatische Erlebnisse vergleichbar mit Marias sind. Obwohl beide aus verschiedenen Kontinenten stammen, keine gemeinsame Sprache teilten, haben sie sich gegenseitig in ihrem Fremdsein und in ihrer Trauer um die verlorene Familie sehr tiefgehend verständigen können. Gemeinsam beschäftigen sie sich u.a. mit dem Erlernen der deutschen Sprache.

Anfang Januar 1994 begann Maria ihrer Bezugsperson von der Zeit ihrer Flucht aus Luanda zu erzählen. In dem Moment, als Maria anfing, sich uns anzuvertrauen und uns aufforderte, ihre Erlebnisse zu verstehen, wurde sie dermaßen stark von ihren Erinnerungen eingeholt, daß sie mit Suizidversuchen reagierte. Nachdem wir sowohl die Geschichte ihrer Familie als auch die Fluchtsituation mit Maria teilten, äußerte sich auf unterschiedliche

Weise ihre Situation der Getrenntheit uns gegenüber jeden Tag neu. Wir erleben sowohl Ihre Wut, als auch die Depression in der Trauer.

Nachdem Maria schon seit Oktober 1993 im Kinderheim lebte, kam im März 1994 eine neue Kollegin, mit der Maria sehr unmittelbar in Kontakt trat. Sie fragte sofort, ob diese ihre neue Bezugsperson werden möchte; sie solle dies doch gleich mit der Heimleiterin besprechen. Mit ihrer bisherigen Bezugsperson verbinde sie nichts, und sie wolle sie auch nicht haben. Auf die Frage, wie sie denn überhaupt hierher und demnach zu ihrer scheinbar nicht gewollten Bezugsperson komme, antwortete Maria: „Weil ich angelogen wurde. Das angolanische Mädchen, das vor mir hier gewohnt hat, hat mich nur belogen. Es sollte alles schön, alles wunderbar sein."

Es kam zu keinem Wechsel der Bezugsperson, woraufhin Maria die folgenden Wochen mit heftigen verbalen und tätlichen aggressiven Attacken mit dieser Kollegin in Kontakt trat. Dies ging so weit, daß einmal eine weitere Kollegin schützend eingreifen mußte, da sich Maria zurückgesetzt fühlte und die Kollegin mit einem Stock zu schlagen drohte. Sie wirkte dabei keinesfalls als die Angreiferin, sondern vielmehr als Opfer, das sein Leben verteidigt. Nachdem die Kollegin nicht entsetzt floh, sondern weiterhin hilfreich an ihrer Seite blieb, ließen diese Attacken nach. In der Folge kam es zu vermehrten Suizidandrohungen und -versuchen, die erst ein Ende fanden, als eben diese Kollegin eine strikte Grenze einführte, indem sie eine Krisenunterbringung auf einer jugendpsychiatrischen Station in Erwägung zog, um zusätzliche Hilfe in Anspruch zu nehmen. Die Bezugsperson litt sehr unter dieser Situation, in der es weder vor noch zurück ging, weinte heftig und war von Trauer erfüllt, Maria nicht helfen zu können. Der Gedanke, Maria wenn auch nur für kurze Zeit und bei ständiger Begleitung kurzzeitig woanders unterzubringen, war unerträglich für sie. Maria verfolgte staunend die Reaktion der Bezugsperson; deren tiefe Besorgnis um ihr Schicksal ihr so gut taten, daß sie von weiteren Suizidversuchen ablassen konnte und die psychiatrische Unterbringung überflüssig wurde. Maria war der Kollegin aber keinesfalls böse, sondern suchte vielmehr beständig ihre Unterstützung, um bei ihrer Bezugsperson ihre Wünsche durchzusetzen.

Die Bezugsperson blieb weiterhin „die Böse, die ihr ein schönes und sorgenfreies Leben versagte, sie betrog und belog...". Diesselbe Person war aber auch gleichzeitig diejenige, der Maria ihre Geschichte, die ihrer Fami

lie, die Fluchtgeschichte, die Beerdigung ihres Vaters, die Suizidversuche ihrer Mutter, den Tod ihrer kleinen Schwester erzählte; sie teilte es ihr mit in Gesprächen, die unvorhersehbar waren. Das passierte manchmal, wenn sie gemeinsam kochten. Stets geschieht es sehr unvorbereitet, daß sie sie in die Geschichte ihrer Familie, in die Erlebnisse, die sie hatte, einweiht.
Auch die Heimleiterin spielt für Maria eine bedeutende Rolle. Sie ist diejenige aus der Gruppe der Erzieher, zu der Maria größte Distanz hält. Aber jedes Mal, wenn Maria sich in Notsituationen befindet, wendet sie sich an sie. Begleitet sind diese Begegnungen von stundenlangem Weinen, von tiefer Trauer und intensivem Gehaltenwerden, das sie in solchen Situationen fordert.

Das war nur ein Ausschnitt darüber, wie Maria mit uns in Beziehung tritt. Marias Beziehung zu der gesamten Gruppe der Kinder - es sind ja 10 Kinder bei uns, die zusammenleben - stellt sich überwiegend so dar: Maria fühlt sich von der Gruppe der anderen Kinder und Jugendlichen und auch von einzelnen Personen verfolgt, ausgeraubt, entwürdigt, und wehrt sich immer wieder auch handfest gewalttätig, bis sie mit unserer Hilfe entdeckt, daß das, was sie da abhandelt, nichts mit den wirklichen Personen und der jeweiligen Situation unseres Alltags zu tun hat, sondern daß sie die Plünderung, Verfolgung und Entwurzelung und Entwürdigung reinszeniert, um auf diese Weise ihre Geschichte und ihre Identität neu zu ordnen. Wir sind fest davon überzeugt, daß sie in unserer Einrichtung ganz beachtliche Fortschritte gemacht hat, aber immer noch in einem Maße gefährdet ist, vorübergehend auch suizidal, daß sie die alltägliche Wirklichkeit auch extrem verfälscht und vielfältige Hilfe braucht, um in unserem Alltag unterschiedliche Situationen angemessen orten zu können.

Von großer Hilfe für Maria ist es bis heute, daß sie so gut Deutsch sprechen gelernt hat, daß sie mittlerweile in der Lage ist, sich uns gegenüber zu öffnen, zu erschließen, uns mitzuteilen und unsere Hilfe anzunehmen. Dabei haben wir erstmals mehr von ihrer traumatischen Lebensgeschichte erfahren. Seitdem sie uns auch die Leiden ihres Lebens nicht nur erzählt, sondern unmittelbar szenisch spüren läßt, sind sehr wichtige Entwicklungen bei ihr in Gang gekommen; zugleich stellt sich ihre alltägliche Betreuung und Begleitung schwieriger und belastender dar, als dies ganz zu Anfang erschien. Wir beschreiben dies hier so, weil die erschütternde Geschichte dieser Jugendlichen uns gezeigt hat, daß sie ein Recht hat, den Menschen, mit denen sie zusammenlebt, die Zumutungen ihres

Lebens mindestens in Ansätzen sichtbar und spürbar zu machen. Je mehr ihr das gelingt, desto weniger isoliert sie ihr Leiden bzw. desto weniger bleibt sie befangen in einer abgespaltenen Privatheit; die Möglichkeit, ihr erfahrenes Leiden zu entprivatisieren und öffentlich mitzuteilen, schafft eine Dimension der sozialen Kommunikation, mittels derer sie anfängt, einen sicheren sozialen Ort ihrer selbst in dieser Welt zu entdecken, nachdem ihr die Voraussetzungen dafür vollständig genommen worden waren.

In dem Moment, als Maria anfing, sich uns anzuvertrauen und uns aufforderte, ihre Erlebnisse zu verstehen, wurde sie dermaßen stark vom Alp ihrer Erinnerungen eingeholt, daß sie auf das Dach stieg und sich von dort herunterstürzen wollte, um zu sterben. Wir haben diese selbstmörderische Absicht sehr ernst genommen und zugleich mit allen uns zur Verfügung stehenden Mitteln verhindert, um Maria zu zeigen, daß sie und ihr Leben uns wert sind und wir bereit sind, ihr zu helfen, nicht zuletzt zu trauern. Trauern kann aber ein Mensch mit so viel Verlusten und Entwurzelungen nicht allein, sondern in unserem Rahmen nur, wenn wir als begleitende Zieheltern genügend verfügbar und belastbar vorhanden sind. Denn Maria braucht sehr viel Gelegenheit, sich anlehnen zu können. Der Rückhalt, den sie von uns als ganzem Team braucht, bezieht sich nicht nur auf das Ertragen tiefer Gefühle der Depression, sondern auch sehr stark auf Gefühle der Wut in der Trauer. Letzteres braucht sehr viel Raum, weil ohne die Entfaltung der Wut in der Trauer Maria in einem Stadium pathologischer Trauer stecken bliebe und zu einer normalen Trauer nicht vollständig hinfinden könnte.

Das Gute und die Harmonie miteinander ist für Maria z.Zt. nicht auszuhalten, bzw. nur sehr sehr selten. Maria ist 16 Jahre. Sie hat den großen Wunsch, in eine Wohngemeinschaft zu ziehen; sie will nicht mehr in einem Kinderheim mit Kindern und Jugendlichen leben, obwohl wir relativ viele Jugendliche auch in ihrem Alter haben. Sie wehrt sich z.Zt. massiv dagegen, von uns in eine Wohngemeinschaft begleitet zu werden. Unser Plan ist es, sie in dieser Wohngemeinschaft, die in unserer Nähe liegt, unterzubringen, so daß wir sie dort weiterbetreuen können. Während sie uns sagt und zeigt, daß sie von uns weggehen will, signalisiert sie uns: Bleibt bei mir und haltet mich gut und fest! Sie spricht von ihrem Auszug aus dem Heim als von einer Flucht: Ich will wieder weg. Ich muß weiter. Marias Flucht ist nicht zu Ende. Ihr standzuhalten, bleibt unsere weitere Aufgabe.

Jakob. Die langjährige psychoanalytische Sozialarbeit mit einem zwangspsychotischen Jugendlichen

Elisabeth Lauter und Hans Arnswald

„Wir haben es entschieden abgelehnt, den Patienten, der sich hilfesuchend in unsere Hand begibt, zu unserem Leutgut zu machen, sein Schicksal zu formen, ihm unsere Ideale aufzudrängen, und ihn mit Hochmut des Schöpfers zu unserem Ebenbild, an dem wir Wohlgefallen haben sollen, zu gestalten (...). Ich möchte sagen, dies ist doch nur Gewaltsamkeit, wenn auch durch die edelsten Absichten gedeckt" (S. Freud, GW XII).

Wir möchten Ihnen von Jakob berichten, über seinen Kampf mit seiner starken Zwangskrankheit, über familiäre Bedingungszusammenhänge mit Jakobs Leiden, über sein Leben mit uns. Vor allem wird mein Kollege Hans Arnswald den Weg von Jakob seit seiner Ankunft auf dem „Deutschhof" bis zum heutigen Tag darstellen als einen Weg unter dem Aspekt der Entwicklung der Beziehung zwischen Jakob und sich.

Beim Erarbeiten unseres Berichtes gelang es mir schnell, Material zu sammeln, die Kollegen und die Eltern zu befragen, viel mit Hans zu diskutieren über Jakob, und das dann hinzuschreiben; aber es gelang mir über einige Wochen nicht, die notwendige Nähe zu Jakob zu finden, die erforderlich ist, um richtig von ihm zu sprechen. „Richtig" heißt für mich, wenn ich dabei zuversichtlich bin, es könnte gelingen, etwas von seiner Realität auch spürbar werden zu lassen.

Anfangen mit dem Bericht konnte ich, als ich Jakobs Verzweiflung in Ansätzen in mir selbst wahrnehmen konnte, in der alle Lebensbezüge abgerissen erschienen und ich mich emotional damit konfrontierte, was von mir bleiben würde ohne meine Sicherheiten in beruflichen und privaten Beziehungen, ohne Planung für die Zukunft. Dies als Verzweiflung zu ahnen, bevor ich wieder zurückkehren konnte in meine gewohnte Sicherheit, mein mich Eingebettetwissen in meine soziale Umgebung und meine Zuversicht in zukünftige Entwicklungen; dies brachte mich endlich näher an Jakob, den ich erlebe als jemanden, der mit Verzweiflung ums Überleben kämpft.

Spürbar wurde mir dann auch, was mir Jakob oft unmißverständlich vermitteln wollte: Du verstehst mich nicht. Ich bin weit weg von Dir und allein.

Von dieser entfernten Position aus dann sogenannte Erziehungsziele für Jakob zu formulieren, kann nicht wirklich Jakob meinen. Die Ziele bleiben fremd und künstlich und fern davon, mögliche Wege für Jakob selbst darzustellen.

Viele unserer verzweifelten Bemühungen, Jakobs Entwicklung zu beschleunigen, haben mit dieser Distanz zu tun, in die uns Jakob oft stellt. Möglich erscheint uns nur, ihn auf seinem eigenen Weg selbst existentiell zu treffen und ihn zu begleiten.

Jakob ist zu uns gekommen, nachdem im Alter von 14 Jahren eine schwere Psychose manifest wurde, die in verschiedenen psychiatrischen Kliniken als paranoid-halluzinatorische Psychose mit schwerer Zwangssymptomatik diagnostiziert wurde.

Jakob wurde mehr als drei Jahre in der Psychiatrie behandelt. Keine Form der Behandlung hatte dabei irgendeinen Erfolg - im Gegenteil: Beim Ausprobieren der verschiedensten möglichen Medikamente in verschiedensten Kombinationen und Dosierungen gab es Verschlechterungen in der Zwangssymptomatik. Sein Vater war täglich in der Klinik zu Besuch, um Jakob in Bewegung zu bringen, weil er sonst meist stundenlang auf einem Fleck stand. Meist ging er mit ihm nach draußen und lief mit ihm durch die Stadt, was Jakob scheinbar willenlos mitmachte.

Schließlich gab es nur noch die Alternative: Entweder Dauerunterbringung im Psychiatrischen Landeskrankenhaus oder Annahme des Angebots einer neuen kleinen Einrichtung, der Wohngruppe „Deutschhof" des Heilpädagogischen Kinderheims Oberotterbach, Jakob aufzunehmen. Deren fachliche Qualifikation erschien jedoch fraglich, hatten sie sich doch vorgenommen, eine Arbeit mit psychotischen Jugendlichen zu wagen, ohne einen Psychiater in leitender Funktion einzustellen.

Schließlich entschloß man sich seitens der Klinik doch, den Eltern zu diesem Schritt zu raten, nach dem Motto: Schlechter als im PLK wird es ihm dort auch nicht gehen. Vielleicht ist das ja noch eine Chance.

Jakobs Familie

Zu seiner Geburt erzählt die Mutter, diese sei sehr überstürzt erfolgt. Die Wehen setzten ein, als sie sich kaum von einem Lachanfall erholen konnte, weil Jakobs Vater vorgeschlagen hatte, dem Kind den Namen „Pascha“ zu geben, wenn es ein Sohn sei - ein bedenkenswerter Name, wenn man die dazu passende Rolle des Vaters in der Familie kennt, und auf der anderen Seite die Ohnmacht des Sohnes, dem es aber auch über weite Strecken gelingt, daß sich alle auf dem Deutschhof hauptsächlich um ihn Gedanken machen.

Jakobs Vater ist Pfarrer, hat jedoch keine Arbeit, weil die Gemeinden, in denen er tätig war, sich über ihn beschwert hatten und sich keine neue Gemeinde findet, die bereit wäre, ihn als Pfarrer zu akzeptieren.

Jakobs Mutter hatte zunächst versucht, die Entlassung des Ehemannes aus dem Pfarrdienst durch eigene Aktivitäten in Gemeindekreisen zu verhindern und die Schmach für die Familie so abzuwenden. Jakob habe sie, so sagt sie, in dieser Zeit darüber vergessen. In Erinnerung geblieben ist ihr das Bild ihres 10jährigen Sohnes, wie er bei der feierlichen Verabschiedung seines Vaters - es spielte der Posaunenchor - ganz allein im Garten stand, dort stehen blieb und sich weigerte, mit in die Kirche zu gehen. Sie denkt, er hat sich sehr geschämt für seinen Vater.

Aus der Erzählung der Mutter ist uns noch eine sehr eindrucksvolle Situation aus viel früherer Zeit bekannt, in der Jakob in schrecklicher Weise allein gelassen wurde: Jakob - sein Schlafzimmer war das einzige im oberen Stockwerk, Eltern und Schwester schliefen unten - steht im Alter von etwa 2 Jahren mitten in der Nacht am oberen Treppenabsatz und ruft offensichtlich verängstigt nach seinen Eltern. Sein Vater kommt, und statt ihn zu beruhigen, verdrischt er ihn - die Mutter denkt, er schlägt ihn tot. Seitdem, sagt die Mutter, habe Jakob aufgehört, nachts nach den Eltern zu rufen.

Jakob habe jahrelang unter dem Streit der Eltern sehr gelitten. Die Mutter erinnert sich, daß er in der Zeit vor seiner Erkrankung wie wild an die Wand geschlagen habe, wenn sie sich nachts stritten; sie vermutet aber auch, daß er sich von den lauten Geräuschen beim Geschlechtsverkehr der Eltern sehr gestört gefühlt habe.

Der Streit der Eltern ging vor allem um Jakobs ältere Schwester, mit der er ein sehr enges Verhältnis hatte. Der Vater sagte, er selbst habe immer Angst davor gehabt, seine Tochter würde zu früh sexuelle Beziehungen eingehen. Dies wollte er unbedingt verhindern. In seiner eigenen Familie hatten seine jüngeren Geschwister, für die er als der Ältere (bei irgendwie nicht vorhandenen Eltern) verantwortlich war, sich ihre Zukunft verbaut, weil sie sehr früh heiraten mußten aufgrund von Schwangerschaften. Der jüngste Bruder habe mit 17 geheiratet und sei später auf geheimnisvolle Weise ums Leben gekommen.

Jakob hatte kurz vor seiner Erkrankung erlebt, wie der Vater sich in Lebensgefahr begab, als er das Auto anhalten wollte, in dem seine Tochter mit ihrem Freund wegfuhr. (Der Vater erzählt dies wie einen Mordversuch der Tochter).

Jakob muß lange Jahre in einem engen Bündnis mit Mutter und Schwester gelebt haben, einem Bündnis gegen den Vater, der von der Mutter als verständnislos und hart geschildert wird. Kurz vor Jakobs Erkrankung war die Mutter mit den beiden Kindern zu einem Therapeuten gegangen, um sich Rat wegen des Vaters zu holen. Der Therapeut hatte verlangt, daß die Kinder dem Vater in einem Brief schreiben sollten, daß sie sich seine Beteiligung an der Therapie wünschten. Diesen Brief hat Jakob nicht zustandebringen können.

Seine Erkrankung wurde offensichtlich, als Jakob mit seiner Schwester und deren Freund übers Wochende an den Bodensee fuhr, wovon der Vater nichts wissen durfte. Als er zurückkam, zeigte sich in den folgenden Tagen, daß es ihm immer schwerer fiel, morgens aufzustehen, sich anzuziehen und auf den Weg in die Schule zu machen. Sein Vater habe ihn noch einige Tage gegen den Willen der Mutter dazu gezwungen, bis er es schließlich auch aufgeben und Jakob in die Psychiatrische Klinik gebracht werden mußte.

Jakobs Vater bestimmte durch eine sehr autoritäre Art das Familienleben, seine Erziehung schien meist mit Druck, Zwang und Gewalt funktioniert zu haben. Die intellektuell Überlegene war jedoch eindeutig die Mutter, die den direkten Angriffen des Vaters scheinbar nachgab, um Wege zu finden, sich doch durchzusetzen, z.B. indem sie die Kinder stark emotional an sich band und den Vater hinterging. Der direkte Konflikt wurde vermieden, trotzdem gab es ständig Streit, der manchmal drohte, tödlich gefährlich zu werden. Jakob ließ Mutter und Tochter mit dem Vater streiten, selbst hatte er Angst, sich offen auseinanderzusetzen und sich gegen den Willen des Vaters zu stellen, konnte aber wohl manchmal auf Fragen des Vaters zugeben, er sei derselben Ansicht wie die Schwester.

Was für ihn die Pubertät bedeutete, als er merkte, daß er immer männlicher wurde, daß er sexuelle Bedürfnisse entwickelte, er vom Vater wegen Selbstbefriedigung geprügelt wurde und von Mutter und Schwester in erstaunlich inniger Art und Weise umarmt und geküßt wurde, ich denke, diese Erfahrungen mit seiner Familie führten ihn in eine Situation, die man mit einer Zwickmühle vergleichen kann. Aus ihr konnte er sich offensichtlich nur durch seine Krankheit befreien, die sich vor allem durch Zwang zur Antriebslosigkeit äußerte oder den Zwang, vor dem Schrecklichen, das er sieht, die Augen zu senken und rückwärts zu gehen, damit er nicht dem ausgeliefert ist, das durchs Fenster bedrohlich auf ihn zukommen könnte.

Ich denke, die Krankheit schützte ihn davor, den Vater töten zu müssen, wie seine Schwester es beinahe getan hätte, und auch davor, von der Mutter vergewaltigt zu werden.

Vieles an Jakob erinnert uns an seinen Vater - die beiden sehen sich sehr ähnlich, Zwänge sind auch beim Vater überdeutlich. (Er sammelt Dinge in Hunderte von Schuhkartons, die er numeriert, als ob er sich gegen die Unordnung und den Dreck wehren wollte, die in der Wohnung der Eltern herrschen).

Jakobs Vater ist durch eine Epilepsie behindert. Sein Versagen in seinem Beruf kann er nicht als sein eigenes Versagen begreifen. Es ist die Landeskirche, die ihn ablehnt, obwohl und weil er von der Kanzel unbequeme Wahrheiten verkündet hatte. Auch Jakob wehrt sich massiv dagegen, als behindert bezeichnet zu werden; es sind die anderen, die ihn dazu machen wollen, weil sie ihn nicht verstehen; nur er selbst weiß, wie es in ihm aussieht -. „Ich könnte, wenn ich wollte.“. „Ich möchte einen Beruf, in dem ich viel mit Menschen zu tun habe. Ein handwerklicher Beruf oder einer im Bürobereich oder gar eine Arbeit in einer Behindertenwerkstatt passen nicht zu mir.“ Häufig weist er uns die Schuld zu, wenn ihm etwas nicht gelingt.

Den Vater fragt er bei jedem Besuch: „Hast Du endlich Arbeit?“ während er selbst eine ungeheure Energie aufwendet, um nicht zu arbeiten. Die Arbeitserprobungen beim Hausmeister oder in der Verwaltung sind für uns und ihn sehr mühsam.

Welchen Ausweg gibt es für Jakob aus dieser Zwickmühle, aus der zu großen Nähe der Mutter und der Distanz des Vaters, dem sich Alleinfühlen und gleichzeitig Pascha-Sein, aus der Gefahr, sexuellen Übergriffen ausgeliefert zu sein und dem gleichzeitigen Wunsch nach Sexualität, aus der Gleichzeitigkeit von Zuwendung und Gewalt, sich männlich zu fühlen und weiblich schwach? Es scheint zwei extreme Lösungen zu geben - der zwanghafte Stillstand bzw. die Blindheit oder aber die aggressive Explosion. So erleben wir Jakob oft, stundenlang stehend auf einem Fleck, den Blick gesenkt, und gleichzeitig unter einer riesigen spürbaren Anspannung, wie kurz vor einer tödlichen Entladung.

Jakobs Entwicklung auf dem Deutschhof

Wir Pädagoginnen und Pädagogen auf dem Deutschof erleben Jakob, wie er mit jedem von uns einen Teil seiner Ambivalenzen wiederholt, Erfahrungen mit der Mutter vor allem in den verschiedenen Beziehungen zu den Frauen abhandelt, Erfahrungen mit dem Vater mit den Männern im Team neu auflegt.

Wir selbst bewegen uns zwischen den Extremen: Zwingen wir ihn wie sein Vater, zwingen wir ihn zu Bewegung und Aktivität, oder nehmen wir ihn in Schutz und sehen Jakob als den Kranken, der nichts kann und unsere tiefe Anteilnahme braucht? Wir spüren in uns die tödliche Aggression des Vaters und die verführende Nähe der Mutter, spüren selbst tödliche Bedrohung und Verführung in der Begegnung mit Jakob.

Die Entwicklung Jakobs auf dem Deutschhof spiegelt sich wider in der Entwicklung des Mitarbeiterteams. Dies kann besser dargestellt werden, wenn wir uns zunächst auf die Entwicklung der Beziehung zwischen Hans, seiner wichtigsten Bezugsperson, und ihm konzentrieren, um später die Teamsituation miteinzubeziehen. Die Beziehung zu Hans scheint für Jakob von der Frage begleitet zu sein: Gibt es für mich eine gesunde Möglichkeit der Entwicklung? Ist Hans für mich wie eine gute Mutter, die mich hält und pflegt? Mache ich mit Hans dieselben vernichtenden Erfahrungen wie mit meinem Vater oder kann ich den Versuch wagen, mich mutig, aktiv und offen auseinanderzusetzen? Kann ich mich in meiner persönlichen Entwicklung an Hans wie an einem älteren Bruder orientieren, und habe ich je in meinem Leben die Chance, zu werden wie er?

Von diesem Prozeß der Beziehung zwischen Hans und Jakob wird Hans jetzt selbst berichten:

Ich vergesse nie den Ausspruch einer Erzieherin in der Klinik, als ich Jakob dort besuchte. Sie sagte: „Ihr tut uns ja so leid, daß ihr ausgerechnet den bekommen müßt!"

Ich hatte gerade meinen Arbeitsplatz gewechselt. Von einem Erziehungsheim für männliche Jugendliche, in dem es meist sehr rauh zuging, war ich zu psychotischen Jugendlichen auf den „Deutschhof" gekommen. Ich war mir selbst nicht sicher, wie ich in Kontakt mit diesen so völlig anderen Jugendlichen kommen könnte. Ich selbst war eine Zeitlang Profi-Fußballspieler und gewöhnt, an alle Aufgaben aktiv heranzugehen und zuzupacken. Der Typ, den ich dann in der Klinik sah, hat überhaupt nicht zu mir gepaßt. Mein erster Eindruck von Jakob war: Was ist das für eine Schlaftablette! Ich war aber fest entschlossen, mich mit meiner ganzen Person auf die neue Aufgabe einzustellen und begab mich mit Optimismus auf den Deutschhof und in die Beziehung zu Jakob.

Jakob kam auf dem Deutschhof an, nachdem sein Vater mit ihm in mehreren Tagesetappen dorthin gewandert war. Heute unvorstellbar! Ich dachte, da ist kein Jakob mitgelaufen, nicht er als eigenständige Person.

Als Jakob auf dem Deutschhof eintraf und in der Tür stand, sagte er lachend „Guten Tag". Dieses Lachen hat sich mir eingeprägt, etwa in dem Sinn: Da ist noch eine Chance. Daran schloß sich eine lange Phase von vielen Monaten an, in der Jakob nicht mehr sprach. Ich brachte den Tag mit Jakob zu, indem ich ihm aus dem Bett half, ihn wusch, ihn anzog, ihm die Hosen sauber machte, ihn zum Essen an den Tisch brachte. Wenn das alles geschafft war, war es schon wieder Zeit, ihn ins Bett zu bringen. Lediglich essen konnte Jakob, wenn es ihm auch schwerfiel, damit anzufangen.

Damals wäre es verführerisch gewesen für jeden von uns Erziehern, Jakob einfach im Bad stehen zu lassen. Dann wäre er dort den ganzen Tag gestanden, regungslos... .

Damals hatte ich irgendwann zu ihm gesagt: „Hör zu, Jakob, ich mach' jetzt alles für Dich. Guck Du, wie es Dir geht!" Lange danach hat er seinen ersten Satz gesagt; es war beim Duschen. „Hans, mach' mir bitte Shampoo aufs Haar." Ich konnte es nicht glauben, daß er etwas gesagt hatte. Ich habe ihn weiter gepflegt in der folgenden Zeit, aber er fing an, ein wenig zu sprechen. Allmählich gelang es, Jakob zur Teilnahme an

Aktivitäten zu bewegen. Bei Spaziergängen in der Nähe des Hauses blieb er immer in der Nähe; er bekam Angst, wenn er mich nicht sah, weil ich schon um eine Hausecke gegangen war. Dann konnte er erste Widersprüche gegen mich äußern: „Daß Du mich stehengelassen hast, das fand ich nicht gut von Dir, Hans!"

Wenn es gelang, Jakob ins Auto zu bewegen, war es auch möglich, mit ihm schwimmen zu gehen oder zum Tischtennisspielen, was er damals, wenn er einmal angefangen hatte, relativ angepaßt machen konnte.

Nach ca. 1 1/2 Jahren bei uns mußte Jakob mit den vertrauten Betreuern und Jugendlichen der Gruppe eine Freizeit von 5 Tagen mitmachen. Vorher hatte er angekündigt, daß es ihm nach der Freizeit schlechter gehen würde. Leider hatte ich anschließend Urlaub. Jakob legte sich ins Bett, verweigerte das Essen und die Medikamente. Meine Kollegen wußten, es ist gut, wenn wir ihn nicht ins Krankenhaus bringen müssen. Er mußte gepflegt werden wie ein Todkranker oder ein Säugling.

Nachdem Jakobs Vater ursprünglich jeden Tag in die Klinik gekommen war, hatte er sich beim Einzug seines Sohnes auf dem Deutschhof damit abfinden müssen, daß er nicht ständig und erst recht nicht unangemeldet zu Besuch kommen konnte. Er mußte sich dann auch an die Regeln des Hauses halten, die er lieber selbst bestimmt hätte. Jakob ertrug die Besuche seines Vaters und seiner Mutter. Nach einiger Zeit begann er jedoch damit, in sein Zimmer hoch zu gehen, um sie nicht sehen zu müssen. Schließlich erbat er sich von mir meinen Schlüsselbund, um sich ins Zimmer einschließen zu können, während draußen vor der Tür die Mutter weinend versuchte, auf ihn einzureden, er möge sie doch einlassen.

Schließlich fragte ich ihn, ob er wolle, daß seine Eltern eine Zeitlang nicht kommen sollten. Er stimmte sichtlich erleichtert zu. Die „Elternpause", die sich daran anschloß, dauerte 1 1/2 Jahre.

In dieser Zeit wurde Jakob zunehmend handlungsfähiger, auch innerhalb des Hauses. Außerhalb war Jakob schon eher in der Lage gewesen, sich um Unauffälligkeit zu bemühen.

Irgendwann habe ich dann gesagt. „Jakob, ich will nicht mehr zwischen Dir und den Eltern stehen, regele Du selbst, ob und wie oft Du Deine Eltern sehen willst."

Seitdem bestellt Jakob seine Eltern, normalerweise getrennt, in Abständen, die er bestimmt. Wenn ich überlege, in welchem Bereich es Jakob am besten schafft, selbst zu bestimmen, dann ist es die Regelung der Elternbesuche. Es scheint ihm ungeheuer gut zu tun, daß er hier über seine Eltern bestimmen kann, und daß selbst der Vater sich das gefallen läßt.

Es gab schon Situationen, da fühlte ich mich gegen den Vater ausgepielt, z.B. als Jakob eines Sonntags stundenlang auf dem Klo war, seine harten Kotklumpen in die Hose fallen ließ und ich Mühe hatte, Jakob dazu zu bewegen, den Hoseninhalt ins Klo zu befördern, dann aber alles ruck-zuck ging, als der Vater kam und Jakob, als gäbe es keine Zwänge, mit ihm fortgehen konnte und Billard mit ihm spielen ging. Beim Ausflug mit dem Vater mußte er auch nicht in die Hose pinkeln, wie es auf dem Deutschhof ständig passierte.

Seit dieser Zeit gelingt es Jakob, seinem Vater ausgeglichener zu begegnen. Er sagt dazu, sein Vater habe sich positiv verändert. Offensichtlich war der Vater damals erleichtert, seinen Sohn gesünder zu erleben. Er konnte mehr auf Jakob zugehen vielleicht mehr, als er dies je getan hatte. Er konnte offensichtlich in solchen Besuchssituationen auf dem Deutschhof seine Rolle als autoritärer Vater zugunsten einer liebevollen Vaterrolle verlassen - den autoritären Teil sollte offensichtlich ich bei mir finden oder der eine oder der andere meiner männlichen Kollegen...

Einen Riesenkrach mit dem Vater hatte ich, als er seinen Sohn eines Tages mit einer Brandwunde antraf, die er sich Tage zuvor zugezogen hatte. Der Vater wollte mir vorschreiben, daß ich mit Jakob zum Arzt gehen sollte. Ich sagte ihm, daß er die Entscheidung darüber dem Team des Deutschhofs überlassen müsse, in dem auch Krankenpfleger seien, die die Wunde kompetent versorgt hätten. Am nächsten Tag schrieb der Vater Jakob einen Brief und außen auf den Umschlag, damit wir es sehen sollten: „Ich ruf' dich morgen an, weil Du Dir Sorgen machst." Was hieß das anderes als: die auf dem Deutschhof können Dich nicht versorgen, die richtigen Eltern sind wir, Dein richtiger Vater ist nicht der Hans, sondern ich!

Das Telefongespräch am nächsten Tag war dann die entscheidende Auseinandersetzung zwischen mir und dem Vater gewesen, entscheidend für das künftige Verhältnis zwischen ihm und mir und im Hinblick auf unsere Rolle für Jakob. Es ging wohl nicht nur darum, wer der bessere Vater sei, sondern es war auch die stellvertretende Auseinandersetzung zwischen mir und dem Vater, wie sie Jakob noch nicht selbst hat führen können. Ein Aufeinanderzugehen zwischen Jakobs Vater und mir, sicher von meiner Seite begonnen, war in einem erstaunlich guten Sinn möglich, weil Jakob es eigentlich war, der diese Auseinandersetzung entschieden hat. Er hat deutlich machen können, daß er von keinem von uns beiden mehr abhängt wie der Säugling von den Eltern oder der todkranke Jakob beim Ausbruch der Psychose. Er sagte zu mir: „Hans, soll ich meinen Vater anrufen und ihm sagen, daß alles (hier mit mir und Dir und dem Deutschhof) in Ordnung ist?!

Dies hieß für mich so etwas wie: Ich werde jetzt selbst erwachsen, keiner von Euch muß mehr über mich bestimmen!

Die klare Auseinandersetzung zwischen dem Vater und mir und die Erfahrung von Jakob, daß diese Auseinandersetzung trotz der Härte, mit der sie geführt worden war, für niemanden von uns beiden tödlich ausging, muß eine ungeheure Erleichterung für Jakob gewesen sein. Sie hat Jakob offensichtlich darin unterstützt, es zu wagen, sich auch mit mir und den anderen Kollegen auseinanderzusetzen und vielleicht endlich in der Pubertät sein zu dürfen.

Die Auseinandersetzungen auf dem Deutschhof mit Jakob, vor allem die zwischen den Männern, aber auch die mit den Frauen, sind härter geworden, insbesondere mit mir. Dabei ist Jakob immer noch, oder gerade jetzt, sehr stark in seinen Zwängen verhaftet, die vor allem darin bestehen, neue Handlungen nicht anfangen zu können. Er kann aber gleichzeitig viel deutlicher als früher seinen Willen äußern; er kann sagen: „Das will ich“ und „das will ich nicht“ - sehr klar und differenziert.

Ich frage mich oft, ob die Härte der Auseinandersetzung - das Thema hat immer mit seiner Aktivierung zu tun, im Alltag, bei Arbeitsversuchen u.ä. - so in Ordnung ist. Ich frage es oft auch ihn. Ich spüre zwar, daß die Beziehung, die ich zu ihm habe, diese Form der Härte zuläßt. Ich will aber nicht, daß er mich in die alte autoritäre Vaterrolle zwingt. Ich erlebe das Verhältnis inzwischen eher als das zwischen einem großen Bruder und einem jüngeren. Ich kann mit Jakob besprechen, welche Dinge für ihn wichtig zu lernen sind. Zuerst im Kontakt mit mir, inzwischen aber auch mit den Kollegen, ist er handlungsfähiger geworden; seine Zwänge erinnern aber auch an pubertäre Widerstände.

Die Auseinandersetzungen unter den Teammitgliedern Jakobs wegen sind mit dieser Entwicklung Jakobs offener und härter geworden. Die erste Phase hatte fast völlig den Charakter der Pflege gehabt, über deren Notwendigkeit wir - Männer wie Frauen - uns weitgehend einig waren. Dadurch, daß jeder von uns Jakob in Bezug auf seine Handlungsfähigkeit sehr unterschiedlich erlebte, aber auch jeder nie durchgängig in gleicher

Weise, hat Jakob einen jeden von uns darüber in heftige Zweifel gestürzt, über welche Handlungskompetenz Jakob nun wirklich verfüge, z.B. wenn wir erlebten, daß er nachts aufstehen konnte und seinem Zimmernachbarn aus dessen Schrank die Süßigkeiten klaute. Dann kommen Gedanken auf wie: Jakob könne mehr, als er zugeben wolle; er habe uns mit seinen jeweiligen Zwängen im Griff und könne auf diese Weise erreichen, sich jeglicher Arbeit und Zukunftsentwicklung zu verweigern. Andere sehen mehr die massive Verzweiflung und Abwehr, in der sich Jakob befindet, oder sehen seine Krankheit als etwas, das wir endlich akzeptieren sollten. Dabei spaltet Jakob das Team oft in Frauen und in Männer, zwischen denen es zu entsprechend heftigen Auseinandersetzungen kommt.

Jakob kann die Erfahrung machen, daß diese Auseinandersetzungen sehr offen geführt werden können, ohne daß wir ihn einer Zerreißprobe aussetzen, und auch, daß wir ihn nicht aufgeben und an seine Möglichkeiten glauben, wenn auch immer wieder einer von uns nahe daran ist, zu resignieren. Er kann sich inzwischen auch häufiger selbst aktiv in die Auseinandersetzung einbringen, z.B. wenn er verbal sehr klar darauf bestehen kann, in Ruhe frühstücken zu dürfen.

Jakob hat inzwischen nicht mehr zwei voneinander getrennte Seiten wie früher, als er innerhalb des Deutschhofes von Zwängen nahezu gelähmt, aber außerhalb beinahe unauffällig war. Er kann jetzt nicht mehr unauffällig sein, wenn er draußen ist. Seine Handlungsmöglichkeiten sind im Haus und außerhalb gleichermaßen stark durch Zwänge behindert. Ist das ein Rückschritt? Oder eher ein Zeichen einer besseren Integration? Jakob selbst wehrt sich dagegen, darin einen Rückschritt zu sehen, quält sich aber zunehmend mit seinen Zwängen. Gleichzeitig kann er mehr und mehr für sich entscheiden, was er tun will, woran er sich beteiligt, und was er ablehnt. So ist es inzwischen auch möglich, daß ihn ein Zivi, und nicht einer von uns, zur Krankengymnastik fährt, weil er inzwischen selbst dorthin will. Lange wäre so etwas undenkbar gewesen. Mit zunehmender, wenn auch zunächst eher geistiger Aktivierung, scheint Jakob auch deutlicher über seine Situation Klarheit zu gewinnen. Seine verbale Kommunikationsfähigkeit ist sehr viel differenzierter geworden.

Umso mehr wird spürbar, wie sehr Jakob unter einer Spannung steht, geradezu wie unter Strom. Jeder von uns weiß, daß Jakob mit seinem Zwang eine ungeheure Energie in Schach hält, von der wir spüren, sie ist derzeit mehr nach außen, als gegen sich selbst gerichtet.

Es versetzt Jakob derzeit in große Angst, daß wir die Entwicklung von beruflichen Perspektiven von ihm erwarten, z.B. nicht nur den Gang zum Arbeitsamt, sondern auch Arbeitserprobungen. Es scheint, als ob er Angst hätte, eine berufliche Aktivität - so er sich dazu entschließen könnte - würde ihn eines Tages seinen Platz auf dem Deutschhof kosten. Er hat aber auch Angst, wir könnten es mit ihm aufgeben und ihn in ein Landeskrankenhaus schicken. Ob es damit zusammenhängt, daß wir manchmal den Eindruck haben, er würde jedem von uns, der sich über einen Fortschritt von ihm freut, möglichst schnell einen Anlaß dafür liefern wollen, daß er diesen Fortschritt wieder in Zweifel ziehen muß?

Gelingt es ihm, die ungeheure Aggression, die in ihm aufgestaut ist, seitdem ihm von früher Kindheit an verwehrt worden war, Handlungsentscheidungen zu treffen, nicht zum Töten einzusetzen, weder sich selbst noch andere?

Wir hoffen, er hat die Chance - in der Begegnung mit seiner eigenen Verzweiflung und in der Erfahrung, daß wir angesichts dieser Verzweiflung nicht mit ihm kaputt gehen -, Schritte machen zu können, und wenn sie auch noch so klein sind, die aus seiner Verzweiflung herausführen.

Inzwischen gibt es keine zwei Jakobs mehr - der nach außen funktionierende und der Säugling; es gibt nur noch einen einzigen Jakob, dem derzeit in erschreckender Weise klar wird, wie seine reale Situation aussieht. Das ist bedrohlich, für ihn und für uns. Es kann aber auch die Chance sein, erwachsen werden zu können.

Ich schließe einen Text von Dr. Stephan Becker an, den er uns als seinen Beitrag zu unserem Bericht geschickt hat und den er schreiben konnte aufgrund der kontinuierlichen Supervisionen, die er mit dem Deutschhof in den vergangenen 5 Jahren gemacht hat. Die gute Verbindung zwischen ihm und dem Deutschhof wird darin deutlich, daß er darin zutreffend in der „Wir-Form“ spricht, und daß er, ohne es rational wissen zu können, sich bis in seine Wortwahl hinein überaus aktuell und nahe an Jakob befindet. Seine theoretischen Ausführungen zu unserer Beschreibung halte ich für die notwendige Ergänzung der Diskussion:

„Ursprünglich begegnete uns ein Jakob mit scheinbar unendlich vielen Zwängen. Je besser wir ihn kennenlernten, desto mehr spürten wir die Ängste, die hinter diesen Zwängen lagen und ein vom Zerfall bedrohtes Ich vor der Überflutung durch innere und äußere Reize nicht schützen konnten. Deshalb brauchte er die Zwänge, um sich den Schutz zu verschaffen, den seine Angst nicht herzustellen vermochte. Wir erinnern an dieser Stelle daran, daß die Anfänge eines Symptoms dort beginnen, wo die normale Abwehr versagt. Aber der einsame, erschütterte, tieftraurige Junge, der, vom Leid der Depotenzierung seines Vaters beim Verlust seiner kirchlich-bürgerlichen Ämter getroffen, sich nicht rühren konnte und in einer melancholischen Starre innehielt, dieser Junge konnte zunächst nicht trauern und mußte seine tiefe Depression verdrängen und verleugnen. Die verdrängte und verleugnete Depression stellte sich dann als Angst wieder her (in der Theoriesprache: die Depression restituierte sich als Angst), und die Angst konnte nicht schützen, das heißt, sie reichte zum Schutze nicht aus, denn die mit der Depression verbundene Schuld ließe sich nur durch eine Trauerarbeit überwinden, zu der der kleine Bub im Augenblick der Katastrophe seines Vaters nicht fähig war.

Je mehr es uns im Laufe der Behandlung von Jakob gelang, Zugang zu der von ihm unterdrückten Depression zu gewinnen, desto weniger brauchte er die Ängste und desto geringer wurden die Zwänge. In der ganzen Arbeit mit Jakob ist das Erleben seiner depressiven Anteile bisher das absolut Schwierigste gewesen und zugleich das, bei dem sich am meisten bewegt hat. Jakob kann die tieferen Dimensionen seiner Depression bislang nur über uns, d.h. noch nicht unabhängig von uns, aushalten und binden. Deshalb stellen sich Ängste und Zwänge immer wieder her, aber in beweglicher werdenden Übergängen. Wir haben von Jakob gelernt, daß seine Depression der wichtigste Verbündete in seiner ganzen Behandlung wurde, wiewohl wir im Erleben seiner Depression immer wieder durch eine Hölle haben gehen müssen.

Daß Jakob die Zugänge zur angsttypischen und zwanghaften Abwehr verfügbar bleiben ohne Abgleiten seiner selbst in eine Chronifizierung, zeigt uns, auf was für einem gesundenden Weg sich Jakob nun bewegt. Aber die Gesundheit, die er heute lebt, ist so ungewohnt für ihn, daß er zeitweilig unzufriedener und leidender auf uns wirkt, so als ob wir ihn verrückt machen wollten. Die vorübergehende Flucht in neues Kranksein stellt daher eine Abwehr gegen das Leiden einer mörderisch grellen Welt dar, deren Licht zunächst einmal von Jakob nur als Vexierbild intensivierter Verdunkelung wahrgenommen werden kann, weil im Innern seiner Seele Tag und Nacht sich so schlecht voneinander scheiden lassen, obwohl auch Jakob dem Leben mit der Differenz nicht mehr entrinnen kann. Freud würde an dieser Stelle sagen: 'Die Gesundheit wächst, und die Krankheit wächst mit.'

Jakob befindet sich in dem Augenblick am Scheideweg, die ursprünglichen Einbahnstraßen seiner Seele in verschiedene Richtungen gebrauchen zu können unter der Voraussetzung, daß ihn der Alb seiner Erinnerung an eine Welt mit Einbahnstraßen die befahrbaren Straßen in verschiedene Richtungen immer wieder erfahren läßt, als seien sie nicht wirklich. Nicht wirklich ist die Welt der Einbahnstraßen, aber die Wirklichkeit der anderen Welt ist nicht Transformation in reines Wohlbefinden, sondern immer wieder auch Einübung ins Unglücklichsein, um auf diese Weise des verstellten Glücks innezuwerden."

Ein langer Weg.
Zum Fort-und-Da-Spiel in der psychoanalytischen Sozialarbeit

Karin Fuchs, Michael Maas, Horst Nonnenmann

Die Einrichtung

Der Verein für Psychoanalytische Sozialarbeit e.V. in Rottenburg und Tübingen betreut seit dem Jahre 1978 Kinder, Jugendliche und junge Erwachsene, die schwerst seelisch behindert sind. Hierunter fassen wir insbesondere jenen Personenkreis, der mit den folgenden Diagnosen behaftet ist: autistisch, psychotisch, schizophren, dissozial, borderline. Wir begegnen diesen Menschen mit differenzierten Betreuungsangeboten sowohl in ambulanten als auch in stationären Settings: in den Räumlichkeiten unserer Ambulanten Dienste (die mit dem stationären Bereich für Jugendliche und junge Erwachsene ähnlich einer child guidance clinic kooperieren) oder vor Ort, was in den Familien oder auf der Straße heißen kann, in Schulen oder an Arbeitsplätzen, auf Spiel-

---

* Hans Thiersch spricht im Zusammenhang mit der Sozialarbeit bzw. -pädagogik immer wieder von der "Herausforderung für einen gelingende(re)n Alltag", von der "Eigenheit von Sozialarbeit als Alltagshandeln" (vgl. Thiersch 1986, 69ff.). Auch die psychoanalytische Sozialarbeit insistiert auf dieser Erkenntnis, aber eben mit der Erweiterung um die psychoanalytische Komponente, die uns wohl nicht zu Therapeuten werden läßt, jedoch beispielsweise unsere Interaktionsmuster im oft schutz- und haltgebenden Alltag der "Gesprengten Institution Hagenwört" erweitert. Am besten läßt sich psychoanalytische Sozialarbeit als eine eigene "Methode" verstehen, die sozialpädagogische und psychoanalytische Implikationen aufweist und sich als eine je spezifische, dem individuellen (psycho-sozialen) Problem angemessene, kompetente Handlungskonzeption erweist.

plätzen oder in Werkstätten für Behinderte, in Gefängnissen oder in Kliniken, ganz im Sinne des Konzepts des "reaching-out" (vgl. Fdern 1993). Die psychoanalytische Sozialarbeit versucht, die jeweils Betroffenen darin zu unterstützen, daß sie die häufig verloren geglaubten bzw. -erlebten äußeren, realen Lebensräume zurückgewinnen und aufbauend (neu) gestalten. Dieses Handeln im Außen soll zu einer Heranbildung bzw. Stabilisierung ihrer inneren psychischen Lokalitäten bzw. Strukturen führen (vgl. Fuchs, Goudriaan, Maas, Nonnenmann 1993)*. Wegen des Berücksichtigens und Anerkennens der je individuellen psychischen Besonderheiten unserer Klientel begeben wir uns während der Betreuungen bzw. Begleitungen auf einen langen Weg, der durchzogen ist von Trennungserfahrungen und Wiederannäherungen, dem Fort-und-Da-Spiel. Anspruch wie auch Ziel unserer Arbeit kann in diesem Zusammenhang "nur" heißen, zu verhindern, daß diese Menschen - wie Reinhart Lempp es einmal ausdrückte - den gesellschaftlichen Siphon hinuntergespült werden. Die psychoanalytische Orientierung dieser besonderen Form der Sozialarbeit bzw. -pädagogik erweitert unsere Wahrnehmung um die unbewußte Dimension. So werden wir in unserer - vordergründig (sozial-) pädagogisch anmutenden - Arbeit immer wieder in Übertragungsbeziehungen und in Reinszenierungen früher(er) Konflikte einbezogen. Über unseren haltgebenden Bezug zu den jeweils Betroffenen versuchen wir, diese Konflikte von einer unbewußten auf eine bewußte Ebene zu verlagern (vgl. Kutter 1990). Das komplexe Verstehen solch komplizierter Beziehungsdynamismen ist nur mit Hilfe der unsere Arbeit eng begleitenden psychoanalytischen Supervision möglich (vgl. Fuchs, Maas, Nonnenmann 1994).

Nachfolgend möchten wir die Möglichkeiten psychoanalytischer Sozialarbeit etwas transparenter machen, indem wir einen Ausschnitt aus unserer stationären Arbeit vorstellen. Den Rahmen hierfür bildet die "Gesprengte Institution Hagenwört". Im Zentrum der Aufmerksamkeit steht in dieser Einrichtung insbesondere das Fort-und-Da-Spiel, der spielerische Umgang mit Trennungen und Übergängen. Dazu später mehr. Zunächst soll die Einrichtung kurz vorgestellt werden:

Im September 1990 gündeten wir die "Gesprengte Institution Hagenwört", die ihren Namen aus dem Standort des zu diesem Projekt gehörenden Wohnhauses in der Hagenwörtstraße in Rottenburg am Neckar herleitet. In diesem Haus wohnen mittlerweile sechs junge erwachsene Menschen, die alle einen "Mangel an Ich-Struktur" aufweisen (vgl. Federn

1993) oder - diagnostisch betrachtet - eine autistisch-psychotische Behinderung; anders als eben Neurotikern geht ihnen die Abgrenzung zwischen Selbst- und Objektrepräsentanzen immer wieder völlig verloren. In Aichhorns "Verwahrloste Jugend" ist es FREUD selbst, der die Möglichkeiten einer psychoanalytischen Pädagogik in einem solchen Kontext - und zwar in Ergänzung und Erweiterung zur Psychoanalyse - aufzeigt: "Die Möglichkeit der analytischen Beeinflussung ruht auf ganz bestimmten Voraussetzungen, die man als 'analytische Situation' zusammenfassen kann, erfordert die Ausbildung gewisser psychischer Strukturen, einer besonderen Einstellung zum Analytiker. Wo diese fehlen, wie beim Kind, beim jugendlichen Verwahrlosten, in der Regel auch beim triebhaften Verbrecher, muß man etwas anderes machen als Analyse, was dann in der Absicht wieder mit ihr zusammentrifft" (Freud in Aichhorn 1977, 8). So beschränkt sich auch unsere psychoanalytische Sozialarbeit in der "Gesprengten Institution Hagenwört" nicht auf ein klassisches analytisches Setting, sondern sie bewegt sich, im Sinne eines psychoanalytisch-pädagogischen Settings, in der Hauptsache im realen Außen. Hier konstruieren wir Lebens- bzw. Spielräume, die von den Jugendlichen und jungen Erwachsenen verinnerlicht, das heißt zu psychischen Lokalitäten geformt werden sollen. Und hierbei, im realen Außen, im alltäglichen Vollzug, begleiten wir die jungen Erwachsenen, wir stellen uns zur Verfügung. Der sehr strukturierte, zeitlich festgelegte Tagesablauf in der "Gesprengten Institution Hagenwört" kann zudem als Ich-stützender und haltgebender Rahmen angesehen werden. Wir Mitarbeiter(innen) lassen uns ansprechen und "verwenden", wir sehen unsere Beziehungen zu den jungen Erwachsenen "als Bühne der Inszenierung und Veränderung" (vgl. Körner 1992), die über die psychoanalytische Supervision in ihrer Bedeutung verstanden werden will. Doch die hieraus erwachsenen "Kenntnisse werden nicht in Form spezieller Deutungskunst an die KlientInnen weitergegeben. Es gilt, eine auf Ich-Stützung und Ich-Stärkung angelegte, im Spannungsfeld von Zumuten und Halten vertrauensvolle und intensive Beziehung herzustellen" (Dörr 1993, 122f.) Die Deutung liegt bei der psychoanalytischen Sozialarbeit also weniger in der Sprache als vielmehr in der Handlung.

Da es an dieser Stelle ja besonders um das Fort-Da-Spiel in Verbindung mit der "Gesprengten Institution" gehen soll, ist es unvermeidbar, einen Augenblick bei der französischen Analytikerin Maud Mannoni zu verharren. Sie gründete die "École expérimentale" in Bonneuil-sur-

Marne, nahe bei Paris. Diese "Versuchsschule" nahm erheblichen Einfluß auf unsere Überlegungen. Dort nämlich setzt man sich für eine sehr intensive Begleitung Jugendlicher und junger Erwachsener mit (vornehmlich psychischen) Schwierigkeiten ein. Zentraler Gedanke ist in dieser wie in unserer Einrichtung der, daß der Eintritt des Kindes in die symbolische Ordnung einhergeht mit einer phonematischen Organisation der Realität, wie sie zum Beispiel beim Fort-Da-Spiel beobachtet werden kann. Dieser Gedanke wird auf den "autistisch-psychotischen Spielraum" übertragen: "Der Psychotiker hat entsprechend seiner Verwechslung von Objekt und Subjekt Schwierigkeiten, da ihm die imaginäre Dimension fehlt. Er hat die Verdrängung des primären 'Wunsches' (Verschmelzung mit der Mutter) nicht vollzogen, und somit ist das Entstehen von sekundären Wünschen unmöglich geworden. Die Schwierigkeiten des Psychotikers liegen in der fehlenden Stütze, um ein von seinem eigenen Bild dissoziiertes Bild des anderen zu erlangen ... Die Skandierung von Abwesenheit und Anwesenheit bestärkt das Subjekt. Das Oszillieren (Hin- und Herschwanken; eig. Anm.) von einem Ort zum anderen wird in Bonneuil als eine praktikable Form des Spiels des Fort-Da gesehen, indem man dem gestörten Kind die Gelegenheit gibt, diesen ganzen Weg nachzuholen" (Roedel 1986, 168f.) So auch in der "Gesprengten Institution Hagenwört"! Prinzip dieser "Gesprengten Institution" ist das Fort-Da-Spiel. Dieses "Dis-currere" entspricht einem "Dis-kursus in seiner rudimentärsten Form, ... der von einem Anderen aufgegriffen werden muß, damit sich eine Entwicklung des Gebens und Nehmens" herausbilden kann, vielleicht sogar ein gesprochener Diskurs (vgl. Feuling 1991, 148f.). In unserem "Projekt Hagenwört" versuchen wir, dieses Prinzip aufzunehmen und umzusetzen. Im Unterschied aber zum frühkindlichen Fort-Da-Spiel verläßt nun nicht die Mutter (hier die Einrichtung) das Kind, bzw. in unserem Fall den jungen Erwachsenen, sondern das "Kind" verläßt die Mutter, tagtäglich wird in der "Gesprengten Institution" die Trennung vollzogen.

Die "Gesprengte Institution Hagenwört" hat in ihrem Zentrum die Wohngruppe. Dieser Wohnort, der, wie schon erwähnt, Platz für sechs junge Erwachsene bietet, ist ein schöner Einfamilienbungalow mit großem Garten in Stadtrandlage, der durch nichts an ein Heim bzw. eine heimähnliche Einrichtung erinnert. Die jungen Menschen, die in der Wohngruppe Hagenwört einen neuen Lebensmittelpunkt finden sollen, blicken allesamt auf eine mehrjährige psychiatrische Karriere zurück, die von Trennungstraumata durchzogen ist. So widerfuhr es auch Josef, einem inzwischen zwanzigjährigen jungen Mann, der im nachfolgenden kasuistischen Teil näher vorgestellt wird*. Er lebt seit zweieinhalb Jahren in "Hagenwört", einer Übergangseinrichtung der Jugendhilfe.

Die Sprengung unserer Institution sieht so aus, daß wir die wesentlichen alltäglichen Lebensräume der jungen Erwachsenen wie Wohnen, Arbeiten und Therapie (sozialtherapeutisch-psychoanalytische Einzelstunden) räumlich sehr weit voneinander getrennt haben. Die Orte liegen bis zu 20 km (!) voneinander entfernt. Zunächst machen wir uns zusammen mit den jungen Erwachsenen und den sogenannten Arbeitsbegleiter(inne)n unseres Vereins Gedanken über einen passenden Arbeitsplatz, der bisher immer außerhalb von Rottenburg liegt. Kolleg(inn)en unserer "Ambulanten Dienste" bieten in einem regelmäßigen Rhythmus die psychoanalytisch-sozialtherapeutischen Einzelstunden an. Die jungen Erwachsenen suchen bis zu viermal in der Woche diese Stunden auf.

Wir befassen uns mit der jeweils individuellen Konstruktion und Entwicklung von Lebens-, Arbeits- und Therapie-Spiel-Räumen. Die Zeit bzw. die Zeitstrukturierung an den verschiedenen Orten soll den jungen Erwachsenen den Aufbau eines inneren zeitlichen Strukturgefüges ermöglichen. Sie verlassen morgens gegen 7.30 Uhr die Wohngruppe, um entweder mit Unterstützung eines Arbeitsbegleiters, der nicht zum Betreuungsteam der Wohngruppe gehört, oder aber selbständig mit öffentlichen Verkehrsmitteln den Arbeitsplatz zu erreichen. Die anvisierte Integration der jungen Erwachsenen in das Arbeitsleben bewegt sich - trotz der intensiven Arbeitsbegleitung - immer auf dem schmalen Grat zwischen Wollen und Nicht-Wollen, zwischen Können und Nicht-Können. Ohne diese individuell jeweils zu konstruierende Arbeitsbegleitung wären die jungen Erwachsenen wohl kaum in das Arbeitsleben integrierbar. Zu schmerzvoll erleben die meisten die Trennung!

Zwischen 14.00 und 16.00 Uhr kehren die jungen Erwachsenen von der Arbeit in die Wohngruppe zurück. Oft fahren sie dann noch allein oder - falls nötig - in Begleitung eines Wohngruppenbetreuers mit einem öffentlichen Verkehrsmittel nach Tübingen, um dort ihre regelmäßigen Einzeltermine wahrzunehmen. Diese Termine, die wir als psychoanalytisch-sozialtherapeutische Einzelstunden bezeichnen, sind keine Therapiestunden im herkömmlichen Sinne, wo es also um das Einsichtigwerden in die das "Leiden" verursachenden psychischen Konflikte geht. Die

* Der Name ist anonymisiert.

autistisch-psychotischen jungen Erwachsenen verfügen kaum über die reflexive Position, nämlich "sich selbst mit den Augen des Anderen zu sehen". Grundidee dieser Einzelstunden ist es, über einen relativ spontanen Prozeß eine Beziehungsmodalität zwischen den jungen Erwachsenen und ihren jeweiligen "Therapeut(inn)en" zu entwickeln, in welcher den jungen Erwachsenen Raum und Zeit gelassen wird, Subjekt ihres Begehrens zu werden, das heißt, daß sie in den Einzelstunden ihre Geschichte und das, was sie sind, rekonstruieren können. Sie sollen darin unterstützt werden, eine Trennung zwischen Ich und Nicht-Ich zu erkennen und im günstigsten Falle anzuerkennen. Zum Abendessen um 18.00 Uhr treffen schließlich alle Jugendlichen wieder in der Wohngruppe ein, wo sie gemeinsam den Abend mit unterschiedlichsten Aktivitäten, die aber nicht festgeschrieben sind, begehen. Um 20.00 Uhr wird der Tagdienst, der gegen 13.00 Uhr in den Dienst eingestiegen ist, von der Nachtbereitschaft abgelöst. In der Wohngruppe arbeiten vier Diplom-Pädagog(inn)en und eine Diplom-Psychologin (alle im Status von Psychoanalytischen Sozialarbeiter[inne]n) im Tagdienst. Es gibt jeweils "Mitarbeiter-Tandems", das heißt, daß wir ausschließlich mit einem "gemischten Doppel" arbeiten. Die Nachtbereitschaft wird von sechs, zum Teil psychiatrieerfahrenen, Student(inn)en abgedeckt. Sie erstreckt sich von 20.00 Uhr am Abend bis 8.00 Uhr am Morgen.

Das Setting in der "Gesprengten Institution Hagenwört" ist ein Zusammenspiel unterschiedlicher Orte mit unterschiedlichen Regeln und Gesetzen. Die jungen Erwachsenen sehen sich tagtäglich mit der Tatsache konfrontiert, pendeln zu müssen, sich auf jenes Spiel einzulassen, das ihnen so viel Mühe bereitet: das Spiel der Bewegung, das "Hin und Her", "Fort und Da", "Kommen und Gehen", ein Spiel, bei dem sie von Anfang an den unterschiedlichsten Personen in immer wiederkehrender Form begegnen und das zu einer ersten Differenzierungsfähigkeit führen soll, nämlich unterscheiden zu lernen zwischen "Ich" und "Nicht-Ich", zwischen "Ich" und "Anderem". Unseres Erachtens kann es nur über diese Form der Begegnung gelingen, den autistisch-psychotischen Menschen eine Art von Einsicht zu vermitteln, daß der sich jeweils ihm gegenüber befindliche Mensch ein von ihm getrenntes Subjekt ist, das nicht über eine vollkommene und unendliche Verschmelzung immerfort kontrollierbar bleibt.

Der "Fall" Josef

Im folgenden möchten wir anhand einiger ausgesuchter Episoden einer bisher zweieinhalb Jahre dauernden Betreuung zu zeigen versuchen, wie in unserm Setting ein Spiel mit dem Fort und Da wirken kann.

Josef ist ein inzwischen neunzehnjähriger junger Mann, der von den Sozialen Diensten der Stadt Lübeck* an uns vermittelt wurde. Er entstammt äußerst problematischen Familienverhältnissen. Josef hat neun oder zehn Geschwister, von denen er zwei kennengelernt hat. Die Mutter war kaum bzw. gar nicht in der Lage, für ihre Kinder zu sorgen. Seit vielen Jahren schon ist sie auf die Hilfe des Sozialamtes angewiesen und arbeitet unregelmäßig als Toilettenfrau. Ein jüngerer Bruder Josefs wohnt immer wieder vorübergehend bei ihr, eine ältere Schwester kümmert sich um ihre Belange. Der Rest der Geschwister ist über ganz Deutschland verstreut.

Über den Vater ist uns wenig bekannt. Er soll, kurz bevor Josef zu uns zog, bei einem Unfall ums Leben gekommen sein.

Nur bis zur zehnten Lebenswoche lebte Josef bei seinen Eltern, dann wurde er wegen mangelnder Versorgung ebenso wie seine Geschwister unter Amtsvormundschaft gestellt. Josef lebte zuerst bei einer Pflegefamilie, die durch seine Auffälligkeiten und sein aggressives Verhalten bald überfordert war. Von dieser Zeit wissen wir sehr wenig. Josef selbst konnte uns nur mitteilen, er habe sich damals sehr einsam gefühlt.

Im Alter von sieben Jahren wurde er bei anderen Pflegeeltern untergebracht, die einige Monate später ein weiteres Kind, ein Mädchen, in Pflege nahmen. Drei bzw. vier Jahre später wurden noch zwei leibliche Kinder geboren. Josefs Verhaltensauffälligkeiten nahmen auch in der neuen Familie zu, und seine vereinzelt auftretenden aggressiven Gefühlsausbrüche häuften und verstärkten sich mit der Zeit. Als Josef in hochgradiger aggressiver Erregung die Pflegemutter angriff und erheblich verletzte, wurde er, inzwischen sechzehn Jahre alt, in der Jugendpsychiatrie untergebracht.

Knapp ein Jahr später wird Josef in unserer Wohngruppe aufgenommen, die er bei einem zweitägigen Probeaufenthalt einige Wochen davor kennengelernt hat. Obwohl er uns etwas mißtrauisch fragt, ob man so weit im Süden auch noch mit deutschem Geld bezahlen könne, ist er damit einverstanden, weit entfernt seiner Heimat einen neuen Lebensabschnitt zu beginnen.

* Die Stadt Lübeck steht synonym für eine andere norddeutsche Stadt.

Oberflächlich betrachtet, gelingt es Josef recht gut, sich in der Wohngruppe einzufinden. Die innere Zerrissenheit in Bezug auf seine Herkunft stellt Josef geradezu zur Schau: seine bevorzugte Garderobe besteht aus Bundfaltenhose, weißem Hemd und Schlips und erinnert an seine zweite Pflegefamilie, die im intellektuellen Mittelschichtsmilieu anzusiedeln ist. Jedoch ist dieses schicke "Outfit" immer verkleckert oder gar versehen mit Brandlöchern, so daß ein Bezug zu Josefs desolater Herkunftsfamilie naheliegt. Der ihm unerträglich erscheinenden Realität versucht er durch laute Selbstgespräche zu entkommen; in diese läßt er Alltagsereignisse einfließen, die er bevorzugt mit einer imaginären Ehefrau, dickem Auto und einem Häuschen im Grünen "anreichert". Außerdem ist er ein großer Fan von Heimatmusik, mit der er gerne die ganze Wohngruppe beschallt. Noch auffälliger als seine Selbstgespräche ist sein Fahrradtacho, ohne den er nur selten anzutreffen ist. Diesen hält er in der einen Hand, mit der anderen dreht er beachtlich schnell eine Kulimine, die im Tachometer steckt und diesen antreibt. Häufig verkündet er den aktuellen Tachostand und die zurückgelegten Kilometer des Tages. An manchen Tagen hat er auf diese eigenartige Weise über 200 km zurückgelegt.

In seinen therapeutischen Einzelstunden beginnt er sich immer intensiver mit seiner leiblichen Mutter, die er ja kaum kennt, auseinanderzusetzen, und je mehr er in der Wohngruppe ankommt und sich hier zu beheimaten beginnt, desto massiver idealisiert er die Mutter und desto drängender werden seine Fluchttendenzen und Allmachtsphantasien. Wohl um diese Spannung überhaupt aushalten zu können, phantasiert er sich ein fixes Auszugsdatum, zu dem er sich vornimmt, wieder nach Lübeck zu seiner Mutter zu ziehen. Unsere Versuche, seine innere Befindlichkeit zwar anzuerkennen und seine Sehnsucht nach einer Mutter zu verstehen, aber auch die reale Situation, in der diese lebt, deutlich zu machen, stellen Josef nur für kurze Momente zufrieden. In Zuständen inneren Aufruhrs, denen er geradezu ausgeliefert scheint, gibt es nur noch die Fluchtphantasie, sofort nach Lübeck zu fahren. Einen Aufschub seines Drängens und den Hinweis auf die realen Schwierigkeiten einer solchen Reise erträgt er nur schwer. Zwar bleibt er in solchen Situationen widerstrebend - und, wie er bekundet, vorübergehend - in der Wohngruppe, phantasiert diese aber als Gefängnis, in dem er gewaltsam festgehalten wird. Der einzige Ausweg scheint ihm dann, einen Rechtsanwalt einzuschalten, der ihn aus unseren "Klauen" befreit.

Seinen Wunsch nach einer Instanz, die ihm zu seinem Recht verhilft, die allerdings auch sein Wohl und unsere Rechte im Auge haben sollte, unterstützen wir und bringen einen außerhalb der Wohngruppe stehenden Mitarbeiter ins Spiel, der immer wieder in akuten Situationen als Vermittler die Position des "Dritten" einnimmt. Parallel dazu erachten wir einen Besuch Josefs in seiner Heimatstadt, bei dem er von einem Betreuer begleitet wird, als hilfreich, um die illusionär-idealisierte Beziehung zur Mutter zu ernüchtern; bei aller Ambivalenz scheint Josef genügend vertrauensvolle Bindungen in der Wohngruppe eingegangen zu sein, um eine solche Desillusionierung zu verkraften. Nach schwieriger und mühevoller Kontaktaufnahme kann ein Treffen mit der Mutter arrangiert werden. Außerdem wird ein Termin mit dem Sozialarbeiter vereinbart, der die Unterbringung in unserer Wohngruppe eingeleitet und durchgeführt hat.

Der zweitägige Heimatbesuch, der für Josef und den ihn begleitenden Betreuer sehr anstrengend ist, hat keineswegs sofort eine kathartische Wirkung. Die Konfrontation mit seiner Herkunftsfamilie und der bitteren Realität, daß die Mutter noch nicht einmal für sich selbst sorgen kann und keinen äußeren, geschweige denn einen emotionalen Raum für ihn hat, wird von Josef geleugnet - die Anerkennung dieser Realität wäre zu schmerzvoll. In Ansätzen kann er zwar depressive Gefühle zulassen, die er hauptsächlich an den "Zeugen" (den begleitenden Betreuer) der Lübeckreise bindet, bringt aber einen andern Mitarbeiter weiterhin in die Position des "rigiden Gefängniswärters", der ihn gegen seinen Willen in der Wohngruppe festhält. Auch sucht Josef nun verstärkt telefonischen Kontakt zur Mutter, die massiv mit ihm zu agieren beginnt und einen Rechtsanwalt einschaltet, der Josef aus der Wohngruppe befreien und eine "Umsetzung" nach Lübeck in die Wege leiten soll.

In der Folgezeit besteht unsere Aufgabe darin, die auf der Ebene des Rechts eher unsinnige Geschichte (Josef war und ist bei uns unter juristischen Gesichtspunkten aus freiem Willen) im Übertragungsgeschehen zu bearbeiten. Wir versichern ihm, daß wir ihn keineswegs loshaben wollen und der festen Überzeugung sind, daß er in unserer Wohngruppe am richtigen Ort ist. Ein wichtiger Aspekt unserer Arbeit besteht in dieser Zeit darin, Josef in seinen sich oft zu widersprechen scheinenden Verhaltens- und Gefühlsäußerungen zu begleiten. Sein Bedürfnis nach Halt und Geborgenheit geht einher mit einer großen Angst, eingeengt zu werden, was von ihm meist aggressiv abgewehrt wird. Immer wieder zeigt Josef starke Tendenzen, jegliche Verantwortung und Subjekthaftigkeit von sich zu weisen, und bewahrt sich seinen Eigenwillen allenfalls durch Verweigerungsbekundungen. Dem gegenüber stehen seine Größenphantasien, die sich in exzessiven Selbstgesprächen ausdrücken, im Umgang mit seinen Mitbewohner(inne)n auftreten und in seinem Kontrollbedürfnis den Betreuer(inne)n gegenüber bemerkbar werden. Hier müssen wir ihm einerseits immer wieder Grenzen setzen, die ihn auf den Boden der Realität zurückholen, ihm andererseits jedoch, um kein Gefühl der Ausweglosigkeit und des Verfolgtwerdens auszulösen, vermitteln, daß er, auch mit seiner Ambivalenz und massiven Abwehr, akzeptiert wird. Diese Gratwanderung, auf der wir uns mit Josef befinden, scheint ihn - im Sinne einer langsamen Integration seiner gegenläufigen und einem Zulassen seiner depressiven Gefühle - weiterzubringen, wofür zeugt, daß Josefs Fluchtgedanken seltener werden und er sich in der Wohngruppe sichtlich wohler fühlt. Fast scheint es, als würde dieser "heimatlose Geselle" in Hagenwört eine Heimat finden.

Umso überraschender trifft uns eine erneute krisenhafte Zuspitzung: In einer morgendlichen Auseinandersetzung - Josef möchte, wie häufiger, nicht zur Arbeit, weil er schlecht geschlafen habe - gerät er urplötzlich in einen Zustand hochaggressiver Erregung, in der er Einrichtungsgegenstände des Wohnzimmers demoliert und die an diesem Morgen anwesende Mitarbeiterin mit Blumentöpfen bewirft. Kurze Zeit nach diesem Ausbruch, in dem Josef als tobendes Ungetüm erlebt wird, verwandelt er sich in ein Häuflein Elend. Er kann formulieren, daß ihn ein Gefühl der Ausweglosigkeit befallen habe, auf das er nur mit ohnmächtiger Wut reagieren konnte. In einer Nachbetrachtung des Geschehens besprechen wir mit Josef, daß solche unberechenbaren Ausbrüche sehr ernstzunehmende Angriffe gegen die Regeln der Wohngruppe darstellen; auch bringen wir die Möglichkeit einer vorübergehenden stationären Krisenintervention zur Sprache. Entgegen seinen bisherigen Fluchttendenzen kann Josef dieses Mal den Wunsch äußern, in der Wohngruppe bleiben zu wollen, was wir als Chance begreifen, seine impulsiven Aggressionsdurchbrüche in der Beziehung mit uns zu bearbeiten.

In der Folgezeit gelingt dies auch in Ansätzen: Josef wird deutlich depressiver und kann ein Stück weit seine schmerzhaften Gefühle der Entwurzelung und Heimatlosigkeit mit uns teilen. Er realisiert immer deutlicher, daß seine Mutter ihm nie eine solche war und es auch nicht werden kann. Dieser innere Prozeß der Verabschiedung von seinem phantasmatischen Fluchtpunkt treibt ihn gewissermaßen in eine größere Abhängigkeit uns gegenüber, die er wiederum abwehren muß. Daher scheint es uns auch notwendig, für Josef realitätsnahe "kleine Fluchten" und Distanzierungsmöglichkeiten zu schaffen, um ihm seinen Lebensort Hagenwört weiter zu erhalten und ihm auch Wege in die Zukunft zu eröffnen.

Wie notwendig solche Überlegungen sind, zeigt sich schon bald darauf. Josef gerät unter einen großen psychischen Druck. Er teilt uns mit, daß er ständig an seine Mutter denke und auf der Stelle nach Lübeck reisen müsse. Außerdem warnt er vor einer erneuten aggressiven Eskalation, falls ihn jemand daran hindern wolle. Josef packt seine Tasche und will weg. Erst als wir ihm vorschlagen, für einige Tage in eine vom Verein angemietete Wohnung zu ziehen, entspannt sich die Situation. Er ist bereit, nicht nach Lübeck, sondern in die einige hundert Meter entfernte Wohnung zu gehen. Tagsüber nach der Arbeit ist er nun nach wie vor in der Wohngruppe präsent, verabschiedet sich dann aber gegen Abend nicht ohne Stolz von den Zurückbleibenden. Nach einer Woche allerdings reagiert Josef spürbar erleichtert, als er nach einem Gespräch seinen Außenaufenthalt beendet. Diese Krisenintervention, wenn man diese Aktion so nennen möchte, ermöglicht Josef eine Distanzierung aus der unerträglichen Wahrnehmung seiner Einsamkeit und der sicherlich genauso unaushaltbaren Erkenntnis, abhängig von uns zu sein.

Die Wohnung, in der Josef eine Woche lang lebte und von der aus er wieder ganz froh ins geschützte Nest der Wohngruppe heimkehrt, spielt in der Folgezeit eine wesentliche Rolle. Er erkundigt sich immer wieder, ob er dort probewohnen könne, wobei es sehr deutlich wird, daß er die Auseinandersetzungen eher auf der Ebene der Phantasie sucht und sein reales Interesse, das Alleine-Wohnen auszuprobieren, nicht sonderlich groß ist.

Dennoch bemühen wir uns, diese Wohnung als "anderen Ort" für die Bewohner(innen) der Wohngruppe und insbesondere für Josef zu erhalten, als einen Ort, der aus einem phantasmatischen Gebilde zu einer ganz realen Zuflucht und potentiell auch zu einer ganz realen Zukunftsmöglichkeit für Josef werden kann. Obwohl Josef, wie schon erwähnt, nach seiner Krisenwoche kein besonderes Interesse bekundet, die Wohnung in irgendeiner realen Form zu nutzen, reagiert er mit Verunsicherung, als wir ihm mitteilen, daß diese Wohnung über den Zeitraum von einigen Wochen einem jungen Mann, der von unseren Ambulanten Diensten betreut wird, zur Verfügung gestellt wird. Josef erkundigt sich häufig danach, wie lange die Wohnung belegt sei und betont, daß er auch mal wieder für eine Weile dort wohnen wolle.

Bei einem Abendessen, an dem wegen eines überraschend angesetzten Termins einige Mitarbeiter(innen) nicht teilnehmen, provoziert Josef penetrant eine Mitbewohnerin. Versuche der zurückgebliebenen Betreuerin, dies zu unterbinden, wehrt er ab, so daß es beinahe zu einer körperlichen Auseinandersetzung kommt. Am selben Abend weisen wir Josef in einem gemeinsamen Gespräch darauf hin, daß er es gefälligst zu lassen habe, seine Mitbewohner derart zu mißbrauchen, nur weil es ihm selbst nicht gut gehe. Nachdem sein Versuch, das vorgefallene Ereignis zu verharmlosen, nicht gelingt, dreht er den Spieß um und meint, sich von uns nicht anschreien lassen zu müssen. Er könne ja auch gehen! Wir versuchen, ihm deutlich zu machen, daß ein solcher Streit, den er zudem selbst provoziert habe, kein Grund sei, davonzulaufen, halten ihn aber auch nicht auf, als er in sein Zimmer rennt, um seine Reisetasche zu packen und nach kurzer Zeit das Haus verläßt. Etwa zwei Stunden später macht sich ein Mitarbeiter auf, um ihn zu suchen. Im 13 km entfernten Tübingen wird er fündig: Josef sitzt auf einer Bank am Busbahnhof, ganz in der Nähe des Bussteiges, von dem aus die Busse nach Rottenburg, dem Ort der Wohngruppe, abfahren. Der Bahnsteig, von dem aus Josef in Richtung Lübeck gelangen könnte, liegt weit entfernt! Hektisch rauchend bekundet Josef, er wolle nie mehr in die Wohngruppe zurückkehren - zur Not verbringe er die Nacht im Freien. Schließlich erklärt er sich bereit, ins Hotel zu gehen, um dort in Ruhe über alles nachzudenken. Schon nach einer Nacht im Hotel - geplant waren mindestens zwei - drängt Josef darauf, in die Wohngruppe zurückzukommen. Seinen Mitbewohner(inne)n erzählt er voller Stolz von diesem Erlebnis, obwohl - oder vielmehr gerade weil- dieses höchst unangenehm gewesen sein muß.

Maud Mannoni schreibt: "Gelingt die Trennung, wird das Kind in seiner Eigenschaft als abwesendes Objekt zum Subjekt; seine Entscheidung für oder gegen die Rückkehr an den vorherigen Ort ist gleichsam eine Umsetzung dieser Erfahrung" (Mannoni, 1976, 169).

Dieses "Fort und Da" wird sich sicherlich noch öfter wiederholen, begleitet von unserer Hoffnung, daß Josef psychische Lokalitäten entwickelt und einen inneren Ort findet, an dem er sich beheimaten kann. Eingeschränkt wird diese Hoffnung durch die Gewißheit, daß Josef immer eine Ambivalenz seiner Beheimatung gegenüber bewahren wird. Heilen und ausradieren können wir Josefs innere Zerrissenheit nicht, aber wenn er diese aushalten kann, ohne immer wieder die (äußere) Flucht antreten zu müssen, haben wir ihm sicher geholfen.

Literatur

Aichhorn, A.: Verwahrloste Jugend. Bern, Stuttgart, Wien 1977 (7.Auflage).

Dörr, M.: Fremdverstehen als Methode. Sozialpädagogische Beziehungsarbeit in der Kinder- und Jugendpsychiatrie. In: Rauschenbach, T., Ortmann, F., Kasten, M.-E. (Hrsg.): Der sozialpädagogische Blick. Lebensweltorientierte Methoden in der Sozialen Arbeit. Weinheim, München 1993, 113-128.

Federn, E.: Psychoanalytische Sozialarbeit - Kulturelle Perspektiven. In: psychosozial 53. Pioniere der Psychoanalytischen Pädagogik: Bruno Bettelheim, Rudolf Eckstein, Ernst Federn und Siegfried Bernfeld, herausgegeben von Roland Kaufhold, 16.Jg., 1993, 103-108.

Feuling, M.: Einbrüche in die Unendlichkeit. Einige Probleme psychoanalytischer Arbeit mit autistisch-psychotischen Menschen. In: Arbeitshefte Kinderanalyse, Bd. 14, Kassel 1991, 115-150.

Fuchs, K., Goudriaan, A., Maas, M., Nonnenmann, H.: Von der Konstruktion äußerer Orte zur Bildung innerer Strukturen. Anmerkungen zum Aufbau einer "Gesprengten Institution" In: Verein für Psychoanalytische Sozialarbeit (Hrsg.): Innere Orte - Äußere Orte. Die Bildung psychischer Strukturen bei ich-strukturell gestörten Menschen. Tübingen 1993, 33-66.

Fuchs, K., Maas, M., Nonnenmann, H.: Supervisionsarrangements und Lebenswirklichkeiten. Über die psychoanalytisch-pädagogische Arbeit und Reflexion innerhalb einer "Gesprengten Institution". In: Verein für Psychoanalytische Sozialarbeit (Hrsg.): Supervision in der psychoanalytischen Sozialarbeit. Tübingen 1994, 158-177.

Körner, J.: Was ist psychoanalytisch an einer psychoanalytischen Sozialpädagogik? In: Körner, J. (Hrsg.): Werkstattberichte Sozialpädagogik. Beiträge zur Psychoanalytischen Sozialpädagogik. Heft 1, Berlin 1992 (Eigenverlag).

Kutter, P.: Psychoanalyse als Reflexionsinstrument in der Sozialarbeit. In: Büttner, C., Finger-Trescher, U., Scherpner, M. (Hrsg): Psychoanalyse und soziale Arbeit. Mainz 1990. 43-60.

Mannoni, M.: 'Scheißerziehung'. Von der Antipsychiatrie zur Antipädagogik. Frankfurt 1976.

Roedel, J.: Das heilpädagogische Experiment Bonneuil und die Psychoanalyse in Frankreich. Frankfurt 1986.

Thiersch, H.: Die Erfahrung der Wirklichkeit. Perspektiven einer alltagsorientierten Sozialpädagogik. Weinheim, München 1986.

Lernen zwischen „Fort“ und „Da“.

Psychoanalytische Pädagogik in der Schule unter besonderer Berücksichtigung des Unterrichtsgegenstandes als Übergangobjekt

Ulrike Becker

> « „ Paludes“, fing ich an, „das ist die Geschichte des neutralen Bodens, desjenigen, der jedermann gehört... - oder besser: des normalen Menschen, desjenigen, mit dem jeder anfängt; - die Geschichte der dritten Person, derjenigen, von der man spricht - die in jedem von uns lebt und die nicht mit uns stirbt. - Bei Virgil heißt er Tityrus - und es heißt dort ausdrücklich, daß er liegt -, ‘Tityre recubans’ - Paludes, das ist die Geschichte des liegenden Menschen.“
> „Ach so“, sagte Padras, „ich dachte, es sei die Geschichte eines Sumpfes.“
> „Mein Herr“, sagte ich, „die Ansichten gehen auseinander, der Grund bleibt bestehen. - Begreifen Sie doch, ich bitte Sie darum, daß die einzige Art und Weise, jedem dieselbe Sache - verstehen Sie mich wohl: dieselbe Sache - zu erzählen, nur darin bestehen kann, ihre Form jeweils nach dem Geist des neuen Zuhörers zu ändern. - In diesem Augenblick ist Paludes die Geschichte von Angelikas Salon.“ » (Gide 1895, S. 85).

Gide verweist in diesem Zitat auf die Determinanten seines schöpferischen Wirkens: Er benötigt ein Setting und ein Gegenüber. Gide schreibt die Erzählung „Paludes“ in Gedenken an eine für ihn wichtige elterliche Bezugsperson, seinen Onkel Richard. Die Hauptfigur seiner Erzählung „Tityrus“ weist genauso signifikante Charakteristika dieser elterlichen Bezugsperson wie von ihm selbst auf. So erscheint Tityrus als eine Person, die genauso wie „Onkel Richard“, der durch familiäre Gründe an sein Haus gefesselt ist, als ein Mann, der nicht verreisen kann und zugleich als ein Mensch, der aufgrund seiner liegenden Position, genauso wie der Autor selbst, in einer Stellung ist, die ihm den freien Lauf der Gedanken ermöglicht. Die liegende Position schafft aufgrund ihrer räumlichen Nähe zum Schlafen und Träumen besondere Voraussetzungen für kreative Prozesse. Es handelt sich um einen Bereich zwischen Wachen und Schlafen, zwischen äußerer und innerer Realität, den Winnicott als intermediären Raum bezeichnet. In diesem Zwischenbereich kann die Erzählung „Paludes“ als ein Objekt erscheinen, das durch die Hauptfigur des „Tityrus“ auf die elterliche Bezugsperson des Autors verweist. Wenn Gide vom „neutralen Boden“ sowie von der Person spricht, „die in jedem von uns lebt und nicht mit uns stirbt“, so verweist er auf diesen verinnerlichten Anteil der elterlichen Bezugsperson.

Der Autor definiert „Paludes“ immer wieder neu als die Geschichte des Ortes, an dem er sich selbst gerade befindet. Im Moment des Phantasierens über Tityrus, bzw. in Gedanken an Richard, ist er selbst im Zwischenbereich zwischen innerer und äußerer Realität wie in der Position des „Liegens“ und bestimmt „Paludes“ als die Geschichte des liegenden Menschen. Im Botanischen Garten, in der „Nähe des Bassins“ definiert sich Paludes als die Geschichte des Mannes, der Regenwürmer ißt. Spricht er beim Literatentreffen bei seiner Freundin Angelika über „Paludes“, so entsteht diese Erzählung als Geschichte von Angelikas Salon. Das Setting definiert sich hierbei immer durch eine Trennung zu einem Gegenüber, auf den der Autor elterliche Beziehungsaspekte Richards übertragen kann. „Paludes“ ist folglich die Geschichte, die in diesem trennenden Raum zwischen dem Autor und seinem Gegenüber entstehen kann. Ist sein Gegenüber zu weit entfernt oder zu nah wie bei seiner Reise mit Angelika, so kann sich dieser nicht als kreatives Spannungsfeld zwischen ihm und seinem Gegenüber konstituieren, und er muß das Weiterschreiben seiner Geschichte in Frage stellen. Spricht Gide von „derselben Sache“, die er seinem Gegenüber mitteilen möchte, so meint er nicht den Inhalt, sondern diesen qualitativen, durch den Rahmen - liegend in der Welt zu sein - hergestellten Beziehungsaspekt. In „Paludes“ wird der Inhalt ins Abseits gedrängt und die Form, die er seinem Gegenüber anpaßt, wird zum Inhalt seines schöpferischen Wirkens.

Was in Gides' „Paludes“ als Formel für das Setting schöpferischen Wirkens erscheint, bezeichnet Winnicott als Wurzel jeden kulturellen Erlebens. Es handelt sich um die Bildung von Übergangsphänomenen bzw. Übergangsobjekten, die zunächst im intermediären Bereich zwischen Mutter und Kind entstehen. Übergangsphänomene bzw. Übergangsobjekte sind bei Säuglingen und kleinen Kindern zu beobachten und gehen mit zunehmendem Alter in andere kreative Ich-Leistungen wie Malen, Musizieren oder Dichten über. Als Übergangsphänomene nennt Winnicott beispielsweise das Daumenlutschen. Als Übergangsobjekte führt er u.a. den Teddybären oder die Stoffwindel eines Kindes an. Aber nicht jeder Teddybär wird zu einem Übergangsobjekt. Er kann zu einem Übergangsobjekt werden, wenn er ähnlich wie „Paludes" bei Gide mit Illusionen bzw. Phantasien aufgeladen wird. Es wird zu einem „Nicht-ich-Besitz" (Winnicott 1971, S. 14).

Das Übergangsobjekt gewinnt innerhalb der primären Beziehung die Funktion eines Trösters, der über die Trennung zur primären Bezugsperson hinwegtröstet. Das Übergangsobjekt tritt anstelle der primären Bezugsperson und unterstützt somit die Verleugnung von Trennungsängsten, genauso wie „Paludes" über die nicht zustande kommende enge Beziehung zu Richard, der stellvertretend für die verstorbenen Eltern des Autors steht, hinwegtröstet.

Die in Anlehnung an Winnicott entwickelten Deutungen über die Genese kreativer Prozesse gelten nicht nur für Kleinkinder und für den ästhetischen Bereich, wie ich anhand der Frauenbildnisse Picassos oder hier am Beispiel der Erzählung „Paludes" aufgezeigt habe, sondern spielen ebenso eine bedeutende Rolle bei Lernprozessen von früh emotional gestörten Kindern und Jugendlichen.

Dieser Zusammenhang erklärt sich aus der Ähnlichkeit emotionaler Bedürfnisse bei Kleinkindern und den hier genannten schwierigen Kindern und Jugendlichen gegenüber ihren Bezugspersonen. Aufgrund der immer wirksamen Übertragungs- und Gegenübertragungsprozesse zwischen Lehrer und Schüler ermöglicht erst ein unterrichtliches Setting, das im Sinne eines „Fort" und „Da" Nähe und Distanz konstitutiv organisiert, die Entstehung eines intermediären Raumes zwischen Lehrer und Schüler, in dem die Unterrichtsgegenstände in die Position eines Übergangsobjektes gelangen (Winnicott 1971, S. 14).

In bisherigen Arbeiten zum Lernbegriff in der Psychoanalyse wird Lernen als eine Folge von Triebunterdrückung verstanden. Nach Freud wird die dem Lernen inhärente „Denkarbeit durch die Sublimation erotischer Triebkraft bestritten" (Freud, S. 1923, S. 312). „Das Denken wurde mit Eigenschaften ausgestattet, welche dem seelischen Apparat das Ertragen der erhöhten Reizspannung während des Aufschubs der Abfuhr ermöglichten. Es ist im wesentlichen ein Probehandeln mit Verschiebung kleinerer Besetzungsquantitäten, unter geringer Verausgabung (Abfuhr) derselben" (Freud, S. 1911, S. 20). Es bleibt dabei im Unklaren, wie es zur Verschiebung der Libido auf einen Lerngegenstand kommt. Im Rahmen dieser Theorie können Lernstörungen, mit denen wir es bei früh emotional gestörten Kindern und Jugendlichen zu tun haben, nur als mißlungene Sublimation verstanden werden. Dieser Erklärungsansatz erweist sich in der Praxis mit solchen Schülern als unzureichend. Er führt in eine Sackgasse (Becker, U. 1994). Die Theorie Eisslers hingegen (Eissler, 1963), die Denkprozesse als eine Änderung des Triebzieles infolge der Verschiebung der Libido auf ein anderes Objekt versteht, eröffnet größere Möglichkeiten zur Analyse von Lernstörungen. Nach der kritischen Betrachtung zahlreicher Fälle von Lernstörungen aus der analytischen Literatur im Lichte dieser Fragestellung (Becker, U. 1994) gelange ich zu folgender These:

Früh emotional gestörte Kinder und Jugendliche können lernen, wenn ihnen innerhalb ihrer Übertragungsbeziehung zu ihrem Lehrer die Verschiebung der Libido von der Person des Lehrers auf einen Unterrichtsgegenstand gelingt. Was aber sind die Bedingungen einer solchen Verschiebung?

Die triebökonomische Notwendigkeit für solch eine Verschiebung entsteht nur, wenn das Objekt der Libido, oder ein Personenobjekt, auf das Aspekte dieses Objektes übertragen werden, beispielsweise im unterrichtlichen Setting auf den Lehrer, nicht zur Verfügung steht. Dieser Mangel kann nur dann positiv verarbeitet werden, wenn das Kind oder der Jugendliche eine haltgebende Person in seiner Lebensgeschichte als primäre Bezugsperson erlebten durfte und als „gute innere Umwelt" hat verinnerlichen können (Becker, U. 1994). Ist dies der Fall, so können Trennungen von der primären Bezugsperson vom Subjekt genutzt werden, was im von Freud geschilderten „Fort-Da-Spiel" (Freud, S. 1920, S. 225) deutlich wird.

Nach Lacan konstituiert sich das Subjekt durch die Abwesenheit der Objekte (Lacan, J. 1956). Dabei handelt es sich bei der Holzspule im „Fort-Da-Spiel" um ein Symbol, das ein abwesendes Objekt, die primäre Bezugsperson, repräsentiert. Lacan und Mannoni führen u.a. das „Fort-Da-Spiel" an, um die wachstumsfördernde Wirkung von Trennungen herauszustellen. Dabei nennt Lacan vier konstitutive Trennungserfahrungen in der Entwicklung des Kindes: die Geburt, die Entwöhnung, den Komplex des Eindringlings und den Ödipuskomplex (Lacan 1938).

Aufgrund fehlender Erfahrung einer „guten Umwelt" besitzen früh emotional gestörte Kinder und Jugendliche meist nicht die Fähigkeit, Bezugspersonen in ihrer Abwesenheit zu symbolisieren, wie wir es im „Fort-Da-Spiel" bei Freud verfolgen können. Vielmehr fehlt ihnen so sehr das Bild eines haltenden Gegenübers, daß dieses vollkommen verloren geht, wenn die unmittelbare Befriedigung von Bedürfnissen ausbleibt. An die Stelle der „guten Brust" tritt dann die ausschließlich „böse Brust" (Klein 1972). In diesem Sinne können sie auch die von Freud im Zusammenhang mit der Denkarbeit beschriebene Triebunterdrückung nicht leisten. Folglich fehlt ihnen eine entscheidende Voraussetzung, um einen Zugang zur gegenständlichen Welt zu erlangen bzw. um in der Terminologie Lochs zu sprechen, sich in der gegenständlichen Umwelt „heimisch zu fühlen" (Loch 1985).

Auf welche Weise kann diesen Kindern und Jugendlichen der Zugang zu dieser Welt und somit auch zum Lernen in der Schule eröffnet werden? Inwieweit können Voraussetzungen geschaffen werden, in denen es ihnen möglich wird, im unterrichtlichen Setting die Libido von einem Personenobjekt, dem Lehrer, auf ein Gegenstandsobjekt zu verschieben? Triebökonomisch geht es dabei darum, inwieweit es dem Subjekt gelingt, Objektrepräsentanzen in seiner gegenständlichen Umwelt zu entwickeln. Entlang der Theorie Lacans und Mannonis sowie nach einer Analyse der Arbeiten Bowbys, Spitz' und Mahlers zum Doppelcharakter von Trennungserfahrungen - wachstumsfördernde sowie wachstumshemmende (Becker, U. 1994) - gelange ich zu folgendem Schluß:

Den trennenden Erfahrungen zwischen Lehrer und Schüler kommt eine entscheidende Rolle bei der Bildung von Objektrepräsentanzen bzw. bei der Verschiebung der Libido von einem Personenobjekt auf ein Gegenstandsobjekt im Unterricht zu.

Es gibt Übertragungsprozesse zwischen Schülern und Lehrern, bei denen der Lehrer in die Position gerät, dem Schüler zu nah zu sein. Das kann dazu führen, daß der Unterrichtsgegenstand in die Position eines Partialobjektes (Klein, M. 1972) rückt, das zum Auslöser paranoider Ängste wird. Diese Ängste werden aggressiv abgewehrt. In solch einem Fall ist Lernen unmöglich. Unterrichtsstörungen werden geradezu provoziert.

Das Lernen im Frontalunterricht sowie Prüfungssituationen in der Schule verlangen, wie in einem Rekurs auf die Freudsche Definition von Denkprozessen deutlich wurde, die Fähigkeit zu Symbolisierungsprozessen. Im Frontalunterricht sowie in Prüfungssituationen gerät der Unterrichtsgegenstand in die Position eines Objekts (a), (Becker, U. 1994). Diese Unterrichtssituationen sind durch das Fehlen einer haltgebenden Lehrer-Schüler-Beziehung gekennzeichnet. Das Profitieren von solchen überfordernden Unterrichtssituationen setzt die Verinnerlichung und Symbolisierung der primären Bezugsperson voraus, die durch den Eintritt des Dritten in die primäre Beziehung möglich wird. Solch ein Setting verlangt die erfolgreiche Bewältigung ödipaler Konflikte. Schwierige Kinder und Jugendliche leiden nicht selten an unbewältigten Schuldgefühlen und Kastrationsängsten, was folglich für sie die Bewältigung von Prüfungssituationen sowie das Bestehen im Frontalunterricht unmöglich macht.

Nimmt der Unterrichtsgegenstand unbewußt die Position eines Objekts (a) ein (Lacan 1964), wird er zum Objekt des Begehrens, so daß der Erwerb des Prüfungswissens unbewußt mit dem Besitz des Objektes des Begehrens gleichgesetzt wird. Folglich kann der Erwerb dieses Wissens unbewußt nur als verboten erlebt werden (Becker, U. 1994).

Entwickelt sich jedoch der Unterrichtsgegentand als „gemeinsam unbewußtes Thema“ zwischen Lehrer und Schüler, wie es beispielsweise beim „Eskimoprojekt der Schüler der Burlingham-Rosenfeld-Schule“ (Goeppel, R. 1991) oder im Projektunterricht der Fall ist, so kann der Schüler sowohl in der Abwesenheit des Lehrers den Unterrichtsgegenstand mit Illusionen und Phantasien aufladen, als auch seine Anwesenheiten nutzen, um sich ihm als haltgebender Bezugsperson immer wieder zu vergewissern (Becker, U. 1994). Auf diese Weise wird der Schüler an einem Ort abgeholt, an dem er sich befindet. Früh emotional gestörte Kinder und Jugendliche brauchen ein reales Gegenüber und suchen symbiotische Beziehungsstrukturen, weil sie so lange keine anderen entfalten können, solange sie ihnen nicht vorgelebt werden. Deshalb benötigen sie Trennungserfahrungen durch die Einführung des Dritten, um einen Zugang zu Lern- und Symbolisierungsprozessen zu bekommen, die ihnen das Aufgeben „zirkulärer Denkprozesse“ (Piaget 1936) ermöglichen. So setzt jedoch der Sonderpädagogische Förderunterricht ausschließlich bei der Befriedigung symbiotischer Verschmelzungstendenzen dieser Schüler an. Hierbei können die Jugendlichen aber keinen Zugang zur symbolischen Welt finden, da sie in einer „bouche-à-nourrir“-Position (Mannoni 1982) verbleiben, in der sie sich unter dem Deckmantel der Debilität mit sonderpädagogischem Material füttern lassen.

Der Lehrer darf weder so sehr „da“ sein, daß sich der Schüler von ihm verschlungen fühlt, noch darf er zu sehr „fort“ sein. Im letzteren Fall können Verlassenheitsängste entstehen. Erst ein unterrichtliches Setting, das das Alternieren zwischen „Fort“ und „Da“ zuläßt, schafft Voraussetzungen für die Bindung von Ängsten und Beziehungswünschen in einem Unterrichtsgegenstand als Übergangsobjekt. Auf diese Weise kann früh emotional gestörten Kindern und Jugendlichen ein Zugang zur objektivierenden Welterschließung im Unterricht ermöglicht werden. Diese

Möglichkeit des Lernens stellt sich immer wieder die Wiederholung pathologischer Lebensmuster als Barriere entgegen. Aber im Zwang zur Wiederholung erscheint in der Macht der Widerstände das Vexierbild des Neuen (Becker, U. 1994).

Entgegen fast aller didaktischen Theorien kann man nach einer Auseinandersetzung mit der Psychoanalyse nicht mehr behaupten, Lernprozesse verlaufen linear. Das Schaffen von Übergangswelten in menschlichen Bildungsprozessen innerhalb und außerhalb der Schule könnte einen breiteren Raum in jeglichen Aus- und Weiterbildungsveranstaltungen und als Folge davon in pädagogischer Praxis gewinnen.

Übergangswelten in Unterrichtssituationen in Verbindung mit psychoanalytischer Supervision sind möglich unter der Voraussetzung, daß Psychoanalytiker und psychoanalytische Pädagogen sich bei der Reflexion von Übertragungs- und Gegenübertragungsprozessen im unterrichtlichen Raum nicht ausschließlich auf die Beziehung zwischen Lehrer und Schüler, sondern gleichgewichtig auf die Beziehung zwischen Lehrer, Schüler und Unterrichtsgegenständen im unterrichtlichen Rahmen konzentrieren. Unterrichtsgegenstände lassen sich vergleichbar mit Gide's „Paludes" im Lichte von Übergangswelten in einer im weitesten Sinne ästhetischen Funktion kontextualisieren.

Literatur

Becker, U. (1994): Trennung und Übergang: Repräsentanzen früher Objektbeziehung, Tübingen 1995.

Eissler, K.R. (1963): Goethe: Eine psychoanalytische Studie. Ffm. 1983.

Freud, S. (1911): Formulierungen über die zwei Prinzipien des psychischen Geschehens. In: Stud.Bd. 3, S. 13-25, Ffm. 1982.

Freud, S. (1920): Jenseits des Lustprinzips. In: Stud. Bd. 3, S. 213-272, Ffm. 1982.

Freud, S. (1923): Das Ich und das Es. In: Stud.Bd. 3, S. 273-330, Ffm. 1982.

Gide, A. (1985): Paludes. In: André Gide: Sämtliche Erzählungen. Stuttgart 1965.

Goeppel, R. (1991): Die Burlingham-Rosenfeldschule in Wien (1927-1932). In: Zeitschrift für Pädagogik 37, 1991, Heft 3, S. 413-424. Weinheim.

Klein, M. (1972): Das Seelenleben des Kleinkindes und andere Beiträge. Reinbek .

Lacan, J. (1938): Les complexes familiaux dans la formation de l'individu. Paris 1984.

Lacan, J. (1956-1957): La relation d'objets et les structures freudiennes. (unveröff.).

Loch, W. (1985): Perspektiven der Psychoanalyse. Stuttgart.

Mannoni, M. (1982): D'un impossible à l'autre. Paris.

Piaget, J. (1936): Das Erwachen der Intelligenz beim Kinde. Stuttgart 1975.

Winnicott, D. W. (1971): Vom Spiel zur Kreativität. Stuttgart 1989.

Ein Brief im Rückblick auf die Tagung

Milan Stanek und Florence Weiss

Lieber Stephan,

erst jetzt - aufgrund der Tagung als Ganzem und aufgrund der Einblicke, die ich in die psychoanalytische Sozialarbeit der Rottenburger Gruppe (Karin Fuchs, Michael Maas und Horst Nonnenmann) erhielt - glaube ich, Dein Konzept richtig zu verstehen. Angeregt durch die Tagung habe ich auch mehr in Deinen zwei Publikationen gelesen, die Du uns schon früher gegeben hast („Objektbeziehungspsychologie und katastrophische Veränderung"; Tübingen, 1990; „Psychose und Grenze", Dokumentation der 5. Fachtagung des Tübinger Vereins, Tübingen 1991). Ich sehe nun gut die wichtigsten Punkte Deines Kampfes:

1. Es geht nicht nur um eine offene, dezentralisierte Anstalt, die ihre Insassen „etwas menschlicher" behandelt als es die reinen Versorgungsanstalten tun (die nicht anders können, als die „Versorgung" durch einen scharfen, manchmal sadistisch gefärbten Ordnungsdruck zu ergänzen), sondern darum, daß Fortschritte im Aufbau eines Stücks der „guten inneren Welt" gemacht werden können, daß eine besondere Art des analytischen Settings da ist, in dem nicht nur das Beziehungsangebot aufrechterhalten werden kann, sondern in dem die Pfleger-Therapeuten-Gruppe auch eine gewisse Entfaltung des psychotischen (oder anders gearteten) kranken Geschehens zuläßt und gleichzeitig selbst nicht dekomponiert (oder das Beziehungsangebot nicht einengt), so daß genau umrissene therapeutische Interventionen möglich werden, die unter Umständen progressive Entwicklungen bei den Insassen initiieren (in beiden Richtungen: ein Stück heilend, ein Stück helfend).
2. Dann aber, nicht minder wichtig, kämpfst Du im Dschungel unserer Gesellschaft, die ökonomische, institutionell-rechtliche/reglementarische und poli-

tisch-kulturelle Hindernisse schafft, die die gewünschten Öffnungen und Fortschritte - in Eurer Arbeit und in der inneren Welt der Ich-gestörten Insassen - nicht ohne weiteres zulassen.
Der Kampf, oder einfach die Arbeit, auf diesen beiden Fronten sind untrennbar, wie es schon in der Sache begründet ist. Die Zersplitterung und die gleichzeitige Bewegung in mehreren Richtungen bedeuten gewiß nicht einen Mangel an Konzentrierung, auch nicht einen Luxus, den Du Dir dank Deiner persönlichen Wucht leisten kannst, sondern sie stellen das eigentliche Medium Eurer Arbeit dar, das Wasser, in dem Ihr gezwungen seid, zu schwimmen.
Ich verstehe nun auch gut Dein Interesse für die ethno-psychoanalytischen Gesichtspunkte, das heißt Soziologie und Kulturwissenschaft, insofern deren Resultate erhellend sein können für die Dynamik des analytischen Prozesses (in seiner spezifischen Bedeutung in der Arbeit mit schwergestörten Klienten), sowie für die Aufgaben einer Lebensgestaltung und eines Lebensentwurfs (für diese Klienten, die eine Art „outcasts“ sind), wie auch für den dauernden Kampf, die Pfleger-Therapeuten-Teams funktionstüchtig zu erhalten.
Das alles sind Dinge, über die Du offensichtlich mindestens seit 15 Jahren nachdenkst, jetzt aber - seitdem Du mit den ostdeutschen Therapeuten, Psychiatern, Beamten und mit den ostdeutschen Klienten zu tun hast - erhielt diese Arbeit neue Züge, die neue Komplikationen mit sich bringen.

Du weißt es sicher nur zu gut, wie schwierig es ist, die Psychoanalytiker aus ihren Kirchen zu holen: auch jenen, die ein genuines Interesse für die Problematik haben, stehen zahlreiche innere und äußere Hindernisse im Weg. Ähnliches gilt für die Akademiker, wenn sie aus ihrem institutionellen Hafen hinausgehen sollten.

Nun zu meinen Vorstellungen über eine Weiterführung unserer Zusammenarbeit. Wir haben bereits zwei Modelle praktisch versucht: Teilnahme an den Gruppensupervisionen (die Angolanerin) und Moderation der Arbeitsgruppen auf der Tagung. Wenn wir die Zusammenarbeit erweitern möchten, stehen uns im Wesentlichen zwei Modi zur Verfügung: Zum einen könnten wir Vorträge/Diskussionen veranstalten (eine Art Kurse oder Blockseminare in Berlin oder Rottenburg), wie es Florence vorgeschlagen hat. Zum zweiten könnten wir die Mitarbeit an den Gruppensupervisionen (bzw. Tagungen) ausweiten und regelmäßiger gestalten, so daß wir mit der Zeit mit Euren Verhältnissen vertraut werden.

Im Zusammenhang mit den Vorträgen/Diskussionen müßte man allerdings die Themenwahl gut überlegen, damit die Begegnungen einen Bezug zu Eurer Arbeit behalten. Das Interesse der beiden Teams, mit denen wir uns bislang trafen und die wir nun ein wenig kennen, ist vorhanden; und unsere Teilnahme haben sie offensichtlich als einen positiven Beitrag empfunden: eine Entspannung und eine Art „Triangulation" haben stattgefunden. Es war für sie wichtig, mit Leuten zu sprechen, die Du schätzst und die ein ähnliches Verständnis für ihre Arbeit aufbringen, die aber gleichzeitig doch anders sind, eine andere „Färbung" tragen (sowohl als Persönlichkeiten als auch in ihrer fachlichen Ausrichtung). In diesem Sinne wäre es vielleicht hilfreich und erhellend, auch wenn unsere Vorträge/Diskussionen nicht ganz direkt mit Eurer Stationsarbeit zusammenhängen würden. Vielleicht könnten wir auch die Papua-Verhältnisse im engeren Sinne zum Thema machen, indem wir die Punkte herausgreifen, wo die Verknotung des sozialen (Ökonomie, Politik, Kultur) mit dem innerpsychischen Geschehen greifbar ist. Ähnliche Punkte könnten wir auch in unserem Material aus der Tschechischen Republik finden. Dabei läge uns daran, auch die Psychodynamik der Feldforschung, d.h. die Beziehungsdynamik zwischen dem Forscher/der Forscherin und dem Informanten/der Informantin zu beleuchten, was dem charakteristischen Dreieck in Eurer Arbeit nahe käme: Der Klient (d.h. das Individuum und seine innere Welt) versus der allumfassende gesellschaftliche Druck, dem er schon als Kind ausgesetzt war und heute ausgesetzt ist, und als der/die Dritte der Pfleger-Therapeut bzw. die Pflegerin-Therapeutin, deren Aufgabe es ist (neben vielen anderen Aufgaben), die Zusammenhänge zu begreifen.

Einen anderen, mehr ethnosoziologischen Themenkreis stellt - im Falle der Papuas - die „klassenlose" Gesellschaftsstruktur dar, innerhalb derer sich die Machtdynamik weitgehend in lateralen Bewegungen abspielt (unter strukturell identischen sozialen Einheiten wie Clans oder Männerhausgemeinschaften), wobei die vertikalen Macht- und Autoritätsbezüge lediglich in eng familiären Erwachsenen-Kinder- und Mann-Frau-Verhältnissen situiert sind (diese letzteren sind aber auch durch die Prädominanz der lateralen Machtverhältnisse in der umfassenderen sozialen Struktur bestimmt). Hierbei wäre der Kontrastvergleich mit unserer Gesellschaft lehrreich, die durch die vertikalen, hierarchischen Machtverhältnisse weitgehend bestimmt ist, was gleichzeitig nicht bedeutet, daß bei uns die lateralen Solidaritäten und die lateralen Machtkämpfe nicht vor sich gingen. Diese sind aber eben innerhalb des umfassenderen

Gefüges situiert in einer hochentwickelten, hochorganisierten Ökonomie (die auf der Ebene der Betriebsstruktur geradezu militärische Züge annimmt) und innerhalb des institutionellen Gefüges des Staates, in dem ebenfalls die vertikalen Verhältnisse bestimmend sind. Dies ist, es ist wahr, etwas durch die demokratische Bildung der zentralen Macht sowie der regionalen Machtzentren relativiert, als auch durch eine gewisse Chance, sich einen Raum für basisdemokratische Selbstverwaltungsansätze zu verschaffen. In diesem Kontext verstehe ich auch Deine Bemerkungen darüber, welche „Ökonomie" Euer Verein haben soll (wohl meinst Du den geeigneten Finanzierungsmodus, besser gesagt, eine zweckmäßige Verschränkung von sehr unterschiedlichen Modi).

Florence fügt noch hinzu: Eine andere Kategorie der Vorträge/Diskussionen könnte viel direkter aus den Supervisionen erwachsen. Wenn wir bei einem der regelmäßigen Besuche zunächst an einer Gruppensupervision teilnehmen, würden wir gegen Ende der Sitzung jene Punkte aus dem Übertragungs- und Gegenübertragungsgeschehen herausgreifen, bei denen uns eine soziologische strukturdynamische Diskussion als weiterführend erscheint, anders gesagt: bei denen der ethno-psychoanalytische Gesichtspunkt zum Tragen kommt. Am nächsten Tag - noch während desselben Besuches - könnten wir dann einen Vortrag/eine Diskussion zu diesen Punkten im gleichen Kreis veranstalten. Diese würden dann notgedrungen etwas improvisierter ausfallen (was aber nicht schaden muß). Noch eine Beobachtung zur Tagung: In der Rottenburger Gruppe hatte ich während der Diskussionen die Gelegenheit, die Teilnehmer der Tagung, d.h. das „Publikum", etwas näher kennenzulernen und seine Zusammensetzung zu erfassen: Die meisten arbeiten in ähnlichen Kontexten der Heime, Kliniken oder Sonderschulen, jedoch ohne die Freiräume (in der Struktur des Alltags auf der Station oder in der zeitlichen Perspektive) und ohne dermaßen intensive supervisorische Bearbeitung. Es war auffällig, wie groß die Attraktivität der psychoanalytischen Orientierung ist, die aus der Falldarstellung offensichtlich war, andererseits aber auch, wie gering die Bereitschaft (oder Fähigkeit) des Publikums war, auf die psychodynamischen Aspekte des vorgelegten Falles einzugehen.

Ich glaube, dies hing nicht einfach mit ungenügender psychoanalytischer Erfahrung des Publikums zusammen, sondern hing vor allem von zwei anderen Aspekten der Vortragssituation ab: einerseits identifizierten sie sich mit den drei jungen Vortragenden, stellten aber im gleichen Zug fest, daß sie in ihrer eigenen Arbeit nicht imstande sind, einen ähnlichen

Aufwand zu betreiben. Andererseits, von der Seite der Vortragenden her, hat ihr Vortragskonzept auch zu dem gleichen ungünstigen Effekt beigetragen: Sie stellten ausführlich dar, wie sie sich ein Bein ausgerissen haben, um das Beziehungsangebot dem borderline-Jugendlichen gegenüber aufrechtzuerhalten, jedoch ohne eine ausführlichere Darstellung der supervisorischen Bearbeitung, was dann den Eindruck erwecken konnte, daß sie ihre Erfolge durch eine Art übermenschlichen Einsatz und christliche Selbstaufopferungsbereitschaft erzielt haben. Eine ganze Reihe der Voten drehte sich dann - in der ersten Phase der Diskussion - um die Frage, wie es die Pfleger-Therapeuten überhaupt aushalten konnten, ob sie nicht zu viel zugelassen hätten (bei einigen Teilnehmern - wie könnte es anders sein - auch ob sie nicht härter gegen den Patienten hätten durchgreifen sollen). Die Falldarstellung war gut, manchmal brillant, das Publikum war interessiert, und trotzdem konnte man über den borderline-Jugendlichen in der Diskussion zunächst gar nicht sprechen.

Aus meiner Initiative hat dann die Diskussion doch eine andere Richtung genommen. Nachdem aber klar geworden war, daß bei der ganzen Freiheit und bei der Mühe, die sich das Team gegeben hatte, das therapeutische Setting und die therapeutischen Interventionen eine wesentliche Bedeutung haben, begann sich die Diskussion wieder um die Qualifikationsfrage zu drehen, um am Ende beim Lohn zu landen. Da ergriff ich das zweite Mal die Initiative und - ausgehend von einigen Splittern, die die Diskussion gebracht hatte - lenkte ich die Aufmerksamkeit der Gruppe auf die Bereitschaft (und die Befähigung) des Teams, das störende, zerstörerische und skurrile Verhalten des Patienten verstehen zu wollen, probeweise zu deuten und überhaupt, als etwas Sinnvolles (oder Sinntragendes) wahrzunehmen. Am Ende war die Rottenburger Gruppe sehr zufrieden, schon weil sich keine besonders aggressiven Einstellungen in der Gruppe entwickelten. Nachträglich kam mir dann die Idee, daß das Vortragskonzept (für die Falldarstellung) bewußter mit der Position dieser Art des Publikums rechnen müßte: Es sind Leute, die ähnliche Arbeit machen, die aber weniger Möglichkeit und weniger analytische Unterstützung haben.

Soweit für heute, lieber Stephan. Mein Brief ist bereits zu sehr angewachsen. Ich freue mich, Dich bald in der Schweiz zu treffen.

Dein Milan Stanek.
Herzliche Grüße, Florence Weiss.

Das Überwinden der Todesdrohung. Ernst und Hilde Federn zwischen Vernichtung und humanem Engagement*

Roland Kaufhold und Bernhard Kuschey

"Die Tatsache (ist unbestreitbar), daß eine demokratische Tradition menschliche Grausamkeit und Zerstörungslust weitgehend zu zügeln vermag".
(Ernst Federn 1969, S. 629).

"Hier eine erste Bemerkung zur Psychoanalyse. Sie ist von einem Emigranten gegründet worden, dessen ärmliche jüdische Familie hoffnungsvoll den Sprung aus der mährischen Kleinstadt nach Wien, in die Kapitale, gewagt hatte. Sie verdankt beinahe alle Fortschritte Männern und Frauen, die (...) nahe daran waren, den sozialen Tod zu erleiden. Während eine spätere Analytikergeneration gezwungen war, über den Ozean auszuwandern, wechselten die Wiener Analytiker zumindest von einer Kultur in die andere. In der beinahe aussichtslosen Anstrengung, sich der Gesellschaft, die sie aufnehmen sollte, anzupassen und sie gleichzeitig nach dem Muster der mitgebracht-überlieferten Ideale zu verändern, blieb ein einziger Weg über den Abgrund der Anomie offen; und wenn es nicht der einzige Weg war, so doch die "via regia" ins Herz der Zivilisation. Die Brücke war das Mitgefühl für das tragische Schicksal der Bedrängten."
(Paul Parin: Subjekt im Widerspruch, Frankfurt a.M. 1988, S. 11.)

Dieses Buch stellt den Sozialpsychologen und Strafvollzugsreformer Ernst Federn in den Mittelpunkt. Unser Ziel ist es, diesen bedeutenden Aspekt im Lebenswerk Ernst und auch Hilde Federns in den Gesamtzu-

*Grundlage dieser Studie sind die in der Literaturliste genannten Publikationen sowie eigene Gespräche und Interviews mit Ernst Federn; weiterhin zwei Radiosendungen über ihn. Die im folgenden nicht näher gekennzeichneten Zitate Ernst Federns sind diesen Interviews entnommen.
Diese Studie steht im Kontext einer noch anzufertigenden umfänglichen wissen-

sammenhang ihrer Lebensgeschichte zu stellen, soweit dies in gebotener Kürze möglich ist.

Ernst und Hilde Federn sind durch ihre Familien und in ihrer Bildungsgeschichte von den Ideen des Sozialismus und der Psychoanalyse bestimmt worden; sie waren bereit, an der Gestaltung des "Neuen Menschen" mitzuwirken. Im größten Zivilisationsbruch dieses Jahrhunderts wurden ihre Hoffnungen auf eine harte und bittere Probe gestellt, der Austrofaschismus raubte ihnen alle Entwicklungsmöglichkeiten, und daran anschließend wurden sie durch die Hölle des Nationalsozialismus getrieben.

Ihr Überleben und die Verarbeitung ihrer extremen Erfahrungen forderte von ihnen eine nüchterne Sicht des 20. Jahrhunderts und der Natur des Menschen, wobei sie ihre Sehnsucht nach einer besseren Welt nicht aufgegeben haben. Der KZ-Häftling Ernst Federn und seine, der rassischen und politischen Verfolgung preisgegebene Frau Hilde haben ihren Blick auf das von Menschen geschaffene Elend geschärft und ihr weiteres Lebenswerk Bedrängten gewidmet.

Wir, die wir am Beginn des sogenannten Wirtschaftswunders geboren wurden, versuchen uns das zentrale Rätsel der Leben Ernst und Hilde Federns begreiflich zu machen: Wie kommt es, daß sie nicht zerbrochen sind? Und: Uns fasziniert die Kraft, die sie aus ihrem zufälligen und nicht-zufälligen Sieg über die vernichtende Gewalt gezogen haben, die sie dann im Interesse der Bedrängten, Beleidigten und Erniedrigten eingesetzt haben. Dieser Auftrag war und ist durch besondere Fügungen ihres Schicksals gepaart mit einem revolutionären Veränderungswillen, der imstande war, einen klaren Realitätsblick zu gewinnen, und einem tiefen psychoanalytischen Verständnis, was in derart gelungener Mischung selten anzutreffen ist. Wir versuchen in den Lebensgeschichten von Ernst und Hilde Federn die bestimmenden Elemente aufzuspüren, die in diese besondere österreichische "Mischung" eingegangen sind, und wir entschuldigen uns im vorhinein, wenn wir in unseren groben Interpretationen gegen die einnehmende Lebendigkeit Ernst und Hilde Federns verstoßen; aber auch dies geschieht in Freundschaft und Zuneigung.

---

schaftlichen Druchdringung und Aufarbeitung des Lebenswerkes von Ernst und Hilde Federn, an der Bernhard Kuschey intensiv beschäftigt ist. Teile dieser Studie sind erschienen in: R. Kaufhold: Die Bewältigung des Unfaßbaren. In: psychosozial Nr. 53 (1/93), S. 57-69.

Kindheit und Jugend in Wien - zwischen bürgerlicher Sozialisation und der Ausbildung des sozialistischen Intellektuellen

Ernst Federn wurde am 26. August 1914 in Wien geboren. Sein Vater, Paul Federn, war durch das Wien der Jahrhundertwende bestimmt, und umgekehrt, er bestimmte es auch: Er war aktiver Sozialdemokrat in verschiedenen politischen Funktionen, Mediziner und Psychoanalytiker. Paul Federn war ein enger Mitarbeiter Sigmund Freuds. Diese familiären Bedingungen prägten den jungen Ernst Federn und sollten seine zukünftigen beruflichen und wissenschaftlichen Aktivitäten nachhaltig beeinflussen (s.u.).

Bereits Paul Federns Vater war ein "hervorragender Wiener Arzt (...), dessen Verdienst um die Blutdruckmessung und andere Probleme der Inneren Medizin schon zu seinen Lebzeiten und erst recht nach seinem Tode anerkannt waren. Die Familie selbst zeichnete sich vielleicht noch dadurch besonders aus, daß alle ihre Mitglieder (bis hin zu den Enkelkindern) schriftstellerisch tätig gewesen sind und in ihren Fachgebieten Anerkennung und sogar Ruhm gefunden haben" (Federn 1971, S. 731 ff.).

Die Familie Federn stammt aus Böhmen, der Urgroßvater war Sekretär der Prager jüdischen Gemeinde. Ernst Federns Großvater scheint diese Welt geflohen zu sein; er ging nach Wien. Aufgrund der Veränderungen infolge der 1848er Revolution wird es seiner Generation möglich, als Jude eine bildungsbürgerliche Karriere zu machen. Salomon Federn kann als einer der ersten Juden Österreichs praktischer Arzt werden. Ähnliche Wandlungen lassen sich auch in der Familie von Ernst Federns Großmutter zeigen.

Im Zentrum der österreichischen Monarchie streift die Großeltern- und vor allem die Elterngeneration die jüdische Religiosität ab und konvertiert überwiegend zum Protestantismus, die meisten Mitglieder der Familie werden wissenschaftlich und kulturell tätig. Sie scheinen jene Rollen zu übernehmen, die nach Hannah Arendt den österreichischen Juden der 2. Hälfte des 19. Jahrhunderts besonders in Wien zufallen. Juden werden zu wesentlichen Trägern der Avantgarde der Jahrhundertwende im brüchig werdenden gesellschaftlichen und politischen System des Vielvölkerreiches. Ihre Rolle als Modernisierungsfaktor in der sich verzögert entwickelnden Habsburger Monarchie, die Juden mit anderen nationalen und religiösen Minderheiten (z.B. Griechen und Protestanten) teilten, war bereits zurückgegangen. Die Bedeutung der Wiener Hofjuden hatte abgenommen, viele Mitglieder der alten österreichischen jüdischen Familien wechselten aus der absolutistischen Geschäftssphäre in den kulturellen Bereich über und setzten politisch folgerichtig auf den Liberalismus.

Dieser Funktionswechsel sollte eine schwerwiegende Veränderung im Selbstverständnis des Judentums nach sich ziehen, wie Hannah Arendt eindringlich zeigte:

> "Daß die Juden an Macht gerade nicht interessiert waren, hat sich niemals deutlicher erwiesen als in diesen Jahrzehnten, in denen sie, ökonomisch uninteressiert, zufrieden mit dem Erworbenen und der Sicherheit, die es zu verheißen und "auf immer" zu garantieren schien, sich in eine Sphäre begaben, wo es zwar Beziehungen und Einfluß gab, aber noch nicht einmal die Möglichkeit politischer Macht. (...) Die Tradition, auf der diese Entwicklung beruhte, war die wohl einzigartige einer Gelehrtenkultur gewesen, innerhalb derer auch politische und öffentliche Positionen an den Stand des Gelehrten (der mit dem modernen Rabbiner nur den Namen gemein hat) gebunden blieben. Aber das, was durch den traditionellen jüdischen Respekt für das Lernen ermöglicht worden war, hat in seinen modernen Resultaten zu einem wirklichen Bruch mit der Tradition und einer, wenn auch höchst fragwürdigen Art von Assimilation geführt, die zum ersten Male in der jüdischen Geschichte die Existenz des Volkes aufs Spiel setzte. Denn hier handelte es sich nicht mehr um Ausnahmen, die ihren Weg in die europäische Kultur auf dem Umwege des Landes fanden, in dem sie zufällig geboren waren, sondern um eine ganze Schicht des Volkes, für die zum ersten Mal der Zugang zu der nichtjüdischen Gesellschaft in all ihren Schattierungen eine Existenzfrage geworden war" (Arendt 1986, S. 105).

Selbst wenn man die Familiengeschichte der Federns nur oberflächlich betrachtet, wird dieser Ur-Prozeß der Assimilation deutlich. Der Großvater war Rabbiner, er war noch Mitglied der reformierten Wiener Israelitischen Kultusgemeinde; die Generation des Vaters hat diese verlassen und sich weitgehend an die internationale Wissenschaftsgemeinschaft assimiliert: Bekannt ist die Rolle von Ernst Federns Vater Paul im Zuge der Entwicklung der Psychoanalyse; dessen älterer Bruder Karl war Schriftsteller, ein anderer Bruder Walther war bedeutend in der Ausarbeitung der österreichischen Volkswirtschaftslehre. Die Frauen der Familie waren Pionierinnen der österreichischen Frauenbewegung; die Großmutter Ernestine Federn-Spitzer war im Kreis der bürgerlichen Frauenbewegung um Marianne Hainisch. Eine Schwester Paul Federns, Else, war die Leiterin des aus englischen Traditionen kommenden Wohlfahrtsvereines Settlement in Wien-Ottakring.

Die Familie Federn ist vom Scheitern des österreichischen Liberalismus nach 1873 stark betroffen und sucht Orientierungen in sozialdemokratischen und deutschnationalen Strömungen. Die Orthodoxie und der entstehende Zionismus wurde abgelehnt, man fühlte sich vor allem der deutschen Kultur- und Geisteswelt der Klassik verpflichtet, die die Umsetzung der Ideale von Freiheit und Fortschritt im Rahmen der deutschen Nation zu garantieren schien. Ernst Federns Großmutter kann in einer oberflächlichen Beurteilung als Wagnerianerin beschrieben werden. Aber wenn man weiß, daß selbst Theodor Herzl vom Wagnerschen Gesamtkunstwerk fasziniert war, relativiert sich diese Etikettierung stark.

Der Haushalt, in dem Ernst Federn aufwuchs, kann als "bürgerlich" bezeichnet werden, mit seinen Hausangestellten, mit genügend Wohnraum etc. Vieles vom kulturellen und politischen Klima der Wiener Jahrhundertwende verspürte der junge Ernst noch in seinem Elternhaus - die Gäste aus Politik, Wissenschaft und Kultur*; aber auch eine schizophrene Patientin, die Paul und Wilma Federn vorübergehend in die Hausgemeinschaft aufgenommen hatten, repräsentierten dies. Lebendig und wichtig sind Ernst Federn noch heute die Sommerfrischen in Goisern und die Freizügigkeit der Eltern, was die Aufnahme von Gästen am Urlaubsort, aber auch in Wien betrifft. Die Rekonstruktion der familialen Entwicklungsbedingungen des Jungen, sowie der Vergleich mit ähnlichen Jugenderinnerungen (von Bruno Kreisky, Friedrich Scheu, Adolf Sturmthal, Ernst Fischer, Stella Klein-Löw, Albert Fuchs, aber auch seiner Kollegen und Freunde Bruno Bettelheim, Rudolf Ekstein** und anderen) erscheint in diesem Kontext als lohnende zukünftige Forschungsaufgabe.

In seiner Familie wurde erzählt, daß Ernst Federn bereits als Kind anderen gerne geholfen haben soll. Elrod (1987, S. 354) bemerkt hierzu:

---

*Einer der zahlreichen Gäste im Haus der Federns war der Psychoanalytiker und Marxist Siegfried Bernfeld, der für Ernst Federn - neben dem großen psychoanalytischen Pädagogen August Aichhorn - zur Identifikationsfigur wurde und seine spätere therapeutische und wissenschaftliche Tätigkeit prägen sollte. Sigmund Freud hingegen lernte er nicht mehr persönlich kennen. Freud verkehrte wegen seines jahrzehntelangen Krebsleidens in diesem Zeitraum nur noch in dem engen Kreis seiner Mitarbeiter und Freunde.

**Siehe hierzu die biographischen Studien zu Bettelheim und Ekstein in Kaufhold 1993a sowie Kaufhold 1994.

> "Als z.B. seine Großmutter starb, soll er als Zweijähriger zu seinem Großvater gegangen sein und ihn rührend getröstet haben. Er schien auch später bei derarti gen Hilfeleistungen weniger etwas Besonderes zu tun, als vielmehr etwas Besonderes auszustrahlen. Er galt viele Jahre einfach als Naturtalent."

Ernst Federns Mutter Wilma spielte in der Familie eine dominierende Rolle. Sie arbeitete mit ihrem Ehemann wissenschaftlich zusammen, las seine Schriften und beriet ihn. Sie schrieb psychoanalytisch inspirierte Dramen sowie Gedichte. 1917 hielt sie in der sog. Mittwoch-Gesellschaft einen Vortrag über das Thema "Psychoanalyse und Dienstmädchen" (Elrod 1987, S. 354).

Ernst Federn hat seinen Vater Paul Federn nie als autoritär oder dominierend, sondern immer nur als beschützend erlebt. Sein Vater schien überhaupt der Auffassung zu sein, daß Eltern ihre Kinder nicht erziehen, sondern nur beschützen sollten. Die Erziehung komme durch die Gesellschaft schon von alleine hinzu. Für ihn selbst, so Ernst Federn, habe sich diese pädagogische Grundhaltung eindeutig sehr vorteilhaft ausgewirkt. In der Schule sei er nie sonderlich fleißig gewesen, habe die Prüfungen jedoch ohne Schwierigkeiten bestanden. Insgesamt könne er sagen, daß er sich im Leben "immer so durchgemogelt" habe. Das anregende, ermutigende Angebot seines Elternhauses bildete offensichtlich ein gutes psychisches Substrat zur Bewältigung zukünftiger existentieller Herausforderungen.

Bereits als Jugendlicher, mit 12 Jahren, engagierte er sich bei den "Kinderfreunden" und mit 14 Jahren in einer marxistischen Arbeitsgruppe. Einer seiner Schulfreunde und Diskussionspartner war Christian Broda, der spätere langjährige österreichische Justizminister.

Zwei Freunde der Familie, die sozialdemokratische Intellektuelle und Politikerin Therese Schlesinger (geborene Eckstein) und der ungarische Künstler Mihaly Biro (1886-1948) wurden zu entscheidenden Leitfiguren in Ernst Federns früher politischer und geistiger Entwicklung. Der Schüler des Akademischen Gymnasiums erlebte noch die auslaufende Jugendbewegung, die nicht zuletzt als Reaktion auf den Ersten Weltkrieg verstanden werden muß, und tritt in den "Verband Sozialistischer Mittelschüler" im 1. Wiener Bezirk ein; er beginnt sich auch im Rahmen der Schule mit sozialistischen Texten auseinanderzusetzen.

Als Student fand er Zugang zu den Diskussionszirkeln um Max Adler und Helene Bauer. Insbesondere von Max Adler, dem geistigen Typus des austromarxistischen Intellektuellen, war er fasziniert. Zu seinem 18.

Geburtstag bekam er vom Psychoanalytiker Adolf (nach 1938: Albert) Josef Storfer dessen gesamte marxistische Literatur geschenkt.

Politischer Widerstand und Verfolgung (1932-1938)

Nach seiner Matura im Juni 1932 studierte Federn in Wien ab September 1932 Sozialwissenschaften und Jura. Die Wahl dieser Studienfächer wurde durch sein marxistisches Engagement angeregt, und das Jurastudium galt zu dieser Zeit als die Voraussetzung für eine Karriere als sozialistischer Funktionär; es sollte für die legislative Tätigkeit im Parlament vorbereiten.

Seine Jugendzeit wurde von politischen Erschütterungen und politischer Unterdrückung und Verfolgung beherrscht: Die Sozialdemokratie wurde verboten, und der Austrofaschismus begann das Land zu beherrschen. Federn hatte anfangs der "Akademischen Legion" angehört, der studentischen Organisation des "Republikanischen Schutzbundes"*. Als diese zur Zeit der Auflösung des Parlaments 1933 den Termin ihrer Ski-Kolonie einhält, wendet er sich von der studentischen sozialistischen Organisation ab; angesichts der Gefahr des Untergangs der Republik und der Arbeiterbewegung erscheint ihm diese als zu wenig seriös. Der aus einem bürgerlichen Milieu stammende Gymnasiast tritt in die "Sozialistische Arbeiterjugend" (SAJ) ein und wird nach der Matura Mitglied des "Republikanischen Schutzbundes". D.h. er wechselt bewußt aus der studentischen Vorfeldorganisation in den paramiliärischen Verband der SDAPÖ. Nach der Niederlage des Februar 1934 beteiligt sich Federn am Aufbau der "Revolutionären Sozialisten" (RS) und nimmt an der Neuorientierung des Sozialismus unter den Bedingungen der Diktatur teil.

In dieser Phase der Illegalisierung der politischen Opposition lernten sich Ernst Federn und seine spätere Frau Hilde Paar kennen. Ernst Federn versteckte den Kataster seiner Sektion nach der Parlamentsauflösung 1933 in der Wohnung der Familie Paar. Der Beginn ihrer Liebesbeziehung steht also im Schatten des Scheiterns der Republik und der Etablierung der Diktatur. Die beiden sehen sich gezwungen, die Entwicklungsbedingungen der Diktatur zu analysieren. Das erste Buch, das Ernst Federn der angehenden Kindergärtnerin Hilde Paar schenkte, war Siegfried Bernfelds "Sisyphos oder die Grenzen der Erziehung".

*Paramilitärische Organisation der Sozialdemokratischen Partei (SPDAPÖ).

Bereits ab 1936 wurde Ernst Federn von der Polizei verfolgt. Am 14. März 1936 werden Hilde Paar und Ernst Federn wegen illegaler Verbreitung der "Arbeiterzeitung" (AZ) verhaftet. Hilde Federn konnte nichts nachgewiesen werden, und Ernst Federn hatte das Glück, trotz Hochverratsanklage durch die Generalamnestie anläßlich des Juliabkommens 1936 zwischen Deutschland und Österreich am 24. Juli freigelassen zu werden. Da er weiter beschattet wurde und sich regelmäßig bei der Polizei melden mußte, war er für die illegale politische Tätigkeit "verbrannt". Hiermit war auch seine, zu den Revolutionären Sozialisten (RS) parallel laufende Organisationstätigkeit in einer trotzkistischen Gruppe des Untergrundes beendet, was nicht verhinderte, daß er durch die Aktivität eines Spitzels und als möglicher Verfasser eines Aufrufes im November 1936 wieder verhaftet wurde. Da ihm jedoch keine Mittäterschaft nachgewiesen werden konnte und aufgrund familiärer Beziehungen wird er im Juni 1937 entlassen, und nicht, wie sonst in solchen Fällen üblich, in einem Lager "angehalten".

Bereits mit seiner ersten Verhaftung im März 1936 wurde Federn aus der Wiener Universität ausgeschlossen. Die Zukunftspläne des Intellektuellen waren somit vorerst einmal zerschlagen. Diesen Verlust scheint Federn durch seine Überzeugung, daß sich die sozialistische Revolution aus der schweren europäischen Krise der Dreißiger Jahre entwickeln werde, leichter ertragen zu haben.In der Zeit dieser erzwungenen politischen Inaktivität arbeitete Ernst Federn als persönlicher Referent seines Vaters. Er half bei den psychoanalytischen Manuskripten seines Vaters, u.a. bei der Neuauflage des "Psychoanalytische(n) Volksbuch(es)“. Sein Vater hatte mit ihm ungefähr ab seinem 18. Lebensjahr viele Gespräche über psychoanalytische Themen geführt.

Paul Federn war einer der ersten Schüler und Mitarbeiter von Sigmund Freud und ab 1924 - als Freud sich aufgrund seiner schweren Krebserkrankung zunehmend aus der Öffentlichkeit zurückzog - als persönlicher Stellvertreter Freuds mit der Führung der Geschäfte der Wiener Psychoanalytischen Vereinigung betraut worden. Diese Tätigkeit übte er 14 Jahre lang aus, bis zu seiner und Freuds Emigration. Er war Lehranalytiker u.a. von August Aichhorn, Herman Nunberg, Edoardo Weiss, Heinrich Meng und Wilhelm Reich. Zugleich war er der erste Psychoanalytiker, der - erfolgreich - psychotische Patienten behandelte und betreute.

Sonntags ging Ernst Federn zum sozialistischen "Salon" der Furtmüllers, und er diskutierte mit seiner Förderin Therese Schlesinger die Optionen des Trotzkismus.

Federn interessierte sich für Heilpädagogik und Sozialarbeit und wandte sich deshalb im Herbst 1937 an den psychoanalytischen Pädagogen August Aichhorn. Aichhorn war ein enger Freund der Familie und u.a. wegen seiner Arbeit mit verwahrlosten Jugendlichen berühmt.

Aichhorn riet ihm, zuerst einmal die soziale Wirklichkeit, "die gesamte Wohlfahrtsfürsorge und Behindertenfürsorge usw. kennenzulernen" (Salis und Müller, 1984, S. 14, in Elrod, 1987, S. 364). Der Faschismus ließ Federn nicht viel Zeit, seine sozialarbeiterischen Interessen weiterzuverfolgen.

Wie viele seiner marxistisch geschulten Freunde sowie einige linke Psychoanalytiker (Bernfeld, Reich, Fenichel etc.) machte er sich keine Illusionen über den verbrecherischen und totalitären Charakter des immer mächtiger werdenden Faschismus: Wilhelm Reich veröffentlichte seine bedeutende Studie "Massenpsychologie des Faschismus". Siegfried Bernfeld "erkannte und sprach es auch privat aus, daß der Nationalsozialismus die Machtergreifung der Kriminellen des Landes bedeutet" (Federn 1992, S. 44).

Der Gang ins Exil wurde überlegt, aber Ernst Federn war ja der Paß eingezogen worden, und die heute wohl nur schwer erahnbare Geschwindigkeit und Dramatik der Ereignisse und herrschenden Bedingungen dürfen nicht unterschätzt werden. Viele Persönlichkeiten des politischen und kulturellen Lebens, denen ihre Gefährdung durch den nach Österreich übergreifenden Nationalsozialismus durchaus bewußt war, waren im Frühjahr 1938 auch nicht in der Lage, adäquat zu reagieren. Auch die psychoanalytische Bewegung wurde von der "Katastrophe" des "Anschlusses" überrascht. Den berühmten Analytikern, die über sehr gute internationale Kontakte verfügten, gelang die Ausreise ins Exil erst Mitte 1938 (s. Reichmayr 1987 und Reichmayr 1990).

Zudem war Ernst Federn "der irrigen Meinung, daß eine Besetzung Österreichs von den ehemaligen Entente-Mächten und der 'Kleinen Entente' nicht geduldet werden würde und es zum Ausbruch eines Krieges kommen müsse, nach dem die sozialistische Revolution unausbleiblich sein würde (...). Was nun die Bedrohung der Juden betrifft, so war man auf eine solche noch weniger vorbereitet" (Federn 1988a, S. 248). Die Tiefe der kommenden Katastrophe konnte nicht richtig wahrgenommen werden; Ernst und Hilde Federn, wie auch ihre Eltern, waren doch nicht genügend auf die Bedrohungen vorbereitet, denen sie als Juden und Sozialisten ausgesetzt waren. Scheinbar mußten sie von den Ereignissen überrollt werden, um die schwierigen Schritte zu unternehmen, die ins Exil führen sollten, und für Ernst und Hilde Federn kamen sie zu spät.

Hilde Federn - unbekannte Pionierin der psychoanalytisch orientierten Kleinkindpädagogik

Eine Annäherung und ein Verständnis von Ernst Federns Leben und Werk ist nicht angemessen möglich, ohne den prägenden Charakter seiner Beziehung zu seiner späteren Ehefrau, Hilde Federn, geb. Paar, zu verstehen. Dies zeigt sich u.a. darin, daß Hilde Federn bis heute bei allen Vorträgen, Seminaren und Supervisionen von Ernst Federn anwesend ist. Die Erforschung von Hilde Federns Leben sollte zudem Anlaß sein, um ihr bisher öffentlich unbekanntes Wirken als eine von Anna Freud inspirierte Pionierin einer psychoanalytisch orientierten Kleinkindpädagogik in Wien zu entfalten. Es wird den von Bernhard Kuschey konzipierten Forschungen zu Ernst und Hilde Federn überlassen bleiben, die im folgenden skizzierten Aspekte im Gespräch mit Hilde Federn systematischer zu durchdringen.

Die 1910 geborene Hilde Paar wurde unter der Herrschaft der Nürnberger Gesetze zur "Jüdin". Die in Wien aufgewachsene Hilde Paar wurde von ihrer katholischen Großmutter erzogen; ihre Familie war zwar katholisch getauft, aber sozialdemokratisch orientiert. Sie wuchs in einer Angestellten-Familie auf; der zugeheiratete Vater war einfaches sozialdemokratisches Parteimitglied. Jüdische Traditionen wurden nicht gepflegt. In der Volksschule hatte sie ihre erste, bewußt erlebte Begegnung mit dem Rassismus, der ihr späteres Leben zutiefst beeinflussen sollte: Als talentierte, aber schwarzhaarige, kleine Schauspielerin durfte sie nicht die Maria in einem Krippenspiel darstellen; dies mußte ein blondes Mädchen sein. Hilde machte diese ungewohnte Zurücksetzung traurig, und, weil sie sich diese nicht erklären konnte, ohnmächtig.

Wie bereits erwähnt, lernten sich Hilde und Ernst Federn in der Phase der Illegalisierung der SDAPÖ kennen. Hilde Paar hatte die Städtische Kindergärtnerinnen-Bildungsanstalt absolviert. Ihre wichtigsten Lehrer waren Anton Tesarek und Alois Jalkotzky, die Gründer der "Roten Falken". Diese Jugendorganisation wurde aus der Kinderfreundeorganisation, welche ja eine von Erwachsenen für Kinder war, herausentwickelt. Tesarek und Jalkotzky waren in einer für das "Rote Wien" typischen Weise "Doppelfunktionäre": Sie betätigten sich in Vorfeldorganisationen der Sozialdemokratischen Partei und versuchten parallel dazu in städtischen Institutionen ein neues Verhältnis zu Kindern umzusetzen. Diese

Parallelität zwischen politischem Engagement und sozialreformerischen bzw. revolutionären pädagogischen Bemühungen im Wien der Zwanziger und Dreißiger Jahre bildete - worauf Ernst Federn (1993a) kürzlich noch einmal aufmerksam gemacht hat - das spezifische sozio-kulturelle Substrat, in dem die junge Psychoanalyse und insbesondere die noch jüngere Psychoanalytische Pädagogik entstand und ihre Ausprägung erhielt.

Hilde Paar wurde von den pädagogischen Ansätzen ihrer Lehrer wesentlich beeinflußt, konnte aber nach Abschluß ihrer Ausbildung keinen Kindergartenposten der Stadt Wien mehr bekommen; die politischen Veränderungen verhinderten ihre Anstellung.

Hilde Paar gelang es, von 1933 bis 1935 im privaten Kinderheim von Grete Fried in der Koestlergasse, Wien 6, eine Arbeit zu finden. Dieses Heim nahm die Kinder von vor allem amerikanischen AnalysandInnen auf, die zur psychoanalytischen Behandlung in Wien weilten, bzw. die Kinder von Analytikern oder Prominenten, wie z.B. jene von Wilhelm Reich oder den Enkel von Leo Trotzki, Vsevolod Volkow. Da die meisten dieser Kinder große psychische Probleme hatten, wurden sie kindertherapeutisch betreut und behandelt. So kam die Kindergärtnerin Hilde Paar mit den Pionierinnen der Kinderanalyse und Psychoanalytischen Pädagogik in Kontakt, wie Anna Freud, Bertl Bornstein und Margarete Mahler. Anna Freud hatte in den Zwanziger und Dreißiger Jahren die ersten Entwicklungsschritte hin zur Kinderanalyse unternommen, indem sie im Kindergarten Rudolfsplatz, Wien 1, zuerst die Kinder beobachtete und dann mit ihnen analytisch zu arbeiten begann.

Anna Freud versuchte Hilde Paar als Unterstützerin ihrer Arbeit in diesem Kindergarten unterzubringen, aber der "Austrofaschismus" verhinderte dies. Hilde Paar bekam die Zusicherung für diese Arbeitsstelle zu knapp vor ihrer sechswöchigen Untersuchungshaft im März und April 1936, die mit Ernst Federns illegaler politischer Tätigkeit im Zusammenhang stand und ohne Schuldspruch endete. Einerseits zog oppositionelles Verhalten im "Austrofaschismus" Berufsverbot nach sich, und andererseits achtete die psychoanalytische Bewegung von sich aus darauf, nicht in "oppositionellen Geruch" zu konmmen, was immerhin ihre Existenz bis 1938 sicherstellte.*

---

*Die Haltung der Wiener Psychoanalytiker in den Dreißiger Jahren hat in den achtziger Jahren eine heftige Auseinandersetzung zu dem Thema „Psychoanalyse und Nationalsozialismus“ ausgelöst, s. H.-M. Lohmann (1984).

Nach ihrer Entlassung aus der Haft konnte Hilde Paar ihre Arbeit bei Grete Fried nicht mehr fortsetzen, da diese bereits 1936 ihr Kinderheim aufgelöst hatte und danach emigrierte. Sie konnte für kurze Zeit noch im Montessori-Kindergarten der Frau Goldschmied auf der Mariahilfer Straße ihren erlernten Beruf ausüben und diese neue pädagogische Methode kennenlernen, die sich am Grundsatz der Selbsterziehung der Kinder orientierte.

1937 versuchte sie noch gemeinsam mit Ernst Federn Heilpädagogik zu studieren, was jedoch nur mehr ansatzweise gelang.

Ernst Federn: Inhaftierung in den Konzentrationslagern Dachau und Buchenwald (1938-1945)

Am 14. März 1938 wurde Ernst Federn im Alter von 23 Jahren in Wien von der Gestapo verhaftet - just an diesem Tage wollte er mit Hilde Paar das Aufgebot bestellen. Seine Verhaftung fand im Rahmen der Terroraktionen der Gestapo parallel zum Einmarsch der deutschen Truppen statt, die den Elitentausch und die Ausschaltung aller oppositionellen Kräfte zum Ziel hatten. Ernst Federn wurde zuerst in Wien festgehalten. Am 24. Mai 1938 wurde der überzeugte Sozialist Ernst Federn dann in einem der sog. Prominententransporte in das Konzentrationslager Dachau verbracht. Nach vier Monaten, im September 1938, wurde er in das Konzentrationslager Buchenwald verlegt. Seine Eltern hingegen konnten 1938, wenige Monate nach seiner Inhaftierung, noch rechtzeitig nach Amerika emigrieren. Die gesamte Familie Federn versuchte alle nur erdenklichen Kontakte für die Befreiung ihres Sohnes zu nützen, aber alle blieben erfolglos. Die noch ausstehende Aufarbeitung der Aufzeichnungen, Erinnerungen und Dokumente aus dem Nachlaß Paul Federns* sollte es möglich machen, die "Freikauf-" und/oder Befreiungsaktionen für Ernst Federn sowie die Gründe ihres Scheiterns zu rekonstruieren. Neben der Umstellung auf eine neue Lebenssituation im Exilland USA, die von Paul und Wilma Federn in ihrem Pensionsalter gefordert wurde, sowie der schwierigen beruflichen Situation, hatten sie spätestens seit 1940 keine Kenntnis vom Schicksal ihres Sohnes. Als Faustpfand einer berühmten Wiener

*Paul Federn Collection. Library of Congress, Manuscript Division, Washington D.C.

Familie hatte Ernst Federn keine Chance, aus dem Lager entlassen zu werden.

Federn war täglich der Gewalt ausgesetzt und fand Wege, in dieser Extremsituation zu überleben. In seinem Pariser Vortrag im Jahre 1987 aus Anlaß der Konstituierung der Internationalen Arbeitsgruppe zur Geschichte der Psychoanalyse hat Ernst Federn in überzeugender Form zu verdeutlichen vermocht, daß die Psychoanalyse für ihn zu einem Instrument des Überlebens wurde.

In "Witnessing Psychoanalysis"* schildert Federn eine Szene, wie er schlimmsten Mißhandlungen ("Baumhängen") ausgesetzt war und diese Mißhandlungen dennoch scheinbar ungebrochen zu überleben vermochte. Sein Optimismus beeindruckte viele Mithäftlinge und stellte für sie eine wertvolle Ermutigung dar. Mithäftlinge erlebten, daß sich der damalige überzeugte Trotzkist Ernst Federn durch die Gewalt der Verhältnisse nicht zerstören ließ, sondern scheinbar ungebrochen aus ihnen hervorging. Jahre nach seiner Freilassung bestätigten ihm verschiedentlich ehemalige Lagerhäftlinge, wie wertvoll für ihren eigenen Überlebenswillen sein Vorbild gewesen war (Rösing 1992).

Von 1939-1942, dreieinhalb Jahre lang, hatte Federn eine "privilegierte" Position: Er wirkte als Nachtwächter in seinem Block und lernte hierbei viele Gefangene kennen. Es erscheint aus heutiger Sicht nahezu unvorstellbar, daß Ernst Federn sogar im Konzentrationslager seine Erfahrungen auf psychoanalytischer Basis interpretieren konnte und gelegentlich Häftlingen durch Deutungen behilflich zu sein vermochte.

In "Witnessing Psychoanalysis" beschreibt Federn, wie er seine psychoanalytischen Kenntnisse konkret anzuwenden vermochte: Ein holländischer Mithäftling urinierte in der Nacht neben sein Bett. Da dies unerträglich war, mußte etwas geschehen, und Ernst Federn wurde um Rat befragt. Er deutete diesem Häftling dessen Verhalten so, daß er sich hierdurch eine Beschuldigung - er wurde beschuldigt, Brot gestohlen zu haben - "abwaschen", sich von ihr "befreien" wollte (diese beiden Begriffe sind im holländischen ähnliche Worte). Wenn Dr. Brief später hierzu auch der Auffassung war, daß diese "Spontanheilung" eher durch die Übertragung als durch die Deutung erfolgt war, so hatte diese "Analyse" doch auf jeden Fall Erfolg gehabt. Federn: "Dies sprach sich herum und

* Siehe die Besprechung dieses Buches in: „Zeitzeuge der Psychoanalyse. Die späten Schriften des Psychoanalytikers Ernst Federn“ in psychosozial Nr. 53 (1/93), S. 79-82.

ich wurde so zu einer Art 'Wunderheiler' des Lagers gemacht". Gefangene faßten Vertrauen zu ihm, sprachen mit ihm über ihre Ängste und Träume und schöpften Mut aus diesen Gesprächen.

Federn blieb nicht von körperlichen Verletzungen verschont. So erlitt er zweimal Erfrierungen an Händen und Füßen, weshalb er operiert werden mußte. Auch in dieser Situation waren seine psychoanalytischen Erkenntnisse für ihn von unermeßlichem Nutzen: Ein anwesender Wiener Arzt sagte, daß er (Ernst Federn) der Sohn eines berühmten Psychoanalytikers sei. Der operierende Häftling fragte daraufhin, ob er ihm den Ödipuskomplex erklären könnte. Ernst Federn tat dies - offensichtlich in überzeugender Weise, denn der Häftling meinte anschließend zu ihm: "Das hast Du gut gemacht. Ich werd' Dich operieren". Ernst Federn hatte so mit Hilfe der Psychoanalyse eine Gefährdung seines Lebens abwenden können.

Erleichtert wurde ihm dies auch durch die Bekanntschaft mit zwei Analytikern, die ebenfalls in Buchenwald inhaftiert waren: Der schon genannte, aus der Tschechoslowakei stammende Analytiker Dr. Brief, und Bruno Bettelheim.

Dr. Brief war ein voll ausgebildeter Psychoanalytiker, von Wilhelm Reich analysiert. Er wurde einige Jahre später nach Auschwitz verschickt und ist dort ermordet worden.

Ernst Federn hat in einem kürzlich erschienen Buch die eindrucksvolle Szene geschildert, wie er Bruno Bettelheim kennengelernt hat:

> "Wir kamen von Dachau nach Buchenwald Ende September an sehr schönen sonnigen Herbsttagen. Da man noch nicht wußte, was mit uns anzufangen war, wurden wir zum Ziegelschupfen für einen Bau eingeteilt. Man wirft etwa einen Meter voneinander stehend einander die Ziegel zu. Der Mann neben mir ließ jeden zweiten Ziegel fallen. Ich wurde bös und rief ihm zu: "Warum läßt Du Niemand alle Ziegel fallen!" Die Antwort kam prompt: "Sind das Deine Ziegel, was geht das Dich an? Ich bin Bettelheim." "Und ich bin Federn." "Was Federn? verwandt mit Paul?" "Ich bin sein Sohn." Damit war die Freundschaft besiegelt." (Federn 1994).

Nachts, während seiner Tätigkeit als Nachtwächter, las Ernst Federn die meisten nationalsozialistischen Zeitungen. Er wurde dadurch zum ideologischen Führer einer Gruppe von ca. zwanzig Stalingegnern, denen er sonntags von seiner Lektüre berichtete. Sie diskutierten die Überlebenssituation im KZ, den Kriegsverlauf, die Möglichkeiten der Hitler-Barbarei und ihre revolutionären Hoffnungen für eine Zeit danach.

Es scheint Ernst Federn weitgehend gelungen zu sein, sich aus Intrigen und Machtkämpfen im KZ herauszuhalten, die sich schnell zu einer Lebensbedrohung auswachsen konnten. In der Frühzeit des KZ Ettersberg/Buchenwald, das die "Kriminellen" leiteten - innerhalb des Todeszaunes herrschte eine von der SS etablierte "Häftlingsselbstverwaltung" -, gelang es Ernst Federn mittels seiner psychologischen Kenntnisse, die aus der Herrschaft der "kriminellen" Häftlinge entstehenden Gefahren zu umgehen.

Sein Überleben verdankte Ernst Federn einer weiteren Tätigkeit: In Buchenwald war er seit 1942 als Maurer tätig und durfte nicht in die Vernichtungslager verschickt werden, weil seine Arbeitskraft in Buchenwald dringend gebraucht wurde. Buchenwald war bekanntlich primär ein Arbeitslager.

Nach der Übernahme der "Häftlingsselbstverwaltung" durch "Politische" im Januar 1939 wurde die Lage in Buchenwald für den "Trotzkisten" Federn prekär. Die stalinistischen KPD-Mitglieder der "Häftlingsselbstverwaltung" versuchten, die absolute Loyalität Ernst Federns zu erzwingen, was sich in der Aufgabe seiner Kritik an der Sowjetunion und Stalin ausdrücken sollte. Da er ihnen die unterwürfige Gefolgschaft verweigerte, mißbrauchten sie ihre Macht zu Verfolgungsmaßnahmen gegen Federn mit der Absicht, ihn zu beseitigen.

Hieraus könnte eine zukünftige Forschungsaufgabe erwachsen, um eine realitätsgerechte Aufarbeitung des Schreckenssystems der Konzentrationslager zu ermöglichen: Ernst Federn ist ein erstrangiger Zeuge für die öffentlich kaum dargestellte Tatsache der "Lagerfeme", die nicht nur im Kampf zwischen den "Kriminellen" und den "Politischen" ihren Ausdruck fand, wo sie als Folge der Gewalt im Überlebenskampf noch verstehbar ist, die durch das terroristische System der Konzentrationslager hervorgerufen wurde. Die politischen Verfolgungsmaßnahmen der KP dominierten die "Häftlingsselbstverwaltung" im KZ Buchenwald und sind der Verdrängung anheimgefallen; die Erinnerung an sie hätte auch den Mythos der abstrakt humanistischen Heroen des Widerstandes erheblich gestört.

1944, als die deutsche Niederlage absehbar wurde, und nach der Bombardierung Buchenwalds im gleichen Jahr, schien die nationalsozialistische Konzentrationslagerbesatzung das Lager aufgegeben zu haben. Die letzten Tage waren sehr chaotisch und voller unkalkulierbarer Gefahren. Die SS war völlig unberechenbar, einmal um "Persilscheine" bemüht, dann wieder irrational brutal, die letzten überlebenden Juden sollten noch ermordet werden. Die mehrheitlich kommunistische "Häftlingsselbstverwaltung" hingegen versuchte vor allem "ihre" Leute zu retten. In dieser Zeit der Gefahr, aber auch der Hoffnung, fällt eine Szene, die wohl charakteristisch für Ernst Federns "unverbesserlichen Optimismus" ist: Im Lager hatte Ernst Federn seinen Mitgefangenen in einer für diese Extremsituation angemessenen "Größenphantasie" versichert, er würde nach seiner Freilassung mit einem britischen Flugzeug nach Brüssel geflogen werden. Es kam auch so: Nach der Auflösung des Lagers - auch in diesen letzten Tagen konnte Ernst Federn nur mit großem Glück und Unterstützung von Mithäftlingen mehrere lebensbedrohliche Situationen überstehen - entschied er sich für einen Identitätswechsel. Um den Lebensgefahren auszuweichen, schloß er sich heimlich dem Block der belgischen Häftlinge an und wurde gemeinsam mit ihnen nach Brüssel geflogen - in einer britischen Maschine.

Diese Entscheidung, nicht in das sowjetisch besetzte Wien zurückzukehren, war vor dem Hintergrund des Verhaltens der stalinistischen Mithäftlinge ihm und vor allem trotzkistischen Genossen gegenüber erwachsen. Seine pessimistische Einschätzung erwies sich als nur zu berechtigt: Sein Freund, Lagerkamerad und Genosse Karl Fischer, der zuerst auch nach Belgien gehen wollte, dann aber dem Wunsch der Heimkehr nachkam und nach Linz ging, wurde 1947 von einer russischen Agentin in einen Hinterhalt gelockt und 1947 an der Demarkationslinie zur russischen Besatzungszone vom MGB (Minister für Staatssicherheit) gefangen genommen und für acht Jahre in sibirische Zwangslager verschleppt. Nach eigenen Angaben ist Ernst Federn heute der einzige deutschsprachige Häftling von Buchenwald, der sich dann als Trotzkist bezeichnet hat.

Noch im Lager verfaßte Federn gemeinsam mit zwei Mithäftlingen einen Aufruf an die Weltöffentlichkeit - die "Erklärung der internationalistischen Kommunisten Buchenwalds" vom 20. April 1945, in der sie sich für eine Aufarbeitung der nationalsozialistischen Barbarei aussprachen und die in den Forderungen "Für ein Räte-Deutschland in einem Räte-Europa!" und "Für die proletarische Weltrevolution!" gipfelte. Dieser Aufruf erschien in einer französischen Zeitschrift 30 Jahre später.

Erst nach dem Zusammenbruch der DDR wurde der Zugang zu den Archiven von Buchenwald für Ernst Federn möglich. In den Akten sind alle Gegenstände, die man Federn bei seiner Inhaftierung abgenommen hatte, fein säuberlich aufgezeichnet. Es ist auch jeder Geldbetrag und jede materielle "Zuwendung" aufgeführt, die er in den sieben Jahren seiner Gefangenschaft von seiner Frau erhalten hatte.

Außerdem wurde bei der Durchsicht der Unterlagen von Buchenwald ein barbarisches Dokument gefunden: Ernst Federns Name fand sich auf einer Transportliste ins Vernichtungslager Majdanek. Aber der "Maurer" Federn war zuvor zur "kriegswichtigen Arbeitskraft" erklärt worden; daher entging er der Deportation.

Kürzlich ist von dem Frankfurter Filmemacher Wilhelm Rösing ein Film zu Leben und Werk von Ernst und Hilde Federn fertiggestellt worden, der Ernst und Hilde Federn selbst sehr zusagt. Er trägt den Titel: "Überleben im Terror - Ernst Federns Geschichte" und ist bereits auf mehreren Filmfestspielen mit Erfolg gezeigt worden. (Dieser 95minütige Dokumentarfilm ist der 2. Teil einer filmischen Trilogie über jüdische Exilanten. Produktion: Wilhelm Rösing Film Produktion, Gartenstraße 11, 60594 Frankfurt/Main-70; Tel.: 069-62 58 19). Schwerpunktmäßig sprechen Ernst und Hilde Federn hierin über ihre Erfahrungen in Dachau und Buchenwald; über den Terror der Nazis, aber auch über den Terror der Gefangenen untereinander.

Hilde Federn/Paar in Wien 1938-1946 - Existenzkampf und Unterstützung

Am 14. März 1938 hatten Ernst Federn und Hilde Paar ihr Aufgebot bestellen wollen. Die Verhaftung Ernst Federns verhinderte dies und Hilde Paar blieb mit der Ungewißheit über das weitere Schicksal ihres Mannes zurück. Sie versuchte zu erfahren, wo sich ihr Verlobter befindet, sieht ihn noch ein Mal in einem sog. Notgefängnis im Keller einer Schule im 20. Wiener Gemeinde-Bezirk.

Das Jahr 1938 war für Hilde Paar gekennzeichnet von verzweifelten Versuchen der Intervention bei der Gestapo und anderen Stellen. Wie viele andere Frauen erhielt sie keine Informationen und war dem Alpdruck der Gerüchte ausgeliefert.

Die verhinderte Hochzeit bedeutete für sie à la longue gesehen eine Überlebenshilfe. Nach den Nürnberger Gesetzen war sie eine Halbjüdin, die Heirat mit dem Juden Federn hätte sie zu einem Objekt der rassistischen Verfolgung gemacht. Ihr Status ermöglichte ihr einerseits die

Unterstützung Ernst Federns - ihre Hilfssendungen bedeuteten für Ernst eine lebensrettende Hilfe -, als "Arierin" hätte sie zu einem Juden keinen Kontakt halten dürfen, und andererseits blieb sie als sog. Halbjüdin von der Vernichtung ausgenommen.

Ihr Vater, der nach den Nürnberger Rassegesetzen als "Arier" definiert war, war ob seiner Ehe mit einer Jüdin für wehrunwürdig erklärt worden; er wurde zu einer technischen Arbeit im Militärapparat zwangsverpflichtet. Die jüdische Mutter war durch ihren Mann vor der Verschickung in ein Konzentrationslager geschützt. Im Laufe des Krieges wurde sie Zwangsarbeiterin; sie hatte mit anderen jüdischen Ehefrauen von sog. arischen Männern gebrauchte Uniformen zu reparieren.

Die Neudefinition ihrer Eltern und ihre Aussonderung aus dem bürgerlichen Leben zogen für Hilde Paar entscheidende Veränderungen nach sich. Sie mußte das elterliche Glasgeschäft, das Ende der 1930er Jahre erworben wurde, übernehmen. Dieses führte sie, bis die abnehmende Glasproduktion das Offenhalten eines Verkaufsladens zur Absurdität machte. Hilde Paar war durch ihre Familie in die Pflicht genommen und hatte andererseits für Ernst Federn eine lebensentscheidende Verantwortung übernommen.

Sie arbeitete im elterlichen Geschäft und wurde mit dem Beginn der Bombardierungen Wiens 1943 zum Arbeitseinsatz eingezogen. Sie arbeitete mit ebenfalls nach den Nürnberger Gesetzen "unvollständigen" Jüdinnen in einer Fensterreparaturwerkstätte im 2. Bezirk. Sie teilte die Not der Zivilbevölkerung im Bombenkrieg, den sie aus politischen Gründen herbeisehnte und vor dem sie sich gleichzeitig ungeheuer fürchtete.

In der gesamten Zeit der nazistischen Fremdherrschaft ist es Hilde Paar gelungen, Ernst Federn mit Paket- und Geldsendungen zu unterstützen. Gleichzeitig wußte sie von ihm wenig, sie wußte durch seine regelmäßigen, zensierten Briefe* nur, daß er noch lebt. Ihr Leben 1938 bis 1945 war also auf außerordentliche Weise mit dem System der Konzentrationslager verbunden gewesen. Sie war natürlich in höchstem Maße an Informationen darüber interessiert; zugleich hätte ihr das genaue Wissen

---

* Ihr Briefwechsel aus und teilweise in die KZ's ist nahezu vollständig erhalten. Aus ihm läßt sich der Kenntnisstand Hilde Paar/Federn ziemlich genau erheben. Ernst und Hilde Federn haben Geheimkürzel verwendet, um Genaues voneinander zu erfahren; diese getarnte Verständigung ist mit ihrer Hilfe entzifferbar. Für zukünftige wissenschaftliche Forschungen sind diese Briefe wertvolles Originalmaterial.

über die nationalsozialistischen Konzentrationslager vermutlich jeden Überlebensmut genommen. Sie versuchte an allen möglichen und unmöglichen Stellen für Ernst zu intervenieren und hatte dennoch einen geringen Kenntnisstand. Sie besorgte auf "Anraten" der Nationalsozialisten immer neue Ausreisevisa verschiedener Länder. Als man ihr schließlich signalisierte, daß das nächste Ausreisevisa genügen würde, und als sie auch dieses erbrachte, führte man sie kommentarlos durch die gesamte Behörde - und durch den Hintereingang wieder hinaus.Sie war der Qual der Gerüchte ausgeliefert, und den wenigen entlassenen Häftlingen, wie dem Sozialdemokraten Willi Ernst, war es verboten zu berichten; außerdem schonten sie die Angehörigen.

Hilde Paar litt und hatte Glück; sie und ihre Eltern überstanden die Bombardierungen und die Zwangsarbeit. Sie erlebte den Einmarsch der Roten Armee als Befreiung und konnte Gewalttätigkeiten entgehen. Nach dem Zusammenbruch des sog. "Dritten Reiches" machte sie sich daran, mit Ernst und der Familie Federn in Kontakt zu kommen. Hilde Paar erfährt, daß Ernst Federn noch lebt und sich in Brüssel befindet. Erst im November 1946 gelingt das Wiedersehen: Hilde Paar trifft in Brüssel ein.

Brüssel (1945-1947): Emigration und Neuorientierung

Vor seinem Flug von Buchenwald nach Brüssel wurde Ernst Federn von seinen belgischen Mithäftlingen - die ebenso wie die französische Resistance in Buchenwald keine bedeutenden dogmatischen und blutigen Fraktionskämpfe unter sich duldeten - zum belgischen Staatsbürger gemacht. In Brüssel wurden die überlebenden Häftlinge von der belgischen Regierung unter großer Anteilnahme der Bevölkerung ehrenvoll empfangen. Welche Qualitätsunterschiede von Gesellschaften sich in symbolischen Handlungen manifestieren können, man denke parallel an die nur allzu oft bedrückende Rückkehr von KZ-Häftlingen und Emigranten nach Österreich und Deutschland!

Ernst Federn hatte Glück: In Brüssel sprach ihn ein Mann an: Er habe gehört, daß er (Federn) aus einem deutschen Konzentrationslager komme. Einer seiner Söhne sei in Auschwitz ermordet worden. Er wolle ihn gerne bei sich zu Hause aufnehmen. Und so geschah es.

Ernst Federn nahm bereits in Buchenwald Kontakt mit seinen Eltern in New York auf, die ihn daraufhin finanziell unterstützten. In Brüssel war

Federn politisch sehr aktiv. Er fand Kontakt zur belgischen Sozialdemokratie und zur IV. Internationale. Federn wurde rasch eine bekannte Persönlichkeit, der alle Türen, selbst zu den Ministerien, offenstanden.

Von mehreren Persönlichkeiten des politischen Lebens wurde Federn eine Mitarbeit angeboten: Heinz Kühn, der im belgischen Untergrund gelebt hatte und nach 1945 Ministerpräsident von Nordrhein-Westfalen wurde, bat ihn, mit nach Deutschland zu kommen. Der marxistische Wirtschaftswissenschaftler Ernest Mandel bot ihm an, Mitglied der IV. Internationale zu werden. Federn lehnte jedoch ab. So blieb Ernest Mandel, den bis heute mit Ernst und Hilde Federn eine Freundschaft verbindet, "nur noch" die Rolle des Trauzeugen.

Nach einem Jahr der Erholung und Verarbeitung schreibt Ernst Federn die Studie "Essai sur la Psychologie de la Terreur", in der er einen ersten, psychoanalytisch fundierten Versuch unternahm, seine Erfahrungen in Dachau und Buchenwald wissenschaftlich aufzuarbeiten. Diese Studie - die 1946 in einer französischsprachigen belgischen Zeitschrift herauskam und erst 1989 (!) auf deutsch in "psychosozial" (Nr. 37, S. 53-73) erschienen ist - gehört, gemeinsam mit Bruno Bettelheims 1943 erschienener Studie "Individual and mass behaviour in extreme situations", zu den Standards psychoanalytischer Betrachtung extremer Situationen (s. Reich 1993 und Reich 1994). Er konnte seinen "Versuch der Psychologie des Terrors" nicht sofort zu Papier bringen - wie er selbst im Vorwort betont - "... meine seelische Widerstandskraft war doch zu sehr verbraucht, als daß ich über all die Schrecken hätte sachlich schreiben können, die ich erlebt hatte. Es bedurfte eines Jahres in der Freiheit, um die Arbeit zu Ende zu führen" (Federn, 1989b, S. 53).

1948 verfaßte Federn im Auftrag des Internationalen Roten Kreuzes die Studie "Psychische Hygiene für die Verhinderung von Kriegen" (Federn 1990a). Dieser Text erschien später auch in den USA, jedoch ohne die marxistischen Anteile.

In der Flämischen Sozialistischen Zeitung veröffentlichte ein Redakteur ein Interview mit Federn, in dem dieser erklärte, "daß das deutsche Volk nicht schuldig ist; das deutsche Volk war das erste Opfer des Nationalsozialismus. Schuldig sind nur die Nazis." Federn fügt im Abstand eines halben Jahrhunderts hinzu: "Das war eine absolute Sensation, die Zeitung selber hat es nur abgedruckt mit einem zweiten, der das Gegenteil (sagte), weil es so provokant war."

Federn war bewußt, daß er als Trotzkist nicht in das noch von Sowjettruppen besetzte Wien zurückkehren konnte. Seine Annahme, daß er als Zeuge stalinistischer Verfolgung im KZ Buchenwald vom MGB als gefährlicher politischer Gegner verfolgt und eventuell verschleppt worden wäre, war nicht zu weit hergeholt, wenn man sich an das Schicksal Karl Fischers erinnert. Er war sich vom Zeitpunkt seiner Kontaktaufnahme mit den Eltern in New York an sicher: Er wollte nach Amerika, zu seinen Eltern.

Bald nach der Ankunft Hilde Paars im November 1946 in Brüssel - am 2. Februar 1947 - heiratete Ernst Federn seine Verlobte Hilde Paar. Mit dieser Heirat erfüllten sie zugleich eine der Bedingungen zum Erhalt des Affidavit als Voraussetzung für die Einreise in die USA. Ernst Federns Eltern sorgten für einen Bürgen in den USA, der im Falle ihrer Unterhaltslosigkeit oder Krankheit für sie hätte aufkommen müssen, wiederum eine notwendige Voraussetzung für das Affidavit. Nach einem Jahr erhielten die Federns eine Einreisegenehmigung nach Amerika. Am 1. Januar 1948 fuhren sie mit dem Schiff nach New York los.

Neuanfang in Amerika (1948-1972)

Nach nahezu exakt zehn Jahren gelang die Familienzusammenführung. Ernst Federn und seine Frau Hilde begegneten den Eltern und einem großen Teil der Familie Federn in New York. Paul und Wilma Federn hatten sich in den zehn Jahren in der Emigration einrichten können, und es kann angenommen werden, daß dies nicht leicht war. Dem Vorurteil, daß die USA die Psychoanalyse gleichsam aufgesogen hätten, entspräche die Vermutung, daß der berühmte Analytiker und Freud-Mitarbeiter Paul Federn sofort Anerkennung und ein reiches Betätigungsfeld gefunden hätte. Die Wahrheit war aber vielmehr, daß die amerikanische Psychoanalytische Vereinigung, die die Laienanalyse gegen Freuds Überzeugung strikt ablehnte (s. Kaufhold 1993b), den Wiener Arzt Paul Federn mit Nachprüfungen gemäß dem US-Studienplan aus Medizin schikanierte. Im Laufe des Krieges versuchte der alte Paul Federn, medizinische Prüfungen abzulegen, um wenigstens danach einen anständigen Lebensunterhalt verdienen zu können. Er fiel bei den Prüfungen regelmäßig durch; erst gemäß einem wieder aufgefundenen Gesetz im Staat New York wurde sein österreichisches Medizinstudium anerkannt. Den 82jährigen Sigmund Freud veranlaßte dies übrigens, Paul Federn in einem bewußt englischsprachig abgefaßten Brief vom 16. November 1938 seine nachdrückliche Unterstützung auch öffentlich zu vergewissern. Er schrieb ihm:

> "Seitdem ich mich durch die Nachwirkungen meiner Operation in 1923 beeinträchtigt fühlte, habe ich Dr. Paul Federn zu meinem Stellvertreter in der Führung der Wiener Psychoanalytischen Gruppe ernannt. Damit anerkannte ich ihn als das hervorragendste Mitglied, gleichermaßen ausgezeichnet durch seine wissenschaftlichen Arbeiten, seine Erfahrung als Lehrer und seine Erfolge als Therapeut. Ich halte es für eine Absurdität, daß er sich einer Prüfung in Allgemeiner Medizin unterziehen sollte. Es muß ihm gestattet werden, Psychoanalyse in jedem Land zu lehren und auszuüben. Prof. Sigmund Freud." (Übersetzung Ernst Federn, in Federn 1971a, S. 730).

Die Ausgangsbedingungen für die Exilanten waren nicht einfach. Es ist kennzeichnend für Ernst Federns Persönlichkeit, daß es ihm gelang, "das Beste" aus dieser völlig neuen Lebenssituation zu machen:

> "Im Jahre 1945 stand er als 'Befreiter' mit seinen 31 Jahren im Leben da, völlig losgelöst von seiner Heimat, die Familie zerstreut und zum Teil vernichtet, ohne Beruf und praktisch gezwungen, in ein fremdes Land zu gehen, um seine Eltern und Geschwister wiederzusehen und eine berufliche Ausbildung in Angriff zu nehmen" (Elrod 1987, S. 356).

Die Bekanntschaft der Federns in New York bestand zum überwiegenden Teil aus Amerikanern, aber auch aus Exilanten aus dem Milieu der Sozialdemokratie sowie den emigrierten Pionieren der Psychoanalyse. Eine Anknüpfung an sein politisches Engagement in Wien und Brüssel war Ernst Federn angesichts der radikal neuen Lebensbedingungen und sozialen Strukturen in den USA jedoch nicht möglich.

Dank der Unterstützung seines Vaters begann er bereits wenige Monate nach seiner Emigration in die USA an der New York School of Social Work der Columbia Universität eine Ausbildung als Sozialarbeiter und schloß diese Ausbildung 1951 mit dem Magister (M.S.W.) ab. Das Thema seiner Diplomarbeit hieß: "The Contribution of Psychoanalysis to Criminology as reflected in recent professional Literature". Bereits in diesem Titel wird deutlich, daß Federn seine in Wien erworbenen psychoanalytischen Kenntnisse auch bei seinem beruflichen und persönlichen Neuanfang im Exil fruchtbar aufzugreifen vermochte.

Bereits drei Monate nach der Ankunft in den USA betreute er seinen ersten "Fall" als Sozialarbeiter. Er wurde Mitglied der "National Association of Social Workers".

Während seiner Ausbildung und seiner späteren sozialtherapeutischen Berufstätigkeit profitierte er von dem Vorbild August Aichhorns und dem seines Vaters. Er wendete die "Aichhorn-Erkenntnisse" an, die da sind: Hinter delinquentem Verhalten stecken unbewußte Konflikte, die über das Über-Ich und Ich aufgelöst werden können. Bereits als Student verschaffte er sich den Ruf, derjenige zu sein, der auch "hoffnungslose Fälle" heilen könne: "Der ist unheilbar, dann versuchen wir es halt mit Federn" (Balis und Müller 1984, S. 15, in: Elrod 1987, S. 366).

In den USA fanden Ernst und Hilde Federn jedoch keine Ruhe. Bereits knapp zwei Jahre später, im Dezember 1949, starb seine Mutter. Ein halbes Jahr später, am 3. Mai 1950, nahm sich sein Vater im 79. Lebensjahr vor einer Krebsoperation das Leben. Er hatte bereits eine - erfolglose - Operation hinter sich, die nun wiederholt werden sollte.

Er hinterließ Ernst Federn die Protokolle der Wiener Mittwoch-Gesellschaft - diese hatte unter der Leitung von Freud wöchentlich, von 1902 bis 1918, getagt -, die ihm Freud seinerseits anläßlich seiner eigenen Emigration nach London als eher symbolischen Dank geschenkt hatte. Paul Federn hatte bereits versucht, die Protokolle in den USA zu publizieren. Dies scheiterte jedoch an Geldmangel. Er übertrug seinem Sohn gemeinsam mit Herman Nunberg alle Rechte an der wissenschaftlichen Aufarbeitung der Protokolle. Dieses väterliche Erbe sollte einen Schwerpunkt der zukünftigen wissenschaftlichen Arbeiten von Ernst und Hilde Federn bilden.

In den folgenden Jahrzehnten arbeitete er gemeinsam mit seiner Frau Hilde jeden Samstag an diesen Protokollen - insgesamt 1600, zum Teil handschriftlich verfaßten Manuskriptseiten. Er suchte in den USA bei verschiedenen Institutionen Unterstützung; das Interesse war jedoch recht gering. In Deutschland fragte er bei Alexander Mitscherlich nach. Obwohl die Bereitstellung einer entsprechenden Geldsumme für ein historisch und fachlich so wertvolles Projekt kein Problem gewesen sein dürfte, wurden die Studien nicht gefördert. Mitscherlich hatte kein Interesse daran.

Mit insgesamt nur 5000 Dollar als Aufwandsentschädigung brachte Ernst Federn zusammen mit Herman Nunberg - der ebenfalls von Wien nach Amerika ausgewandert war - die Protokolle in vier Bänden heraus.

Sie erschienen von 1962 bis 1975 zuerst in den USA und - soll man dies noch eine historische Kuriosität nennen? - erst danach, von 1976 bis 1981, auf deutsch bei "Fischer".

Von 1950 bis 1960 leitete Ernst Federn eine "Paul Federn Study Group", ein psychoanalytisches Fortbildungsseminar für Nichtärzte. Trotz der "Medizinalisierung" (Paul Parin) der Psychoanalyse in den USA gelang es Federn dennoch, zahlreiche namhafte Psychoanalytiker für diese psychoanalytisch-sozialtherapeutische Fortbildung zu gewinnen.

In diesem Zeitraum arbeitete Ernst Federn u.a. zweieinhalb Jahre lang als Supervisor in einem Heim für 300 verhaltensauffällige Jugendliche.

Cleveland (1961 - 1972)

1961 zogen Ernst und Hilde Federn nach Cleveland. Federn arbeitete dort als psychoanalytischer Supervisor und wurde bald für Probleme der Adoleszenz zuständig. Dieses Thema hatte ihn bereits seit seiner Emigration in die Vereinigten Staaten interessiert.

Ab 1964 "explodierte", von San Francisco aus kommend, die Drogenszene in Amerika. Federn entwickelte die Idee eines sozialtherapeutisch inspirierten "drop-in-centers", eines Auffang-Zentrums. Dies war zugleich der erste diesbezügliche Versuch in Amerika; Nachfolgeprojekte entstanden bald.

Der Umgang mit der Drogensucht ließ Federn nicht mehr los. Auch bei seinen gelegentlichen Vorträgen in Europa, so 1970 bei einem Vortrag an der Tübinger Universität, referierte er zu diesem Thema (Federn 1971b). Nachdrücklich thematisierte er die politische Dimension der Drogensucht: Das Verbot des Drogenhandels und -konsums ermöglicht einer Drogenmafia ihre Preistreiberei und enorme kriminelle Gewinne. Diese Mafia ist an der Verbreitung der an sich billigen Drogen interessiert, d.h. sie fördert die Sucht. Die Legalisierung von Drogen sei deshalb eine unverzichtbare Voraussetzung jeglicher erfolgversprechender Drogenbekämpfung. Außerdem sei, so Federn, sachlich nicht einsehbar, daß die Einnahme von Drogen verboten, andere gesundheitsgefährdende Betätigungen wie übertriebener Alkoholkonsum, Bergsteigen, Drachenfliegen oder Motorradrennen jedoch erlaubt seien. Das wirkliche Problem sei, daß die Politik nicht in der Lage ist, die Entkriminalisierung der Drogen zu vertreten.

Aufgrund der neuen Lebenssituation und ihrem nun schon größer gewordenen Sohn Thomas war es Hilde Federn 1961 möglich, wieder ins Berufsleben zurückzukehren. Sie begann als psychoanalytisch orientierte Kindergärtnerin im "Hanna Perkins Child Development Center", Western Reserve University, Cleveland, Ohio. Die Kinderanalytiker dieser in den USA berühmten Klinik waren in der Hampstead Child Clinic unter der Leitung von Anna Freud ausgebildet worden. Von 1964 bis 1972 war sie Direktorin der jüdischen "The Temple" Nursery School in Cleveland, Ohio.

1964 erlaubten es ihnen ihre finanziellen Möglichkeiten erstmals, gemeinsam Europa zu besuchen. Sie kehrten nach Wien zurück. 26 Jahre nach Ernst Federns Inhaftierung und Vertreibung durch die Nationalsozialisten. In den folgenden Jahren häuften sich diese Europareisen.

Sein Jugendfreund Christian Broda, inzwischen Justizminister von Österreich, plante ab 1964, ihn als Sozialtherapeut nach Österreich zurückzurufen. 1972 war es endlich soweit.

Rückkehr nach Wien (1972)

1972 wurde Ernst Federn vom österreichischen Justizminister gebeten, als Konsulent im Strafvollzug nach Wien zurückzukehren. Er sollte als Berater bei der Strafrechtsreform der SPÖ-Regierung tätig werden und insbesondere die Einführung psychoanalytisch-sozialtherapeutischer Arbeitsformen im Gefängnis leiten.

Der politische Wechsel zur sozialdemokratischen Regierung in Österreich, übrigens damals ein gesamteuropäischer Trend, machte für viele Emigranten die Rückkehr zur interessanten Option. Der Aufbruch Ernst und Hilde Federns initiierte im Freundeskreis heftige Diskussionen zum Thema Remigration. Auch Bruno Bettelheim erwog in dieser Zeit, nach seinem Abschied von der Orthogenic School, in die Schweiz zurückzukehren. Er realisierte dies, mit Rücksicht auf seine Familie, jedoch nicht. Der ebenfalls aus Wien stammende Rudolf Ekstein wünschte sich ebenfalls sehr eine Rückkehr nach Wien. Seit 1971 hielt er Jahr für Jahr Gastvorlesungen an der Wiener Universität. Seine Frau und Kinder wollten jedoch nicht nach Europa; so blieb er.

Es gab natürlich auch die konträre Reaktion zu dieser Fragestellung: Vielen aus politischen Gründen Vertriebenen fiel es verständlicherweise sehr schwer, Jahrzehnte später auch nur besuchsweise nach Wien zurückzukehren. Anna Freud, von der viele Verwandte in deutschen Konzentrationslagern ermordet worden waren, kehrte erst 1971 aus Anlaß des 27. Internationalen Psychoanalytischen Kongresses vom 25. - 30. Juli erstmals wieder nach Wien zurück (Federn 1988a, S. 249).*

Von 1973 bis 1987, bis zum Alter von 73 Jahren, arbeitete Ernst Federn als Therapeut und Supervisor in zwei Gefängnissen in Wien-Favoriten und in Krems-Stein. Später arbeitete er zusätzlich als Supervisor in der Männerstrafvollzugsanstalt Stockerau und in der Strafvollzugsanstalt für geistig abnorme Straftäter in Göllersdorf. Auch an der Reorganisation und Modernisierung der Bewährungshilfe hatte Federn einen wesentlichen Anteil.

Erleichtert wurde sein Neuanfang in Wien durch seine enge Freundschaft mit dem langjährigen österreichischen Justizminister Christian Broda (s.o.).

Ernst Federn hatte Zugang zu allen Gefangenen und konnte mit allen neuen Gefangenen Erstgespräche führen. Prinzip seiner Arbeit war, mit der Gefängnisbürokratie, mit den Beamten, eng zusammenzuarbeiten. Wenn eine solche Zusammenarbeit nicht funktioniert, sei eine sinnvolle Arbeit überhaupt nicht möglich, lautet Federns Erkenntnis. Nach seiner Erfahrung können Gefangene im Gefängnis gut therapiert werden, weil sie sich durch den Ausschluß von der Öffentlichkeit besonders intensiv mit sich selbst beschäftigen. Gefangene haben ihm immer wieder versichert, daß eine Stunde Therapie für sie wie eine Stunde der Freiheit wäre.

Erleichtert wurde diese sozialreformerische und therapeutische Arbeit durch die aufkommenden gesellschaftlichen Reformbestrebungen Anfang der Siebziger Jahre. Als Federn mit seiner Arbeit im Gefängnis begann, galt für die Justizbeamten noch die gesetzliche Vorschrift, daß ein direktes Gespräch mit Gefangenen nicht erlaubt sei. Dies änderte sich bald.

Nach seiner Pensionierung blieb Ernst Federn weiter aktiv. Er leitet gelegentlich Supervisionssitzungen und ist im In- und Ausland als Referent tätig. Seine Frau Hilde begleitet ihn auf allen Reisen. So hielt er beispielsweise an der Vrije Universität in Brüssel vom 24. bis 26. November 1983 auf dem Kongreß "The Present-Day Significance of Karl Marx" einen Vortrag zu "Marxism and Psychoanalysis, Complementary or Cont

* Siehe hierzu das Kapitel „Zurück in Wien - 1971 und 1972“ in U. H. Peters: „Anna Freud. Ein Leben für das Kind“ , S. 354-364.

radictionary?" (Elrod 1987, S. 358). 1987 beteiligte er sich u.a. gemeinsam mit Bruno Bettelheim, Rudolf Ekstein und Johannes Reichmayr an dem Kongreß "Vertriebene Vernunft", auf dem die nationalsozialistischen Verbrechen und die Vertreibung der österreichischen Intelligenz aufgearbeitet werden sollten. Er hielt einen Vortrag zur Emigration von Anna und Sigmund Freud (Federn 1988a).

Die Gründung des "Verein(s) für Psychoanalytische Sozialarbeit e.V. Rottenburg" 1978*des "Arbeitskreis(es) Pädagogik und Psychoanalyse" in der "Deutschen Gesellschaft für Erziehungswissenschaft" 1987**, sowie der "Internationalen Arbeitsgruppe zur Geschichte der Psychoanalyse" im Jahre 1987 unterstützte Federn durch Gastvorträge tatkräftig. 1990 veröffentlichte er in der "Psyche" einen Brief "Helft Rußland!", in dem er sich dafür einsetzte, daß einige Psychoanalytiker für mehrere Jahre nach Moskau gehen, um dort Analytiker auszubilden. Auch an dem Aufbau des "Verein(s) für Psychoanalytische Sozialarbeit Berlin und Brandenburg e.V" (1992) beteiligte er sich durch Vorträge und Supervisionen.

Ernst und Hilde Federn besitzen noch das progressive sozialreformerische Engagement ihrer Jugend; sie gehören zu den besonderen Menschen, die trotz ihres fortgeschrittenen Alters jung geblieben sind und so ihre reichen Erfahrungen und Kenntnisse an jüngere Generationen weitergeben können.

Wenn wir am Ende dieser biographischen Skizze eine persönliche Würdigung von Ernst und Hilde Federns bewegendem Lebensweg und ihrer Persönlichkeit geben dürfen, dann beeindruckt uns tief, mit welcher Kraft und Entschlossenheit, jedoch auch Nüchternheit sie die furchtbarsten Lebenserfahrungen auszuhalten vermochten, ohne an ihnen zu zerbrechen oder sich vom menschlichen Leben abzukehren. Trotz der furchtbaren, verbrecherischen Gewalt, der sie und viele ihrer Freunde ausgesetzt waren, haben sie einen wissenschaftlichen, einen human-abwägenden, von tiefer demokratischer Grundüberzeugung geprägten Blick auf die gesellschaftlichen (Gewalt)Verhältnisse zu bewahren vermocht. Sie

---

* Verein für Psychoanalytische Sozialarbeit, Niedernauerstraße 11, 72108 Rottenburg am Neckar.

** „Pädagogik und Psychoanalyse". Wissenschaftliche Arbeitsgemeinschaft am Zentrum der Deutschen Gesellschaft für Erziehungswissenschaften, c/o Prof. Dr. R. Fatke, Pädagogisches Institut der Universität Zürich, Rämistraße 74, CH-8001 Zürich, Schweiz.

haben eine Lebenskraft, die offensichtlich aus ihrer beschützten und ermutigenden Kindheits- und Lebenswelt erwachsen ist, konstruktiv zu nutzen gewußt und vielen Menschen in tiefster Not zu helfen vermocht.

Wissenschaftliche Initiativen, die an sie herangetragen wurden, haben sie hilfsbereit und großzügig unterstützt. Wir möchten uns gerne Norman Elrod (1987, S. 357) anschließen, der hervorhob:

> "... es ist klar geworden, daß dieser Mann (und wir ergänzen bewußt, auch wenn das grammatikalisch problematisch ist: und diese Frau - das weitere gilt auch ungeteilt für sie) eine Art der Lebensbewältigung, ja der Vergangenheits-, Gegenwarts- und Zukunftsbewältigung gefunden haben, die ihren guten Charakter erhalten und weitergebildet hat. Wenn ich hier von Charakter spreche, meine ich Ernst Federns Offenheit, seine Interessiertheit, Herzlichkeit, Hilfsbereitschaft, Bescheidenheit und seinen Sinn für Humor."

Literatur

Arendt, H. (1986): Elemente und Ursprünge totaler Herrschaft. München 1986.

Bettelheim, B. (1989): Aufstand gegen die Masse. Die Chance des Individuums in der modernen Gesellschaft. Frankfurt/M.

Bettelheim, B. (1990a): Erziehung zum Überleben. Zur Psychologie der Extremsituation. München.

Bettelheim, B. (1990b): Themen meines Lebens. Stuttgart.

Elrod, N. (1987): Paul Federn, August Aichhorn und Ernst Federn: Vorläufer der Psychoanalyse im Rahmen der Demokratischen Psychiatrie. In: Institut für analytische Psychotherapie Zürich-Kreuzlingen (Hrsg.): Psychoanalyse im Rahmen der Demokratischen Psychiatrie, Bd. II, S. 353-379 (Althea).

Federn, E. (1946): Essai sur la Psychologie de la Terreur, in: Synthèses 7 und 8, Brussels 1946; wiederveröffentlicht auf deutsch in Federn 1989b.

Federn, E. (1948): The Terror as a System: The Concentration Camp. Buchenwald as it was. In: Psychiatric Quaterly Supplement, Vol. 22. New York.

Federn, E. (1951): The Contribution of Psychoanalysis to Crimonology as reflected in recent professional Literature. Unveröffentl. Diplomarbeit an der New York School of Social Work, Columbia University, New York.

Federn, E. (1961): Die therapeutische Persönlichkeit, erläutert am Beispiel von Paul Federn und August Aichhorn. Schweizerische Zeitschrift für Psychologie und ihre Anwendungen, 19, S. 117-131.

Federn, E. (1969): Einige klinische Bemerkungen zur Psychopathologie des Völkermords. Psyche, 23, S. 629-639.

Federn, E. (1971): Fünfunddreißig Jahre mit Freud. Zum 100. Geburtstag von Paul Federn am 13. Oktober 1971. Psyche, 25, S. 721-737.

Federn, E. (1974): Marginalien zur Geschichte der psychoanalytischen Bewegung. Psyche, 28, S. 461-471.

Federn, E. (1976): Marxismus und Psychoanalyse. In: Die Psychologie des 20. Jahrhunderts, Bd. II: Freud und die Folgen (1), Hrsg. Dieter Eicke, Zürich, S. 1037-1058 (Kindler).

Federn, E. (1980): Psychoanalyse und Sozialarbeit in Österreich. In: Zeitgeschichte, Heft 5 (Februar).

Federn, E. (1982a): Edoardo Weiss und der Beginn der psychoanalytischen Ichpsychologie. Sigmund Freud House Bulletin, 6, S. 25-32.

Federn, E. (1982b): Gibt es noch eine psychoanalytische Bewegung? Psychoanalyse, Nr. 1, S. 19-33.

Federn, E. (1982c): Grundlagen der Psychoanalyse und Neurosenlehre. München (Ernst Reinhardt Verlag).

Federn, E. (1982d): The Effects on Inmates of Humanizing Prisons. Experiences from the Austrian Model. New York: Austrian Institute, S. 12-17.

Federn, E. (Hrsg., 1983a): Freud im Gespräch mit seinen Mitarbeitern. Aus den Protokollen der Wiener Psychoanalytischen Vereinigung, Frankfurt/M. (Fischer TB).

Federn, E. (1983b): Non-Medical Psychoanalysis von Reuben Fine. The Journal of Psychohistory, 10, S. 378-380.

Federn, E. (1983c): Marxism and Psychoanalysis, Complementary or Contradictionary? (Synopsis). Kolloquium: The Present-Day Significance of Karl Marx. Brüssel. 24.-26.11.1983 (hektographierter Umdruck).

Federn, E. (1984a): Einführung in die Ichpsychologie, München (Ernst Reinhardt).

Federn, E. (1984b): Über das "Behagen" in der Psychoanalyse. Psychoanalyse 4/1984, S. 351-359.

Federn, E. (1985a): Weitere Bemerkungen zum Problemkreis "Psychoanalyse und Politik". Psyche 4/85, S. 367-374.

Federn, E. (1985b): Das Verhältnis von Psychoanalyse und Sozialarbeit in historischer und prinzipieller Sicht. In: Institut für Sozialdienste (Hrsg.): Sozialarbeit und Psychoanalyse, Wien, 13-30.

Federn, E. (1987a): Die Gegenübertragung in der psychoanalytischen Sozialarbeit mit psychotischen Kindern und Jugendlichen. In: psychosozial Nr. 32, S. 63-69.

Federn, E. (1987b): Psychoanalyse und Politik. Einige historische, theoretische und praktische Überlegungen. In: Kuschey, Bernhard (Hrsg.): Linke Spuren, Marxismus seit den 60er Jahren, Wien, S. 117-131 (auf Englisch erschienen in Federn (1990), S. 223-230.

Federn, E. (1988a): Die Emigration von Sigmund und Anna Freud. Eine Fallstudie. In: Stadler, Friedrich (Hrsg.): Vertriebene Vernunft II. Emigration und Exil österreichischer Wissenschaft 1930-40. Wien-München, S. 247-250 (Jugend und Volk).

Federn, E. (1988b): Kann man eine Geschichte der Psychoanalyse überhaupt schreiben? In: Luzifer-Amor, Heft 1.

Federn, E. (1988c): Einleitende Bemerkungen zu Paul Federns Aufsatz "Zur Psychologie der Revolution: Die vaterlose Gesellschaft". In: Luzifer-Amor, Heft 2.

Federn, E. (1988d): The Fate of a Science in Exile. In: Edward Timms, Naomi Segal

(Hrsg.): Freud in Exile. Psychoanalysis and its Vicissitudes. New Haven and London. S. 158 ff.

Federn, E. (1988e): Einige Bemerkungen zum gegenwärtigen Stand einer Geschichte der Psychoanalyse. In: Jahrbuch der Psychoanalyse. Bd. 23, Bern-Stuttgart-Wien, S. 166-180.

Federn, E. (1989a): Todestrieb und Eros - Zur Geschichte und aktuellen klinischen Relevanz von Freuds "Jenseits des Lustprinzips". In: psychosozial Nr. 37, S. 18-21.

Federn, E. (1989b): Versuch einer Psychologie des Terrors. In: psychosozial Nr. 37, S. 53-73.

Federn, E. (1989c): Die "liebe Not" des Historikers mit der Persönlichkeit Freuds. In: Luzifer-Amor, Heft 3, S.

Federn, E. (1990): Witnessing Psychoanalysis. From Vienna back to Vienna via Buchenwald and the USA. London (Karnac Books).

Federn, E. (1992): Psychoanalyse und Nationalsozialismus. Bemerkungen eines Zeitzeugen. In: Luzifer-Amor: Hitlerdeutungen. Nr. 9, S. 43-47.

Federn, E. (1993a): Zur Geschichte der Psychoanalytischen Pädagogik. In: psychosozial Nr. 53 (1/93), S. 70-78.

Federn, E. (1993b): Psychoanalytische Sozialarbeit - Kulturelle Perspektiven. In: psychosozial Nr. 53 (1/93), S. 103-108.

Federn, E. (1994): Bruno Bettelheim und das Überleben im Konzentrationslager. In: Kaufhold, Roland (Hrsg.): Annäherung an Bruno Bettelheim. Mainz (Matthias-Grünewald-Verlag).

Federn, E./M. Blocher/G. Foregone: maschinenschriftliches Manuskript aus den 1950er Jahren, 228 S., unveröffentl. Manuskript.

Federn, E./G. Wittenberger (Hrsg. 1992): Aus dem Kreis um Sigmund Freud. Frankfurt/M. (Fischer).

Hegenbarth, H. (1984): Mit Federn leben. Über einen Erben Sigmund Freuds, der selbst Zeitgeschichte wurde. Profil, Nr. 35, 27.8.1984. S. 50-51.

Huber, Wolfgang (Hrsg., 1978): Beiträge zur Geschichte der Psychoanalyse in Österreich, Wien-Salzburg.

Kaufhold, R. (Hrsg., 1993a): Pioniere der Psychoanalytischen Pädagogik: Bruno Bettelheim, Rudolf Ekstein, Ernst Federn und Siegfried Bernfeld. psychosozial Nr. 53 (1/93).

Kaufhold, R. (1993b): Editorial. In: psychosozial Nr. 53 (1/93), S. 5-8.

Kaufhold, R. (1993c): Zur Geschichte und Aktualität der Psychoanalytischen Pädagogik. Fragen an Rudolf Ekstein und Ernst Federn. In: psychosozial Nr. 53 (1/93), S. 9-19.

Kaufhold, R. (1993d): Die Bewältigung des Unfaßbaren. In: psychosozial Nr. 53 (1/93), S. 57-70.

Kaufhold, R. (1993e): Zeitzeuge der Psychoanalyse. Die späten Schriften des Psychoanalytikers Ernst Federn. In: psychosozial Nr. 53 (1/93), S. 79-82.

Kaufhold, R. (Hrsg., 1994): Annäherung an Bruno Bettelheim. Mainz (Grünewald).

Kaufhold, R. (1994a): Ernst Federn: Sozialist, Psychoanalytiker, Pädagoge. Eine Annäherung an sein Leben und Werk. In: Datler, W., Finger-Trescher, U., Büttner, C. (Hrsg): Jahrbuch für Psychoanalytische Pädagogik 6. Mainz 1994 (Grünewald), S. 108-131.

Kaufhold, R. (1995): Psychoanalytiker, Sozialreformer, Historiker. Zum 80. Geburtstag von Ernst Federn (Wien). Behindertenpädagogik 34, 2/1995, S. 157-170.

Kaufhold, R./B. Hofner (Hrsg., 1992): Texte zu Leben und Werk von Ernst Federn. Reader zu den Schriften von Ernst Federn, Nov. 192. Zum Preis von DM 23,- plus Portokosten erhältlich über: Dr. B. Hofner, Eiselherstr. 11, 50739 Köln.

Kaufhold, R./W. Rügemer (1992): Psychoanalyse der Gewalt. In: Sozialistisches Forum Nr. 26, S. 27-30.

Kuschey, B. (1994): Überlebender des Terrors und Mittler zwischen den Generationen. Zum achtzigsten Geburtstag von Ernst Federn. Werkblatt 32 (1994), S. 74-86).

Lohmann, H.-M. (Hrsg., 1984): Psychoanalyse und Nationalsozialismus. Beiträge zur Bearbeitung eines unbewältigten Traumas. Frankfurt/M.

Nunberg, H./ E. Federn (Hrsg., 1967-1975): Protokolle der Wiener Psychoanalytischen Vereinigung. Bd. I-IV. Frankfurt/M.

Peters, U.H. (1984): Anna Freud. Ein Leben für das Kind. Frankfurt (Fischer).

Prager, R.(1994). Die Trotzkisten in Buchenwald, Inprekorr Nr. 284 (1994), S. 32-35.

Reich, K. (1993a): Zur Psychologie extremer Situationen bei Bettelheim und Federn. In: psychosozial Nr. 53 (1/93), S. 83-93.

Reich, K. (1994): Bettelheims Psychologie der Extremsituation. In: Kaufhold, R. (Hrsg., 1994): Annäherung an Bruno Bettelheim. Mainz (Grünewald).

Reichmayr, J. (1987): "Anschluß" und Ausschluß. Die Vertreibung der Psychoanalytiker aus Wien. In: Friedrich Stadler (Hrsg., 1987): Vertriebene Vernunft I. Emigration und Exil österreichischer Wissenschaft 1930-1940, Wien-München, bes. S. 147 ff.

Reichmayr, J. (1990): Spurensuche in der Geschichte der Psychoanalyse. Frankfurt/M.

Rösing, W. (1992): Überleben im Terror - Ernst Federns Geschichte. Dokumentarfilm 1992, 95 Minuten, Farbe 16 mm. Wilhelm Rösing Film Produktion (Gartenstr. 11, 60594 Frankfurt/M., Tel 069/625819.

Die Autorinnen und Autoren

Arnswald, Hans, Erzieher. Psychoanalytischer Sozialarbeiter. Anschrift: Wohngruppe „Deutschhof", Deutschhof Nr. 9, D-76889 Kapellen-Drusweiler.

Baethe, Birgit, Dipl.-Psych., Leiterin der Ambulanten Dienste des Vereins für Psychoanalytische Sozialarbeit Berlin und Brandenburg e.V. Anschrift: Straße der Pariser Kommune 35, 10243 Berlin-Friedrichshain.

Becker Mathis, David, Dr. phil. Psychoanalytiker, Direktor von ILAS. Anschrift: ILAS Instituto Latinamericano de salud mental y derechos humanos. Maria Luisa Santander 0329, Casilla 119, Correro 29, Providencia. Santiago (Chile).

Becker, Stephan, Dr. rer.soc., Psychoanalytiker der Deutschen Psychoanalytischen Vereinigung (DPV/IPV). Fachpsychologe für analytische Psychotherapie der Deutschen Gesellschaft für Psychotherapie, Psychosomatik und Tiefenpsychologie (DGPT). Gründer des Vereins für Psychoanalytische Sozialarbeit e.V. Rottenburg-Tübingen. Gründer und 1. Vorsitzender des Vereins für Psychoanalytische Sozialarbeit Berlin und Brandenburg e.V. mit stationären und ambulanten Diensten für ichstrukturell gestörter Kinder, Jugendliche, junge Erwachsene und ihrer Angehörigen in Berlin und Brandenburg. Psychoanalytische Supervision, Konsultation und Lehrtätigkeit im In- und Ausland. Forschung und Publikationen auf dem Gebiet der Psychoanalyse und Psychotherapie, insbesondere der psychoanalytischen Sozialarbeit. Anschrift: Verein für Psychoanalytische Sozialarbeit Berlin und Brandenburg e.V., Straße der Pariser Kommune 35, D-10243 Berlin-Friedrichshain.

Becker, Ulrike, Diplom-Pädagogin. Sonderschullehrerin in Berlin. Aktueller Schwerpunkt in der Lehrberatung. Publikationen auf dem Gebiet der Psychoanalyse und psychoanalytischen Pädagogik. Anschrift: Hermsdorfer Damm 211, D-13467 Berlin.

Denker, Rolf, Dr., ehem. Professor für Philosophie und Psychoanalytische Theorie der Universität Tübingen. Außer wichtigen Arbeiten zur Geschichte der Philosophie besonders bekannt geworden durch zahlreiche Veröffentlichungen zur Aggressionsforschung. Adresse: Wildermuthstr. 34, 72076 Tübingen.

Diaz, Margarita, Psychoanalytikerin. Anschrift: ILAS Instituto Latinamericano de salud mental y derechos humanos. Maria Luisa Santander 0329, Casilla 119, Correro 29, Providencia. Santiago (Chile).

Federn, Ernst, M.S.W., Professor, Studium der Sozial- und Geschichtswissenschaften. Ausbildung zum psychoanalytischen Sozialarbeiter, psychoanalytischer Sozialarbeiter der ersten Stunde. Herausgeber der vollständigen Protokolle der Wiener Psychoanalytischen Vereinigung, 1976-81. Langjähriger sozialpsychologischer Konsulent der Österreichischen Regierung im Strafvollzug, sowie Dozent und Supervisor in der psychoanalytischen Erwachsenenbildung weltweit. Zahlreiche Publikationen zur Geschichte der Psychoanalyse und zur psychoanalytischen Sozialarbeit. Anschrift: Kolingasse 20/11, A-1090 Wien (Österreich).

Federn, Thomas, M.A. Psychoanalytischer Sozialarbeiter. Anschrift: 84-55, Daniel Street 2B, Jamaica, N.Y. (USA).

Fuchs, Karin, Dipl.-Päd., Psychoanalytische Sozialarbeiterin. Mitarbeiterin der Wohngruppe für junge Erwachsene des Vereins für Psychoanalytische Sozialarbeit e.V. Rottenburg. Anschrift: Hagenwörtstraße 65, D-72108 Rottenburg.

Hermann, Andrea, Dipl.-soz.päd. Psychoanalytische Sozialarbeiterin. Leiterin des Heimes Berner Straße 50. Anschrift: Verein für Psychoanalytische Sozialarbeit Berlin und Brandenburg e.V., Heim Berner Straße 50, Berner Straße 50, D-12205 Berlin-Lichterfelde.

Kaufhold, Roland, Dipl.-päd. Studium und Ausbildung zum Sonderschullehrer. Tätig an einer Sonderschule für Sprachbehinderte. Mehrjährige psychoanalytisch fundierte Fortbildung. Mehrere Buchpublikationen zu Bruno Bettelheim und Ernst Federn. Anschrift: Zülpicher Straße 211, D-50937 Köln.

Kuschey, Bernhard, Mag.phil. Studium der Geschichte und Leibeserziehung an der Universität Wien. 10jährige Lehrtätigkeit an einem Realgymnasium. Momentan an einem lebensgeschichtlichen Projekt über Hilde und Ernst Federn beschäftigt. Anschrift: Haidgasse 1/18. A-1020 Wien (Österreich).

Lauter, Elisabeth, Dipl.-Psych. Psychoanalytische Sozialarbeiterin. Heimleiterin. Anschrift: Heilpädagogisches Kinderheim Oberotterbach e.V., Hintergasse 2, D-76889 Oberotterbach.

Ledwon, Marianne, Dr. med., Ärztin für Kinder- und Jugendpsychiatrie, Psychotherapie. Anschrift: Evang. Krankenhaus Königin Elisabeth Herzberge, Abteilung für Kinder- und Jugendpsychiatrie- und psychotherapie. Herzbergstraße 79, D-10365 Berlin.

Maas, Michael, Dipl.-Päd., Psychoanalytischer Sozialarbeiter. Mitarbeiter der Wohngruppe für junge Erwachsene des Vereins für Psychoanalytische Sozialarbeit e.V. Rottenburg. Anschrift: Hagenwörtstraße 65, D-72108 Rottenburg a.N.

Nonnenmann, Horst, Dipl.-Päd. Psychoanalytischer Sozialarbeiter. Mitarbeiter der Wohngruppe für junge Erwachsene des Vereins für Psychoanalytische Sozialarbeit e.V. Rottenburg. Vorstandsmitglied des Vereins für Psychoanalytische Sozialarbeit. Anschrift: Hagenwörtstraße 65, D-72108 Rottenburg a.N.

Rathje, Viktor-René, Dipl.-soz.päd.-. Psychoanalytischer Sozialarbeiter. Mitarbeiter im Heim Berner Straße 50. Anschrift: Verein für Psychoanalytische Sozialarbeit Berlin und Brandenburg e.V., Heim Berner Straße 50, Berner Straße 50, D-12205 Berlin-Lichterfelde.

Schäfers, Bernd, Psychoanalytischer Sozialarbeiter. Stellvertretender Leiter des Heimes Berner Straße 50. Anschrift: Verein für Psychoanalytische Sozialarbeit Berlin und Brandenburg e.V., Heim Berner Straße 50, Berner Straße 50, D-12205 Berlin-Lichterfelde.

Schumacher, Karin, Professorin für Musiktherapie an der Hochschule der Künste Berlin, Anschrift: Schorlemerallee 36, D-14195 Berlin.

Stanek, Milan, Dr., Ethnosychoanalytiker. Anschrift: Gotthelfstr. 26, CH-4054 Basel (Schweiz).

www.ingramcontent.com/pod-product-compliance
Ingram Content Group UK Ltd.
Pitfield, Milton Keynes, MK11 3LW, UK
UKHW042007190726
13854UKWH00005B/2205

9 783930 096350